OEUVRES
COMPLÈTES
D'ÉTIENNE JOUY.

TOME IX.

ON SOUSCRIT A PARIS:

Chez JULES DIDOT AINÉ, rue du Pont-de-Lodi, n° 6;
BOSSANGE père, rue de Richelieu, n° 60;
PILLET aîné, imprimeur-libraire, rue Christine, n° 5;
AIMÉ-ANDRÉ, quai des Augustins, n° 59;
Et chez L'AUTEUR, rue des Trois-Frères, n° 11.

ŒUVRES
COMPLÈTES
D'ÉTIENNE JOUY,

DE L'ACADEMIE FRANÇAISE;

AVEC DES ÉCLAIRCISSEMENTS ET DES NOTES.

Essais sur les mœurs.

TOME IX.

PARIS
IMPRIMERIE DE JULES DIDOT AINÉ,
RUE DU PONT-DE-LODI, N° 6.
1823.

OBSERVATIONS

SUR

LES MOEURS FRANÇAISES

AU COMMENCEMENT DU 19ᵉ SIÈCLE.

VOLUME IX.

L'ERMITE
EN PROVINCE.

N° XXXV. [29 AVRIL 1818.]

ALBI ET RODEZ.

> *Horresco referens*
> VIRGILE.
> Je frémis en le racontant

J'ai blâmé cette curiosité insatiable qui, depuis plus d'un an, fixe tous les regards sur une cour de justice où le crime affreux de la mort de l'infortuné Fualdès va se juger pour la seconde fois. Au milieu des grands intérêts politiques qui doivent nous occuper, des questions à l'examen desquelles se rattachent nos libertés, notre bonheur, peut-être notre existence, j'ai trouvé que nous donnions trop de temps, que nous attachions trop de prix à la découverte des abominables mystères de la maison *Bancal*; mais puisque le hasard m'a conduit sur ce théâtre d'horreurs, puisque cet épouvantable épisode se lie nécessairement à la description physique et morale du pays que je parcours, je suis obligé d'arrêter mes regards sur une image à laquelle me ramènent malgré moi tous les objets qui m'entourent.

J'approchais d'Albi, il me restait deux heures de jour, j'en voulus profiter, avant d'entrer dans la capitale de l'Albigeois, pour visiter une des merveilles de la contrée, *le saut du Tarn*, que l'on peut nommer une cataracte quand on n'a point voyagé sur les bords du lac *Ontario*, ou, sans aller si loin, aux environs de *Schaffhouse*. Quoi qu'il en soit, cette chute d'eau se recommandait sinon à ma curiosité, du moins à mon intérêt par le tragique souvenir des amours d'*Adrienne* et *Saho*, racontées avec beaucoup de grace dans le huitième cahier du *Sténographe parisien*, que j'avais lu à Béziers.

Arrivé sur la rive du Tarn, je m'étais placé sur la saillie d'un rocher d'où j'observais l'effet du soleil couchant, qui se reproduisait en forme d'arcs-en-ciel sur cette masse d'eau perpendiculaire. A quelque distance de moi je vis un jeune peintre assis entre deux roches, qui s'empressait de saisir l'ensemble de ce tableau fugitif. Je m'approchai de lui sans en être aperçu; et, après avoir examiné son esquisse, je me hasardai à lui en faire l'éloge; il se retourna en rougissant, et je fus frappé du contraste de sa figure mâle et de son air modeste, de ses cheveux blonds et de sa barbe noire, de sa tournure militaire et de sa contenance timide. Aux premiers mots qu'il me dit, je vis qu'il était Parisien, et lui-même, à mon costume hétéroclite, à mes cheveux blancs, et sur-tout à mes questions, devina bientôt à quel voyageur il parlait. «Vous connaissez peut-être, lui dis-je, un jeune homme de votre âge, venu, comme vous, des bords de la Seine aux rives du Tarn, pour y recueillir les détails du fameux procès [1]? — Le *Sténographe parisien?* Vous ne le trouverez plus à Albi. Vous voyez en moi son compagnon de voyage, son ami et son continuateur : arrivé prématurément pour assister aux débats, il a repris la route de la capitale; je crois pouvoir faire seul le travail que nous devions partager, et je lui ai écrit de s'épargner l'ennui, peut-être même les désagréments du retour; car les services qu'il a rendus, et ceux qu'il a cherché à rendre à la prisonnière de Sainte-Cécile lui ont aliéné dans ce pays les bonnes graces municipales, que l'on réserve au rédacteur-député de certain journal. Héritier du *Sténographe,* je suis en butte aux ressentiments dont il est l'objet, et sur l'effet desquels je ne serais pas tranquille, si j'en devais croire l'avis que m'a donné hier un officier de la légion de la Corrèze. »

[1] A l'époque où la cour d'Albi s'occupait de ce déplorable procès, les principaux journaux de France avaient envoyé un de leurs rédacteurs près du tribunal, pour rendre un compte plus direct et plus exact des débats.

Je m'acheminais vers Albi avec mon Parisien, qui achevait de me faire connaître la nature, le but et les moyens de l'intrigue dirigée contre lui, lorsque nous fûmes abordés par un homme à cheval, que le collègue du Sténographe reconnut pour un des plus habiles et des plus estimables avocats d'Albi. « On vous cherche, lui dit-il, on veut vous arrêter. — M'arrêter?... vous voulez rire; de quel délit suis-je coupable? tout au plus d'avoir offensé, sans le vouloir, quelque amour-propre de province. — Et vous comptez cela pour rien!... vous n'êtes point à Paris... je connais ma province et mon monde... On vient d'emprisonner ce matin le journaliste de Lyon; fuyez, vous n'avez rien de mieux à faire... Prenez ma bourse et mon cheval; j'accompagnerai votre vieux camarade... »

L'avis était bon, je l'appuyai de toutes mes forces; le jeune homme s'y rendit; et, changeant de compagnon, j'entrai dans Albi, protégé par mon âge et par M. ***, qui ne me quitta qu'après m'avoir conduit et installé chez l'honnête Lautard, à l'hôtel des Ambassadeurs.

Cette ville est bâtie au centre d'une vallée étroite, que borne de toutes parts une chaîne de rochers. Depuis ce concile d'exécrable mémoire qui se tint dans ses murs en 1175, et dont tant de massacres ont été le résultat, aucune circonstance n'y avait amené une affluence d'étrangers aussi considérable que celle qui s'y presse aujourd'hui pour assister aux débats de la cour d'assises.

La tour de Sainte-Cécile, beaucoup trop vantée, n'est remarquable que par sa hauteur : c'est un monument de la piété d'un *Bernard de Castanet*, évêque d'Albi, qui la fit élever vers la fin du douzième siècle, en mémoire de la conversion des Albigeois, si complétement opérée par *Simon de Montfort*. On les accusait de *manichéisme*. Si jamais cette hérésie fut pardonnable, c'était sans doute à l'époque où vivait un guerrier fanatique et sanguinaire, qu'il était permis de prendre pour le génie du mal. C'est en face de la cathédrale de Sainte-Cécile, dans l'ancien monastère du même nom, que les condamnés de Rodez attendent le second arrêt qui doit décider de leur sort.

Je n'avais point l'intention de suivre les débats prêts à s'ouvrir, et dont je pouvais être régulièrement instruit par les journaux ; le seul objet de ma curiosité eût peut-être été d'observer un moment la figure des prévenus ; mais ne pouvant vaincre la sévérité de leurs gardiens, je fus dédommagé en allant voir chez un peintre albigeois, M. Sudré, élève de David, leurs portraits qu'il a su retracer avec une si énergique précision.

C'est à Rodez, dans la ville même où le crime avait été commis, que j'avais hâte de me rendre, pour y confronter en quelque sorte l'opinion publique, que l'on trouve par-tout, avec cette rumeur sourde qui ne se fait entendre qu'au lieu même où l'événement s'est passé.

Quelques heures m'ont suffi pour connaître tout ce qu'Albi renferme d'intéressant; le *pont du Tarn,* qui menace ruine depuis deux siècles, le *phare de Saint-Salvi,* destiné à guider le voyageur à travers la vaste forêt de *Lagresigue,* les promenades de *la Lice* et du *Vigan,* et le chœur de la cathédrale, qui passe pour un chef-d'œuvre d'architecture gothique. Cette ville se glorifie d'avoir donné le jour à l'infortuné *La Peyrouse :* on regrette de n'y pas voir le cénotaphe de ce célèbre navigateur, sur la perte duquel trente ans d'inutiles recherches ne permettent plus le moindre doute. Albi compte encore parmi ses titres d'illustration le nom des généraux *Dugual* et *d'Haupoult,* morts au champ d'honneur, et celui du général *Lacombe Saint-Michel,* dont la gloire est loin d'être aussi irréprochable. Un des acteurs sur qui se fonde aujourd'hui la gloire de notre premier théâtre lyrique, *Dérivis,* est né aux environs d'Albi.

Je poursuivais ma route vers Rodez, douloureusement préoccupé d'un meurtre qui met en deuil tant de familles, qui compromet une ville entière, et dont la première cause ne sera probablement jamais connue. Que de crimes enfantés par un seul! Un vieillard respectable attiré hors de sa maison par la plus noire perfidie, entraîné dans un repaire infame, égorgé avec une barbarie sans exemple par des monstres qui l'appelaient leur parent, leur ami; une mère trafiquant avec les assassins du sang de sa fille, témoin caché de cette horrible exécution; des enfants qui dénoncent leur père et leur mère; un des principaux acteurs du crime, le seul peut-être qui en eût le secret, et un témoin important, morts dans le cours des deux procédures, non sans donner lieu à de violents soupçons d'empoisonnement; une femme qui semble se jouer de l'intérêt qu'elle avait d'abord inspiré, et dont les bizarreries ne peuvent trouver d'excuse, même dans le motif honorable qu'on lui suppose. J'étais engagé dans ce labyrinthe d'horreurs et d'infamies, où ma réflexion cherchait un fil pour se conduire, lorsque j'aperçus une troupe considérable de voyageurs, les uns à pied, les autres à cheval, quelques uns en cabriolet, qui venaient à ma rencontre; tandis qu'ils défilaient autour de moi, j'eus le temps de compter cent cinquante individus de tout sexe et de tout âge. Je descendis de voiture, et j'adressai la parole à un homme d'un âge mûr et d'un extérieur assez distingué, qui reprenait le même chemin que moi, après s'être arrêté pour parler à quelqu'un de la troupe. « Quel motif, lui dis-je, met en mouvement un si grand nombre de citoyens, et vers quel endroit se dirige ce singulier pèlerinage? — Vous voyez, me répondit-il, une partie des témoins de Rodez dans l'affaire qui va se juger à Albi, où ils se rendent par *Sauveterre, Pampelonne* et *Valence*, tandis que l'autre moitié (car ils ne sont pas moins de deux cent quatre-vingts) suit la route de *Milhaud*, afin de ne pas affamer les pauvres villages par lesquels ils doivent passer. — Je ne me permettrai pas de vous arrêter plus long-temps sur la grande route, lui dis-je; mais peut-être retournez-vous à Rodez; j'y vais moi-même, et je puis vous offrir une place dans ma carriole. » Il accepta, et nous continuâmes l'entretien.

« Si tout autre intérêt que celui qui s'attache à l'événement affreux dont gémit notre ville pouvait vous y conduire, vous auriez bien mal choisi votre moment, continua-t-il; Rodez est à-peu-près désert; témoins, oisifs, curieux, tous se rendent à Albi; la population de l'Aveyron s'est portée sur le Tarn, et c'est aujourd'hui chez les Albigeois qu'il faut aller chercher les Ruthéniens. » Je lui fis part du motif de mon voyage, et j'eus lieu, comme on va le voir, de m'applaudir de la rencontre que le hasard m'avait procurée. « J'étais ami de Fualdès, ajouta-t-il; vingt-cinq ans de la plus intime liaison m'ont fait connaître en lui les vertus d'un citoyen probe, d'un magistrat habile autant qu'irréprochable, d'un ami fidèle et du meilleur des pères : cette justice lui fut rendue, de son vivant, par tous ses concitoyens, par ceux mêmes qui le jugeaient avec toute la prévention, et dans ce pays on doit dire avec toute la haine de l'esprit de parti. M. Fualdès, non moins distingué par la politesse de ses manières que par la solidité de son caractère, avait fait ses études à Toulouse avec beaucoup de succès; il passa du collége au barreau de Rodez; la révolution survint, il n'en marcha pas moins d'un pied ferme dans la route honorable qu'il s'était tracée, et se voua particulièrement à la défense de ceux que poursuivait un pouvoir odieux. Tant de courage à cette époque ne pouvait rester impuni; M. Fualdès fut jeté dans les cachots, dont il avait tiré plusieurs innocents; et, transféré de Rodez à Paris, il allait y comparaître devant le tribunal révolutionnaire, lorsque le 9 thermidor le rendit à la vie et à la liberté. En l'an 8, à l'époque de la nouvelle organisation judiciaire, il fut nommé d'abord accusateur public, et depuis procureur impérial dans le département de l'Aveyron.

« Je crois savoir la vérité, continua M. S***, sur les motifs secrets du crime infernal qui enléve à sa famille et à son pays un citoyen digne de tous les regrets qu'il inspire, mais cette vérité ne repose que sur des conjectures, des rapprochements, des observations, dont l'exposé ne suffirait pas pour faire passer, dans l'esprit des autres, la conviction dont le mien est rempli : la justice, ajouta-t-il, est saisie de cette cause horriblement célèbre; elle seule peut en sonder les ténébreuses profondeurs :

je crains néanmoins qu'en éclairant les faits, qu'en démasquant les plus hardis coupables, elle ne parvienne pas à lever tout entier le voile qui couvre la partie intentionnelle de ce monstrueux forfait. »

J'insistai vainement auprès de M. S***, pour qu'il s'expliquât davantage. Tout ce que j'en obtins, c'est qu'après le jugement rendu, et la sentence exécutée, il me communiquerait une lettre écrite l'année dernière à un de ses parents, dans laquelle, en lui faisant le récit de cette funeste aventure, il lui expliquait les réflexions qu'elle lui suggérait.

Je desirais du moins savoir ce qu'il pensait de la dame Manson. « Les étranges contradictions d'un pareil caractère n'ont aucun attrait pour moi, dit-il, et quand la vérité est le besoin de tous les cœurs, on finit par prendre en aversion celle qui ne semble se prévaloir du malheur de la connaître, cette vérité, que pour en retarder le triomphe. Je ne lui pardonnerai jamais d'avoir transformé en curiosité de théâtre la vertueuse indignation du public : connaissez-vous un scandale plus affligeant pour les mœurs que celui de voir la cause de l'infortuné Fualdès abandonnée en quelque sorte pour celle d'une femme que sa position seule m'empêche de qualifier? Il faut le dire à la honte du cœur humain, ce n'est pas la plainte déchirante d'un fils qui demande justice du meurtre de son père ; ce ne sont pas les cris de l'infortune, les preuves, les remords, les dénégations, les aveux du crime que l'on court entendre au tribunal d'Albi : ce sont les exclamations, les réticences, les évanouissements, la pantomime de Clarisse qui attirent la foule avide de spectacle. La situation dramatique où s'est placée cette femme détourne à son profit l'intérêt qui devrait se porter tout entier sur l'accomplissement des devoirs de la piété filiale, si douloureusement, si noblement remplis par le jeune Fualdès. Le même crime qui lui ravit son père dévore en même temps sa fortune; celle des spoliateurs est mise à couvert, et l'espoir d'une vengeance que réclame avec lui l'humanité tout entière est désormais le seul qui lui reste.

« En blâmant le rôle que joue la dame Manson dans ce cruel procès, je ne prétends cependant pas nier la force des raisons qu'elle peut avoir pour ne pas répondre à l'une des questions qui lui sont faites : je ne connais point de loi plus impérieuse que celle du serment, ni de devoir plus saint que la reconnaissance. »

Je me hâtai d'interrompre M. S***. « Cette vertu, lui dis-je, n'est pas celle de la femme dont nous parlons; demandez plutôt au *Sténographe parisien*[1]; peut-être ignorez-vous son histoire. Il arrive à Rodez; il voit la prisonnière; elle était accusée, séparée de son fils, et dans une extrême indigence : le

[1] M. de Latouche, un de nos jeunes littérateurs les plus distingués.

cœur du jeune homme est ému, sa tête se monte, il croit à beaucoup de malheurs et même à quelques vertus. On lui lit un *Mémoire*, où le nom d'une mère respectable est invoqué à chaque page. La dame est jeune encore; elle est en prison; elle a de l'esprit; elle s'embellit quand elle parle; le jeune sténographe est poëte, pouvait-il ne pas être dupe? Il le fut; il emporta le précieux Mémoire, promit de le publier, et laissa dans la cellule le denier du voyageur.

« La publicité de ce tissu d'audacieux mensonges augmenta l'aisance et la célébrité de la captive, mais il souleva en même temps contre elle plusieurs de ses compatriotes qu'il compromettait : la prisonnière s'en prend alors à l'innocent complice de sa gloire, l'accuse de tous les services qu'il lui a rendus, et finit par *dénoncer* son chevalier absent. Vous conviendrez que cette conduite de la fille de M. Enjalran envers un littérateur qui s'était généreusement dévoué à sa cause n'est pas faite pour donner une haute idée de sa reconnaissance. »

Je sentis l'inconvénient de continuer un entretien qui réveillait dans le cœur de M. S*** des souvenirs déchirants, et je l'amenai à des considérations générales sur les habitants du pays que nous parcourions.

« Les Aveyronnais, me dit-il, sont généralement d'une taille élevée, d'une physionomie ouverte, et d'un caractère franc. Leurs passions vives sont presque toujours généreuses; l'austérité du climat tourne les esprits vers de graves objets; vous trouverez ici plus d'instruction que d'éclat, plus de mathématiciens que d'artistes. Les principes opposés, les idées rivales s'y établissent avec une grande liberté. L'abbé *Raynal* et l'abbé *Frayssinous*, MM. *de Bonald* et *Flaugergues* ont, parmi leurs compatriotes, des partisans en nombre à-peu-près égal.

« Dans ce département, les habitants de Rodez ont une réputation à part; on les accuse d'être méchants, haineux, et de là le fameux proverbe :

« *Ruthenenses quos non possunt rodere odiunt.*

« M. *Monteil*, jadis habile professeur de l'école centrale du département, a cherché à les défendre de cette inculpation : il les représente comme très loyaux et très probes. Sans égard à l'intérêt personnel qui me porte à me ranger à son opinion, je crois devoir convenir que les habitants de ce département, et principalement ceux de la ville de Rodez, ont tous les vices et toutes les qualités qui naissent de l'âpreté du sol, du défaut de communications, et d'une demi-civilisation qui n'a point usé leurs forces. Susceptibles d'une grande élévation d'esprit, d'un opiniâtre attachement à leurs principes, capables de tout sacrifier à leurs opinions, leur existence n'est qu'une suite de mouvements passionnés, où se trahit, jusque dans les actions les plus simples, l'habitude de violence qui les domine. »

Rodez, où nous arrivons, est situé sur une montagne, et l'Aveyron se roule presque circulairement, dans les gorges qui entourent ses remparts. Cette ville, très ancienne, n'offre de monument remarquable que sa cathédrale, dont le clocher, d'une hauteur prodigieuse, s'aperçoit à une grande distance.

Les maisons, mal bâties, y forment quelques rues étroites, sombres, et malpropres. Je ne sais si l'image du crime qui s'y est commis n'influe pas sur l'impression que j'éprouve en entrant dans cette ville, mais, à peine arrivé, j'aspire au moment d'en sortir. Je viens de parcourir la rue des *Hebdomadiers!...* Je me suis arrêté sur le seuil de cette *maison Bancal,* sans oser pénétrer dans ce hideux repaire. Le jugement qui condamnera les assassins de M. Fualdès ne devrait-il pas en ordonner la destruction?

L'aspect de cette ville semblerait seul devoir effaroucher la poésie et les arts; c'est une raison de plus de ne point oublier qu'elle a vu naître M. Delrieu, auteur de la belle tragédie d'*Artaxerce,* et de plusieurs autres ouvrages dignes du succès qu'ils ont obtenu sur la scène, et M. Planard, connu par quelques jolies productions dramatiques. Cette ville est aussi la patrie de M. Bonnel, acteur du grand Opéra : sa modestie ajoute à son talent et nuit à sa réputation.

N° XXXVI. [15 mai 1818.]

VILLEFRANCHE.

. . . . Je ne vois rien qui soit plus odieux
Que le dehors plâtré d'un zèle spécieux,
Que ces francs charlatans, que ces dévots de place.
MOLIÈRE, *Tartufe*.

Je suis attendu à *Milhaud*, et je pars pour *Villefranche* sans autre motif que de répondre à l'invitation aimable que me fait par écrit un M. S. P., que sa lettre m'inspire le desir de connaître. J'alonge mon chemin d'une vingtaine de lieues; mais je vais par la route de *Rignac*, je reviens par celle de *Salars*; je ne serai pas obligé de repasser par Rodez : cela me décide.

Je n'avais pas encore eu le temps d'ouvrir les lettres que j'ai trouvées à mon passage à Albi; cette lecture m'a occupé fort agréablement pendant un trajet difficile, à travers un pays dont l'aspect n'a rien de récréatif, et j'ai lieu de croire qu'un extrait de cette correspondance ne sera point sans intérêt pour ceux qui m'accompagnent en idée dans mon voyage.

Sarlat, 28 février 1818.

« Vous avez raison, monsieur l'Ermite, rien n'honore plus l'humanité que la vénération pour les hommes supérieurs; et cette vénération, qui s'arrête à leur mémoire, devrait rejaillir sur les lieux où ils ont reçu le jour. D'où vient donc qu'en France on ignore la patrie de la plupart de nos grands hommes? Les étrangers nous reprochent avec raison cette indifférence; Voltaire nous en a fait un crime.

« Sarlat est le nom assez obscur de ma patrie; je ne parierais pas qu'on le trouvât sur toutes les cartes de France, et cependant cette pauvre petite ville du Périgord est le berceau de l'ami de Montaigne, de ce *La Boëtie* qui le premier, au seizième siècle, osa défendre les droits de l'homme en société, et appeler les peuples à secouer le joug de la servitude féodale; nous parlons de gloire nationale, nous vantons notre civilisation, et la ville qui a donné naissance à FÉNELON reste ignorée!!!

« Mais si la France oublie la patrie de pareils hommes, nos rois, du moins, auraient dû reconnaître notre zèle à subvenir aux besoins de l'état; ils auraient dû se souvenir que, dans leurs disgraces, ils n'ont pas eu de sujets plus fidèles; maintenant encore, malgré notre indigence, après plusieurs années désastreuses, quelle autre ville acquitte avec plus d'empressement sa dette envers l'état? De tout temps l'ingratitude a payé nos services; nos réclamations, quelque modérées qu'elles fussent, n'ont jamais été écoutées; on nous a refusé jusqu'aux moyens de nous mettre en communication avec le reste du royaume; le défaut de route ne nous permettant pas d'étendre notre commerce au-delà de notre arrondissement, forcés de nous suffire à nous-mêmes, sans autre ressource que le travail et la frugalité, la patrie, le roi, la liberté n'en sont pas moins nos idoles.

« Sarlat, à onze lieues de Périgueux, doit son origine à un monastère de l'ordre de Saint-Benoît, et fut fondée sous Charlemagne. Autrefois siége épiscopal, cette ville est aujourd'hui chef-lieu de sous-préfecture; les rues y sont tortueuses, les maisons mal bâties; tout notre luxe est dans nos ruines : des antiquités gauloises, des parties de voies militaires, des aqueducs où l'on ne peut méconnaître le génie des Romains, inspirent une sorte de vénération pour ce coin de terre consacré par les travaux de nos ancêtres, et que n'ont point dédaigné les anciens maîtres du monde : la terre, jonchée de briques, de débris de colonnes, que sillonne journellement la charrue, atteste notre antique splendeur; mais ce qu'on doit mettre au-dessus de nos monuments, ce qui fait notre véritable gloire, ce sont les hommes illustres auxquels notre patrie a donné le jour; voici les principaux :

« *Élias Clairel*, troubadour; il vivait en 1220; il nous reste de lui seize chansons, dont quelques unes sur les croisades appartiennent à l'histoire.

« *Jean Aimery* et *Géraud de Salaignac*, autres troubadours chez qui l'on distingue une tournure d'esprit agréable et cette fleur de galanterie dont ils ont été les premiers modèles.

« *Étienne de La Boëtie*, conseiller au parlement de Bordeaux, qui fut auteur à seize ans et mourut à trente-deux. Montaigne, son ami, a recueilli ses œuvres en 1571; on y trouve des traductions de Xénophon et de Plutarque, des discours politiques et des poésies. Son *Authenoticon*, ou *Traité de la Servitude volontaire*, fut publié en 1575.

« *Fénelon* (Bertrand de Salignac, marquis de), mort en 1559, a donné la relation d'un siège de Metz, et le voyage de Henri II aux Pays-Bas. Charles IX voulut engager Salignac à justifier la Saint-Barthélemy auprès de la reine Élisabeth : la postérité a entendu sa réponse : « Sire, je deviendrais complice « de cette horrible exécution, si je cherchais à la « colorer : votre majesté peut s'adresser à ceux qui « la lui ont conseillée. »

« FÉNELON (François Salignac de La Mothe). Le nom de l'auteur de *Télémaque* est un éloge auquel on ne peut rien ajouter [1].

---

[1] Fénelon est mort au château de Fénelon, maintenant dans le département de la Dordogne, situé entre Souillac et Sarlat.

« Deux hommes ont encore été dignes de porter ce nom glorieux: le premier, neveu de l'archevêque, fut chargé de plusieurs ambassades, et montra dans ses missions honorables autant de sagesse qu'il montra de courage sur le champ de bataille; il périt à Rocoux.

« L'autre se fit connaître dans le monde littéraire par une tragédie d'*Alexandre*, en 1761.

« *La Calprenède* (Costes de). Ses romans ne méritent ni l'éloge brillant de madame de Sévigné, ni la critique amère de Boileau : on y trouve, au milieu de beaucoup de fatras, de l'esprit, de la grace, et de l'imagination.

« *Tarde Jean*, géographe-mathématicien du seizième siècle, fut en correspondance avec Galilée, et publia un ouvrage où il démontra que la terre peut tourner autour du soleil sans faire le moindre tort à la religion.

« Dans des temps plus rapprochés, Sarlat a vu naître plusieurs jurisconsultes célèbres, entre autres *Loys* et *Barry*, dont les consultations avaient, pour ainsi dire, force de loi dans les tribunaux de province, et même au parlement de Bordeaux. Si je devais citer les auteurs vivants, j'aurais un nom de plus à ajouter à cette liste.

« Elle serait trop longue si je vous nommais tous les braves qui ont illustré les armes françaises, et dont la plupart jouissent maintenant, dans leurs foyers, de l'estime et de la reconnaissance de leurs concitoyens; vous en jugerez par ce seul exemple : la famille Fournier était composée de cinq frères; tous s'armèrent pour la défense de la patrie, deux périrent au champ d'honneur, les trois autres ont survécu à nos victoires et à nos désastres; l'un d'eux, Fournier Sarlovèze, est lieutenant-général, inspecteur de cavalerie, et auteur d'un Essai sur la législation militaire.

« L'un des auteurs du *Censeur*, M. Dunoyer, appartient aussi aux environs de cette ville. Je citerai son nom d'autant plus volontiers qu'il gémit aujourd'hui sous le poids d'une nouvelle accusation; je ne me crois pas obligé d'imiter la conduite de certains écrivains, qui semblent épier le moment du malheur pour accabler celui qu'on accuse, et qui, devançant l'arrêt des tribunaux, prononcent déja quand la justice examine encore.

« Sarlat n'a pas été à l'abri des secousses révolutionnaires : les passions y sont vives; les esprits parfois exaltés, la noblesse ambitieuse et ignorante, la bourgeoisie fière et caustique. Quelques hommes, emportés par un zèle maladroit, et méconnaissant les intentions du monarque, ont trouvé le moyen de diviser, d'aigrir les esprits, et de partager la ville, sinon en deux factions, du moins en deux partis : l'un, composé d'un petit nombre de vieux gentilshommes, a cru devoir se séparer de la société roturière, en lui permettant néanmoins de rire quelquefois des prétentions qu'ils affichent, de la vénération qu'ils se portent, et des espérances dont ils se bercent; l'autre est formé, comme par-tout ailleurs, de la masse des citoyens.

« Pour achever de vous faire connaître notre ville, je devrais vous parler de la beauté, de l'amabilité, des modestes vertus de nos dames; mais il y a des biens dont il faut savoir jouir en silence. L'exemple du roi Candaule est une leçon dont nous savons profiter à Sarlat.

« Faites de ma lettre l'usage que vous voudrez, monsieur l'Ermite, mais de grace, parlez ou faites parler un peu des pauvres Sarlatais.

« J'ai l'honneur de vous saluer.

« G....d (de Sarlat). »

Narbonne, 1er avril 1818.

« Depuis quelques jours, mon cher confrère, j'avais quitté ma solitude de *la Clape,* pour avoir le plaisir de vous voir à Narbonne, où *l'Ermite des Pyrénées* vous attendait avec moi.

« Les Narbonnais vous remercient, vous les avez vengés des impertinences de *Chapelle* et de *Bachaumont;* vous ne savez peut-être pas d'où venait l'humeur de ces messieurs contre notre ville :

    Ces deux aimables voyageurs,
    Dans leur style un peu trop critique,

Ont épuisé leur venin satirique
Contre Narbonne, et son sexe, et ses mœurs;
Si l'on en croit une vieille chronique,
Ce fut......................

« J'avais cru pouvoir vous dire le fait plus décemment en vers qu'en prose; mais notre langue poétique elle-même est devenue si chaste! ce qui faisait rire autrefois madame de Sévigné ferait rougir aujourd'hui madame de Genlis. Devinez donc, si vous pouvez, de quel genre était la mésaventure qui donna tant d'humeur aux deux voyageurs parisiens contre le beau sexe narbonnais.

« Si je vous eusse rencontré dans cette ville, je n'aurais pas oublié de vous montrer la maison de ce général *Mirbel,* qui se dévoua si généreusement dans la première guerre d'Espagne; la reconnaissance de ses compatriotes a immortalisé cette belle action, en inscrivant ces mots sur la façade de sa maison :

Je servis d'asile à l'enfance d'un héros.

« Je me proposais aussi de visiter avec vous les antiquités que cette ville renferme, et la belle collection de médailles de M. le chevalier Viguier.

« Au nombre des hommes célèbres que Narbonne a vus naître, et dont vous n'avez pas fait mention, vous ajouterez, sans doute, ce divin *Marc-Aurèle,* ce mortel le *plus semblable aux dieux,* parcequ'il fit aux hommes tout le bien possible ; cet empereur qui appelait la philosophie sa *mère,* et la cour sa *marâtre.*

« Puis, en sautant par-dessus dix-huit siècles, vous retrouverez ici, à-peu-près sous le même nom, M. le baron *Marcorelle,* correspondant de l'académie des sciences de Paris, auteur de plusieurs mémoires de médecine et d'histoire naturelle.

« L'abbé *Pourret,* auquel nous devons la *Chloris Narbonnensis,* un *Voyage au mont Serrat,* et un catalogue de toutes les plantes qui croissent dans la Gaule narbonnaise.

« *Barthez* père, auteur de mémoires d'économie rurale, sur les moyens propres à améliorer la province du Languedoc : les grands talents sont héréditaires dans cette famille.

« M. *de Barthez,* premier médecin du duc d'Orléans, et chancelier de l'université de médecine de Montpellier, fut surnommé l'*Hippocrate français :* sa *Science de l'Homme,* sa *Nouvelle mécanique de l'Homme et des Animaux,* son *Traité des maladies goutteuses,* ont pleinement justifié ce titre.

« Il est à remarquer que ce grand médecin, dont les écrits lumineux ont reculé les bornes de la science, n'a pas même été mentionné par le jury décennal : avouez donc avec moi que l'on ferait un bien gros recueil des arrêts burlesques de ce congrès académique qui préside aux destinées littéraires de la France.

« Adieu, mon vénérable; gardez un souvenir à votre affectionné confrère.

« L'Ermite de la Clape. »

Saumur, 19 avril 1818.

« J'ai vu avec plaisir, dans votre dernier discours, M. l'Ermite voyageur, que vous ne partagez pas l'erreur vulgaire qui attribue à la ville de Castres la gloire d'avoir donné naissance à madame *Dacier*. Après avoir enlevé à cette ville un honneur qui ne lui appartenait pas, votre impartialité vous portera sans doute à le restituer à celle qui peut le revendiquer à juste titre, et je ne doute pas que vous ne vous empressiez d'apprendre à ceux qui l'ignorent encore quelle est la patrie d'une femme aussi célèbre. Tous les Saumurois savent que la fille du docte Tannegui Lefévre, l'une des premières entre les illustres Françaises, est leur compatriote : c'est aux infatigables recherches de M. Bodin, qui ne néglige rien de ce qui peut éclaircir et enrichir l'histoire de l'Anjou, qu'ils ont l'obligation de connaître la maison où est née mademoiselle Lefévre. Il y a même assez long-temps que cet estimable citoyen y fit placer à ses frais, afin de perpétuer cet honorable souvenir, une table de marbre, portant une courte inscription en français, que vous verrez, bon Ermite, quand vous viendrez visiter notre belle province, comme nous l'espérons, et comme nous le desirons beaucoup.

« Je termine en vous citant le passage suivant des recherches historiques de M. Bodin; il vous apprendra que les Saumurois n'ont pas toujours été aussi jaloux qu'ils le sont aujourd'hui de la gloire de leurs murs.

« On dit qu'Homère mendia pendant sa vie, et
« qu'après sa mort plusieurs villes de la Grèce se
« disputèrent l'honneur de l'avoir vu naître. Les
« unes lui bâtirent des temples, les autres lui éle-
« vèrent des statues, d'autres enfin lui consacrèrent
« des jeux solennels : l'un de ses traducteurs, celui
« qui, le premier, fit passer dans notre langue les
« beautés de *l'Iliade* et de *l'Odyssée*, la célèbre ma-
« dame Dacier, eut un sort tout contraire : Saumur
« l'honora pendant sa vie, et l'a entièrement oubliée
« après sa mort. Un siècle s'est à peine écoulé de-
« puis cette époque, et le voyageur, qui ne connaît
« cette ville que parcequ'elle est la patrie de cette
« illustre savante, cherche et demande en vain la
« maison dans laquelle elle vint au monde. »

« Dans le même ouvrage, M. Bodin propose d'honorer la mémoire de madame Dacier, en donnant son nom et celui de Lefévre à une rue et à une place projetées : ce moyen si simple de rendre hommage aux grands hommes d'un pays, en ajoutant à l'éclat que le pays lui-même reçoit de leurs noms, vaut peut-être bien l'usage que l'on cherche à faire prévaloir dans certains départements, de glisser dans toutes les inscriptions, et d'imposer aux nouvelles rues des noms de préfets, voire même de sous-préfets, tout confus, sans doute, de se voir décerner de pareils honneurs.

« J'ai l'honneur de vous saluer.

« Charles de M***. »

Paris, ce 23 avril 1818.

« Quel dommage, mon cher Ermite, que vous ayez fait le voyage de Béziers à Castres dans la mauvaise saison, et que les giboulées de mars, si rudes au pied de la montagne noire, vous aient empêché de remarquer le délicieux *vallon de Saint-Amand*. J'ai vu les bords de l'Arno, du Teverone, du Scamandre; et, sur ces rives tant vantées, j'ai regretté ce vallon paternel où, sous des berceaux de verdure, la route se prolonge l'espace de trois lieues, au milieu des ruisseaux, des gazons, et des fleurs.

« Si le mois de mai vous retrouve encore dans ces contrées, où je vais me rendre, donnez-moi quelques jours, et nous visiterons ensemble ce petit Éden, dont la célébrité n'attend plus qu'un poëte. Un hôte aimable et spirituel, qui a rapporté de ses longs voyages autant d'urbanité que d'instruction, nous accueillera dans un château dont il relève les ruines sur un vaste rocher qu'il a transformé en un jardin pittoresque.

« Tous les habitants de Saint-Amand vous parleront de leur illustre compatriote, du brave *duc de Dalmatie*. Vous les verrez aussi affligés de son exil que persuadés de son dévouement à sa patrie et à son prince. Nous visiterons la modeste maison qu'il habita dans son enfance, et qu'il ne dédaigna pas aux plus beaux jours de sa gloire : nous y trouverons sa respectable mère, et les indigents seuls vous diront qu'ils se sont aperçus de l'augmentation de sa fortune.

« De retour à Castres, où je ne réponds pas que vous trouviez chez tous les habitants la même bienveillance pour le héros de Toulouse (là, comme ailleurs, les sentiments changent avec les positions), je vous montrerai les ruines de la *Tour Caudière*, qu'habitait, au quatorzième siècle, la *belle Castraise*, fille d'un gouverneur, laquelle inspira tant de *sirventes* et de *tensons* au trop sensible *Miraval*. Vous vous rappelez que ce troubadour mourut positivement d'amour pour la belle ingrate, qui le sacrifia au comte de Foix; j'offre de vous communiquer, sur cette aventure, un fragment historique, où vous trouverez la matière d'une de ces vieilles *nouvelles* que vous savez rajeunir.

« Je vous présenterai chez madame B***, et vous y goûterez, pourvu qu'elle soit seule, tous les charmes de la société la plus agréable : vous y verrez en action, dans sa famille, tout son joli poëme de l'*Amour maternel*. L'infortuné Millevoye me disait, quelques jours avant sa mort, qu'il ne manquait à madame B***, pour égaler nos plus célèbres muses françaises, que de respirer l'air de la capitale [1].

« Je vous ferai connaître une autre dame Per.., qui s'est fait un riche bouquet des *violettes* et des *amarantes* qu'elle a remportées aux jeux floraux.

« Je ne vous quitterai pas sans vous avoir fait faire une promenade délicieuse dans la profonde vallée de *la Roquette*, où vingt ruisseaux murmurent sous d'énormes roches du plus beau granit, dont les masses, diversement coupées, donnent à cette vallée l'aspect d'une ville en construction. Parmi ces rochers aux formes les plus bizarres, il en est un d'environ cent pieds de circonférence, que vous ferez remuer sans beaucoup d'efforts, et avec lequel vous pourrez vous donner le plaisir de casser des amandes. Cette *roche tremblante* partagera votre attention avec *la grotte* où le fameux saint Dominique alla se reposer de ses sanglantes expéditions contre les Vaudois; vous y verrez sa chaire et sa table de pierre; et vous qui vous connaissez en ermitage, vous conviendrez que le ter-

---

[1] Madame Ballard, femme extrêmement distinguée, a cessé de vivre en 1822.

rible convertisseur ne pouvait mieux placer sa cellule.

« Je pourrais vous indiquer encore plusieurs objets dignes de vous intéresser dans ce pays; mais je veux vous y ménager quelques surprises, et je vous invite à venir y manger les meilleures fraises du monde.

« T. M. »

M. S. P., sur l'invitation duquel je me rendais à Villefranche, était venu au-devant de moi jusqu'à *Rignac*. Je lui sus d'autant plus de gré de cette attention, que nous avions une lieue de très mauvais chemin à faire pour rejoindre la grande route, interrompue en cet endroit; nous l'évitâmes en passant par la traverse qu'il nous fit prendre. Je ne sais par quel motif ou par quelle tournure d'esprit originale M. S. P., que j'aurais eu tant de plaisir à nommer, et dont j'aurais tant de bien à dire, non seulement a voulu garder avec moi l'incognito pendant les deux jours que nous avons passés ensemble, mais a même exigé que je ne cherchasse pas à le connaître. J'ai quelque mérite à tenir une promesse qui ne coûte pas moins à ma curiosité qu'à ma reconnaissance.

Villefranche, où l'on compte près de huit mille habitants, jadis chef-lieu de la sénéchaussée du Rouergue, et maintenant d'une sous-préfecture du département de l'Aveyron, est entourée de hautes montagnes; elles s'abaissent en s'éloignant vers le sud de manière à découvrir dans cette partie une plaine d'une demi-lieue d'étendue. La portion de cette plaine, sur la rive droite de l'Aveyron, se nomme *le Radel;* sur le coteau qui l'entoure se déploie le beau vignoble de *Fondiez.* L'ancien couvent de *Sainte-Claire,* transformé en haras, et celui des *Chartreux,* dont on a fait un hospice, se trouvent aussi dans cette plaine, que termine un très beau bois de marronniers, connu sous le nom de *bois de Boulogne.*

La ville est bien percée; quatre grandes rues la traversent dans toute sa longueur, et l'espace central qu'elles laissent entre elles forme une place entourée d'arceaux que l'on nomme *les Couverts;* la principale église, *Notre-Dame,* remarquable par la hardiesse de sa voûte, se trouve sur cette place.

Un beau quai, un pont construit avec une sorte d'élégance, les promenades publiques de *Saint-Jean,* des *arbres de Villeneuve,* du *Guirodet,* et la nouvelle terrasse appelée *le petit Languedoc,* forment les décorations principales de cette jolie ville.

Villefranche, avant la révolution, était le siège d'un présidial si bien composé, que Louis XIV l'appelait *son petit parlement.* On conserve encore le souvenir de M. *Dubruel,* ancien *juge-mage;* les habitants ne parlent qu'avec respect et attendrissement de ce magistrat, qui joignait à la connaissance parfaite des lois, à la probité la plus sévère, une pureté, une simplicité de mœurs bien remarquables dans une ville où ces vertus là n'ont jamais été très communes.

Les membres du présidial avaient une grande réputation de galanterie : on n'a pas oublié qu'en 1788 ils prêtèrent aux dames leur palais de justice pour en faire une salle de bal. Une chanson faite à ce sujet, et insérée dans le *Mercure de France* à cette même époque, pourrait donner à croire que la gravité magistrale s'est un peu trop compromise dans cette circonstance; mais on sait que de tout temps les gens de robe et les personnes en robe doivent tribut aux malins chansonniers.

Mon officieux inconnu m'a procuré l'entrée du collége : cet établissement est dirigé avec beaucoup de zèle par M. l'abbé M***, ancien professeur de philosophie à l'université de Paris. On assure qu'il est très savant; mais on voit qu'il est très profond, car on a beaucoup de peine à le comprendre. Il a pour système que l'éducation doit être tout entière en préceptes, et qu'on doit en bannir les exemples; il prétend, et, qui plus est, il prouve que les sciences n'ont fait aucun progrès; c'est sur-tout aux mathématiciens qu'il en veut: il ne leur pardonnera jamais cet infame système décimal, où il voit le germe de toutes les erreurs dont les esprits sont infectés ; ce qui n'empêche pas que M. l'abbé ne soit un très bon principal de collége, et qu'on ne regrette beaucoup son prédécesseur, M. *Lombard.* Ce dernier, mort il y a trois ans, était un homme du plus grand mérite. Professeur avant la révolution au collége de *Lesquille,* à Toulouse, il y avait eu, entre autres élèves dignes d'un pareil maître, M. *Ruffat*, professeur de droit romain, et M. *Baour-Lormian.* On m'assure que le fils de M. Lombard, à peine âgé de vingt-un ans, vient d'être nommé professeur de philosophie et de mathématiques à Béziers.

La maison *Cibiel* est la principale maison de commerce de Villefranche ; on peut même dire une des premières du Midi : elle fait un commerce immense de toutes les espèces d'étoffes.

Villefranche, sous le rapport des mœurs, offre un parfait contraste avec Rodez : ici les mœurs sont douces, les préjugés sociables, les manières polies, et les femmes charmantes. Les grisettes, sur-tout, se distinguent par cette grace que les Italiens appellent *disinvoltura*, et dont le mot *abandon* ne rend pas tout le charme. Dans la classe du peuple, elles ont un costume particulier qui ne manque ni de propreté, ni même d'une sorte d'élégance ; la plupart portent un chapeau plat, qu'elles posent d'une manière différente, suivant leur âge et leurs prétentions. Les jeunes filles le placent incliné sur l'oreille gauche; les femmes parvenues à l'âge mûr, horizontalement; les vieilles, abaissé sur le front. Ce chapeau, toujours noir, est attaché sous le menton par des rubans de même couleur.

Dans la classe élevée, les jeunes filles, presque aussi jolies, ont dans la voix un charme inexprimable. Dans les belles soirées d'été, elles se rassemblent au clair de la lune, devant leurs maisons, où elles chantent des romances avec une expression très encourageante pour les jeunes gens qui les écoutent. Les mères font bonne garde, mais on se rencontre souvent à l'église; c'est là, pour l'ordinaire que se fait l'échange des premiers regards, et qu'on laisse tomber du livre d'heures le billet en réponse à la lettre que la petite couturière a portée la veille en allant travailler dans la maison. Les maris sont plus confiants que les mères, aussi les femmes assurent-elles qu'ils sont moins trompés.

La passion du vin est ici le défaut le plus commun; les femmes du peuple n'en ont pas toujours été exemptes : depuis quelques années elles se sont corrigées de cette honteuse habitude.

C'est ordinairement chez le principal libraire d'une petite ville que je me fais une première idée de l'esprit public qui y règne, en m'informant des journaux qu'on y reçoit. J'ai arrangé le proverbe à mon usage : *Dis-moi ce que tu lis, je te dirai qui tu es.* Cette épreuve faite à Villefranche ne compromet les habitants auprès d'aucun parti; on n'y reçoit guère d'autres écrits politiques que certains pamphlets mercenaires que l'on y envoie gratis depuis deux mois, et qu'on ne se donne même pas la peine de distribuer à la poste.

Le nom le plus illustre dont s'honore Villefranche est celui du fils de l'infortuné Fouquet, de ce célèbre maréchal de *Belle-Isle*, «également capable, a dit Voltaire, de conduire un état et une armée; également habile aux travaux des négociations de la guerre et du cabinet. »

Cette ville se glorifie encore d'avoir donné le jour à l'un des savants les plus distingués et des médecins les plus célèbres de l'époque où nous vivons : nommer le docteur *Alibert*, c'est rappeler l'auteur de la *Nosologie naturelle* et de la *Description des maladies de la peau*, c'est se dispenser d'un autre éloge.

N° XXXVII. [30 mai 1818.]

L'EMPIRIQUE,
LE GOUVERNEUR SANS BREVET,
LE SUPPLIANT.

> Qui fait rire l'esprit est le maître du cœur.
> BERNIS.

L'inconnu, sur l'invitation duquel je m'étais rendu à Villefranche, me conduit à Milhaud, où je dois trouver un jeune parent de ma vieille amie, madame de Lorys, lequel m'accompagnera jusqu'à Montpellier. Je me fais un plaisir de recevoir ce bon et aimable Auguste, l'un des coryphées de cette brillante et patriotique jeunesse, qu'on peut appeler *spes altera Romæ*.

En nous éloignant de Villefranche, M. S. P. acheva de me faire connaître cette petite ville. « Je suis fâché, me dit-il, que vous ne m'ayez pas donné le temps de vous présenter au *salon Panissol*; à la grandeur, à la distribution du local, à la beauté du jardin qui en dépend, vous auriez pu vous croire au *cercle du Commerce* à Paris; l'accueil que l'on y fait aux étrangers vous aurait donné une idée très favorable de la société qui s'y rassemble. Après avoir dîné à midi précis, en bon bourgeois de Villefranche, je vous aurais conduit chez madame de la Brousse, où se réunissent tous les soirs les femmes les plus brillantes et les hommes les plus distingués de la ville; un peu plus tôt, vous y eussiez vu madame de M***, non moins célèbre par sa beauté que par son esprit.

« Quelques années avant la révolution, le Quercy et le Rouergue avaient été réunis sous le nom de *Haute-Guienne;* ils étaient alors administrés par une assemblée provinciale; cette administration siégeait à Villefranche, et donnait à cette ville un air de capitale que le nouvel ordre de choses a fait disparaître. De là ces regrets, ces souvenirs du temps passé, auxquels les habitants, et sur-tout les habitantes de Villefranche, se livrent encore aujourd'hui, par tradition. Avec un peu de bonne foi pourtant on conviendrait que la seule perte véritable qu'ait entraînée, pour cette ville, la suppression de son assemblée provinciale, est celle de la poste aux chevaux, qui s'y trouvait alors établie.

« Environ à un quart de lieu de ce bois de *Boulogne,* que nous avons parcouru ensemble, se trouve une vallée étroite et profonde qu'on appelle, dans la langue du pays, *las canals dé Mourlhou.* A l'extrémité supérieure de cette vallée s'élève une montagne escarpée, au sommet de laquelle on voit les ruines du vieux *château des Anglais,* lequel fut en effet bâti par eux, à l'époque où ils étaient maîtres de ce pays, sous le règne de ce roi Charles, de pauvre et nonchalente mémoire. Trois cavernes d'une grande profondeur, creusées à quelque distance de ce château, conduisent, à ce qu'on assure, dans des galeries souterraines qui avaient été pratiquées pour l'exploitation d'une mine de cuivre, dont il ne reste d'ailleurs aucun autre vestige.

« On vous excuserait facilement de n'avoir point parlé du château des Anglais; mais nos jeunes gens ne vous pardonneraient pas d'oublier le *jardin Royal,* que je vous ai fait remarquer en face du quai, sur la rive gauche de l'Aveyron. Ses bosquets, ses allées sombres, ses grottes à doubles issues, masquées par des charmilles, sont autant de piéges dressés sous les pas de l'innocence. On dit que depuis quelques années sur-tout elle s'y est souvent laissé prendre.

« Une omission bien moins pardonnable encore est celle que vous avez faite des noms de *Pechméja* et de *Dubreuil* sur la liste des hommes illustres nés à Villefranche. Modèles d'une amitié sans exemple dans les temps modernes, leurs noms inséparables sont des titres de gloire que leur patrie revendique avec orgueil. »

Le premier, littérateur distingué, est connu principalement par son roman de *Téléphe,* ouvrage d'un homme de bien et d'un philosophe spéculatif, qui ne tient peut-être pas assez de compte du frottement des passions, des intérêts, et des préjugés dans le mécanisme des sociétés humaines; le second fut un des plus habiles médecins de son temps. Dubreuil mourut d'une maladie contagieuse en 1785. Pechméja ne voulut pas l'abandonner un seul instant, et descendit, vingt jours après, dans la tombe de son ami, qu'il avait ordonné de laisser entr'ouverte. On n'a point oublié les vers dont il orna son portrait :

> Il oublia son art pour le créer encore;
> Au sort de ses amis son bonheur fut lié;
> Et la Grèce l'eût pris pour le dieu d'Épidaure,
>   Ou pour celui de l'amitié.

Le détour de plus de quinze lieues que j'avais fait pour me rendre à Milhaud ne m'empêcha pas d'y arriver vingt-quatre heures avant la personne qui m'y avait donné rendez-vous à *l'hôtel du Commerce,* où l'inconnu de Villefranche m'a quitté sans se faire connaître.

Mon hôte, M. Prévot, m'a remis une lettre d'Auguste, datée de Clermont; je crois devoir en consigner ici quelques passages:

« ... Si je ne suis pas arrivé avant vous à Milhaud, la faute en est aux missionnaires que j'ai trouvés ici, et que j'ai voulu voir par mes yeux et entendre de mes oreilles : je l'avais promis à ma bonne et respectable tante, madame de Lorys, dont vous connaissez la piété sincère. Je lui fais passer les détails que je vous donne; c'est assez vous en garantir la vérité. Je ne mets point en doute le zéle de MM. de Rozan et de Fayet : leur but est de ranimer dans les ames les sentiments religieux qui sont les plus solides appuis de la morale; mais les moyens qu'ils emploient sont-ils dignes du but qu'ils se proposent? Ce commerce de chapelets qui se fait en leur nom; ces cantiques si singuliers, si étrangers à la liturgie, dont tous les temples retentissent, m'ont paru scandaliser toutes les personnes véritablement pieuses. Vous ne me croiriez peut-être pas si je me contentais de vous dire que j'ai entendu chanter à l'église :

La conversion, sur l'air de : *Femme sensible;*

La confession, sur l'air de : *Jeunes amants, cueillez des fleurs;*

L'engagement d'être à Dieu pour toujours, sur l'air de *la marche des gardes françaises;*

Le triomphe de l'Église, sur l'air du *Chant du départ;*

Et le plus auguste de nos mystères, sur l'air de *l'Officier de Fortune.* Je vous envoie un exemplaire du recueil imprimé de ces chansons *spirituelles.*

« Je dois convenir, néanmoins, que je suis sorti très satisfait d'un sermon que M. de Rozan a prêché sur la charité, avec autant d'onction que d'éloquence.

« Une députation de cette même mission avait obtenu à Riom, quelques jours auparavant, un succès beaucoup moins philosophique. Un de ces messieurs avait tonné en chaire contre Voltaire et Rousseau : or, vous saurez qu'il existe à Riom un entrepreneur de bâtiments, du nom de Rousseau, que les ouvriers ont tort ou raison de ne pas aimer. Quoi qu'il en soit, le mal que le missionnaire avait dit de Rousseau fit, sur l'esprit de son auditoire, une impression dont M. Rousseau n'a pas eu lieu d'être satisfait. Cela ne vous rappelle-t-il pas, dans un autre sens, la fureur des ouvriers du faubourg Saint-Antoine, arrachant, en 1792, les affiches de spectacle où ils lisaient avec indignation le nom de *Jean-Sans-Terre*, qu'ils confondaient avec le nom de Santerre le brasseur?

« Vous qui croyez que la charité, la douceur, la tolérance, sont pour la religion les seuls moyens de triomphe; vous, mon cher Ermite, qui vous gendarmez contre l'Église *militante*, que direz-vous de la scène dont je viens d'être témoin? Je regardais passer une procession : deux ou trois clercs d'avoués, à la fenêtre d'une maison en face de mon auberge, se mirent à rire de quelques figures grotesques qui auraient égayé Jérémie lui-même. Furieux d'un scandale dont seul peut-être il s'était aperçu, un des ecclésiastiques en fonctions sort des rangs, et commande à un officier suisse de poser deux sentinelles à la porte de la maison des rieurs, avec ordre de n'en laisser sortir personne jusqu'à ce que la police se fût emparée des coupables. L'officier prétend que les ordonnances militaires ne lui prescrivent pas d'obéir à M. l'abbé. Celui-ci va lui-même chercher deux soldats, les place en sentinelle devant la maison, et leur donne sa consigne et sa bénédiction : ils les reçoivent en riant aux éclats, et désertent aussitôt le poste où les a placés sa révérence. Dans l'embarras de cette défection, le caporal ecclésiastique se contenta de faire prendre par un bedeau le numéro de la maison coupable, qu'il dénonça le même jour à l'autorité civile; mais le sage magistrat, qui avait lui-même beaucoup de peine à s'empêcher de rire en recevant la plainte, jugea qu'il était prudent de n'y donner aucune suite... »

J'avais à peine achevé de transcrire ce paragraphe de la lettre de mon jeune ami, qu'on vint m'avertir que le dîner de la table d'hôte était servi. J'allai m'y asseoir : elle était composée de quelques voyageurs et de cinq ou six pensionnaires. Je pris place entre un officier de gendarmerie et l'ingénieur de l'arrondissement, que j'entendis nommer M. *Lerouge*. Ce jeune homme, plein d'esprit et d'instruction, me donna, sur les localités topographiques, des renseignements que je regrette de ne pouvoir faire entrer dans ma narration. Ce qui tient aux mœurs, aux caractères, est plus particulièrement de mon ressort, et mes lecteurs s'amuseront davantage des anecdotes de cette même table d'hôte, qu'un petit avocat, qu'on appelle ici le *drôle de corps*, se mit à nous raconter.

L'observation d'un des convives, sur la manie de porter des moustaches en habit bourgeois, avait été suivie d'un éclat de rire universel dont j'avais demandé la cause. « La cause! je vous la dirai si le commandant le permet, répondit l'avocat en regardant l'officier de gendarmerie.—Parlez, monsieur, reprit l'officier en souriant: quand je suis à table, j'entends la plaisanterie comme un autre.—Il y a quelques mois, reprit l'homme de loi, que M. le commandant, se trouvant assis à cette même place, à côté d'un très bel homme à grandes moustaches, sous l'habit duquel il croyait remarquer un large ruban rouge, se mit en tête qu'il avait pour voisin quelque officier général, et qu'il était de son devoir de lui faire les honneurs de la table. Non seulement il se confondit en politesses et lui servit les meilleurs morceaux, mais il fit apporter *par extrà* deux bouteilles de vin à long bouchon, qu'ils vidèrent ensemble à la gloire des armes françaises. Comme ils sablaient leur dernier verre, une espèce de jockey, en veste garnie d'oripeau, vint annoncer à haute voix que M. le maire autorisait son excellence à dresser ses tréteaux sur la place publique pour y débiter son élixir odontalgique, son thé suisse, et son eau de Cologne. Vous jugez, messieurs, de la colère de notre brave commandant; il s'en prit aux moustaches de l'empirique, et voulut les lui couper séance tenante; le charlatan défendit sa barbe, et soutint « qu'aucune loi ne lui prescrivait de raser sa lèvre supérieure. Quant au ruban rouge qu'il portait sous sa veste, c'était, disait-il, une décoration qu'il avait reçue du grand-mogol, pour prix des services rendus à SA SUBLIMITÉ, dont il avait vacciné les trois mille deux cent quarante-trois favorites. » Le docteur en plein-vent fut cité devant M. le maire; ce magistrat lui permit de conserver ses moustaches, et lui enjoignit de porter avec plus de discrétion sa décoration du grand-mogol. Le charlatan, empressé de rendre à M. l'officier de gendarmerie les politesses qu'il en avait reçues, fit donner, le soir même, une sérénade sous sa fenêtre. »

Le petit homme de loi nous raconta ensuite, avec des détails que je suis forcé d'omettre, et qui feraient la matière d'un poëme comique du genre d'*Hudibras*, l'histoire du chevalier de N***. Le desir de commander quelque part tourmentait depuis long-temps ce brave homme: comme on ne s'était pas pressé de satisfaire sa noble ambition, et qu'il savait mieux que personne ce qu'il valait et ce qu'il voulait; immédiatement après les cent jours, il s'investit, de son autorité privée, du titre de gouverneur et de commandant de place, dans une petite ville du département, qui n'a jamais eu, dans les temps les plus orageux, plus de quinze hommes de garnison. Ce qu'il y a de vraiment admirable, c'est qu'il se maintint pendant six mois, et malgré tout le monde, au poste qu'il s'était confié à lui-même. Il l'avait occupé à sa grande satisfaction; il s'en démit ou plutôt on l'en démit à la grande satisfaction des autres.

Ces propos, dont l'abandon et la gaieté des convives faisaient les frais à table d'hôte, dans une petite ville du midi de la France, amenèrent tout naturellement, de ma part, l'observation que les choses, depuis un an, avaient ici bien changé de face, et qu'il s'y était fait une heureuse révolution dans les esprits. Tout le monde en convenait, et chacun s'en félicitait avec franchise et cordialité. Un seul convive, dont le silence et la tristesse m'avaient frappé dès le commencement du repas, ne prenait aucune part à cette effusion de sentiments affectueux. Je fis part de cette remarque à mon voisin l'ingénieur; elle fit en un moment le tour de la table, et quelqu'un se chargea de la communiquer avec réserve à celui qui en était l'objet.

« Messieurs, nous dit-il d'un ton qui commandait l'attention et l'intérêt, vous me pardonnerez sans doute de rester étranger aux sentiments qui vous animent au moment où le fer de la loi est prêt à tomber sur la tête de mon ami, de mon parent, qu'une condamnation capitale atteint en 1818, pour un délit politique commis à Avignon en 1815. » On insista vivement pour obtenir de lui quelques détails sur cette déplorable affaire; il continua en ces termes :

« Vous savez, messieurs, que le comtat Venaissin est politiquement divisé en deux partis, *français et ultramontain*. Le premier, enthousiaste de la révolution, qui a réuni le comtat à la France; et l'autre, fauteur d'une réaction qui lui présentait l'espoir de voir cette province rentrer sous la domination du pape. Au moment de la capitulation du Pont-Saint-Esprit, le drapeau tricolore fut arboré à Avignon, au milieu de la plus violente agitation populaire : sur ces entrefaites, un détachement de chasseurs royaux licenciés se présente en armes devant la ville : on se méprend sur leurs intentions; le peuple, fanatisé, s'attroupe; des coups de fusil sont tirés; les chasseurs fuient, on les atteint, on leur enlève leurs armes, on les conduit à l'hôtel-de-ville.

« Mon cousin, le malheureux Lamy, avait paru dans l'attroupement, mais bien évidemment pour protéger, pour sauver la vie à un des chasseurs menacés, comme l'atteste la plainte même qui servit de base à l'accusation; cependant Lamy n'en a pas moins été condamné à la peine de mort, comme complice des coups de fusil tirés dans cet attroupement. Il s'est pourvu en cassation par l'organe du généreux Odillon-Barrot, de ce jeune avocat qu'une cause plus célèbre, et défendue avec non moins de désintéressement et de courage, a déjà recommandé à l'estime de ses concitoyens; il a invoqué la loi d'amnistie qui lui semblait immédiatement applicable à cette procédure.

« Le pourvoi de l'infortuné Lamy a été rejeté. Il ne m'appartient pas plus d'attaquer la décision de la cour de cassation que le jugement de la cour d'assises. Tout en pleurant sur le condamné, je n'en respecte pas moins l'arrêt qui le frappe; mais je ne puis songer sans frémir qu'il a été rendu, cet arrêt, dans le même pays où les assassins du maréchal Brune jouissent encore de l'impunité; qu'il a été rendu contre un homme signalé, au milieu de l'enivrement général, par le zèle courageux qu'il déploya dans une émeute populaire, en cherchant à sauver les jours d'un de ceux qu'il regardait alors comme des ennemis.

« Croyez-vous, messieurs, qu'au moment où l'on reçut à Avignon la nouvelle que le pourvoi avait été rejeté, il se trouva dans cette ville, au nombre des témoins qui avaient déposé contre l'infortuné Lamy, un misérable assez lâche pour insulter au désespoir de la femme du condamné, en courant lui annoncer, par un geste cruel, le supplice que son mari allait subir? Le peuple, révolté de cette atroce bravade, prend cette fois le parti du malheur; l'infame est poursuivi par des huées et par des menaces : il a l'impudence de porter plainte contre sa victime;... on la reçoit! la femme, j'ai presque dit la veuve du malheureux Lamy, est traduite au tribunal de police correctionnelle, pour n'avoir pu regarder de sang-froid celui qui, non content d'avoir conduit son mari à l'échafaud, veut être le premier à jouir de ses larmes. Les juges ont rejeté la plainte de l'odieux accusateur.

« La justice a épuisé sa rigueur contre mon malheureux parent; mais il a invoqué la clémence royale. Ce dernier espoir du repentir est aujourd'hui le plus solide appui du malheur... »

N° XXXVIII. [15 juin 1818.]

DE MILHAUD A LODÈVE.

———

Je fuis également Épictète et Pétrone.
VOLTAIRE.

Auguste N*** m'a rejoint à Milhaud, et, pendant la moitié de la journée que nous avons passée ensemble dans cette ville, il n'a été question entre nous que de Paris, dont la physionomie morale et politique a bien changé depuis mon départ, si je dois m'en rapporter à la peinture qu'il m'en a faite. J'ai pu conclure, de tout ce qu'il m'a dit, de tout ce qu'il m'a fait lire, que la raison et l'esprit public avaient fait de grands progrès dans la capitale; que beaucoup de masques y avaient été levés; que beaucoup d'intrigants y avaient été reconnus; que les bandes de délateurs, de révélateurs, d'observateurs, de fourbes de toute espèce, s'affaiblissaient chaque jour par la défection des dupes qui marchaient à leur suite, et qu'on pouvait déja (au risque seul de l'interprétation) prononcer les noms de patrie, de liberté, de charte, et même de gloire nationale. En province, nous n'en sommes pas encore là ; mais insensiblement l'horizon se nettoie, le brouillard se dissipe, l'on commence à se reconnaître, à sentir le besoin de se pardonner des torts réciproques, de s'entendre sur des intérêts mutuels, et de repousser des ennemis communs.

C'est une ville fort ancienne que Milhaud; son nom est évidemment une corruption de celui d'*Æmilianum,* que lui donnaient les Romains. Elle se montra jadis très ardente à adopter et à défendre la réforme. L'esprit de secte se nourrit de persécutions; cet aliment ne lui fut pas épargné; aussi le choc des actions et des réactions s'y est-il fait sentir à toutes les époques avec beaucoup de violence. Le parti victorieux s'est quelquefois montré plus cruel, mais jamais plus absurde que dans son dernier triomphe : sous prétexte que les sectateurs de Calvin, désarmés, avaient formé le complot d'assassiner la garde nationale en armes, dans les rangs de laquelle aucun d'eux n'avait été admis, huit protestants furent traînés devant une cour prévôtale, laquelle prononça une sentence de bannissement contre deux des accusés : le cri de l'opinion publique parvint cette fois jusqu'au trône, et le roi rendit ces infortunés à leurs familles.

Pourquoi cette ville n'a-t-elle pas, de nos jours, suivi dans un autre sens l'exemple qu'elle s'était une fois donné à elle-même en 1562, à l'époque des guerres de religion? L'histoire n'offre rien de plus mémorable que la décision unanime que prirent alors ses habitants. Pour étouffer jusqu'au germe des guerres intestines, après une délibération solennelle, tous convinrent, une seule famille exceptée, que le même culte serait adopté : pour sceller cet acte d'union religieuse, le prieur des bénédictins, Louis de Montcalm, épousa l'abbesse du couvent de l'*Arpajonie*, dans lequel fut élevée cette dame de Saint-Vincent si connue par son procès avec le maréchal de Richelieu.

Les alliances et les abjurations ont changé la face des choses; la religion réformée, après avoir été exclusive, ne compte plus qu'un quart des habitants au nombre de ses sectateurs; il est vrai que ce sont, en général, les plus riches et les plus industrieux.

Du balcon de l'*Hôtel du Commerce*, qui donne sur la place *Mandaroux*, je lis l'enseigne de six cafés; Auguste m'assure qu'on en compte douze autres dans Milhaud; c'est beaucoup pour une petite ville de six mille ames, et je crois pouvoir en conclure que les habitants ne sont pas d'humeur casanière.

La chamoiserie est la branche la plus considérable du commerce de Milhaud, renommée principalement pour la fabrication des gants.

Je n'ai pas lu les *OEuvres de Claude Peyrot*, prieur de *Pradinas*, bien qu'elles aient été supérieurement imprimées par *Vedeilhé* à Villefranche; c'est donc sur la foi de ses concitoyens milhaunais que je le cite comme rival de Goudouli pour les poésies patoises.

Dans les gorges de la Dourbie, à l'est et environ à une lieue de la ville, au pied d'un roc inaccessible, au sommet duquel les aigles de la grande espèce vont placer leur aire, se trouve le donjon paternel de l'auteur de *la Législation primitive*.

Milhaud compte encore avec orgueil, au nombre de ses enfants, le lieutenant-général Rey, commandant aujourd'hui la vingt-unième division militaire. Long-temps consul aux États-Unis, il n'est rentré que depuis trois ans dans la carrière des armes.

Le lieutenant-général Solignac, qui réside à deux lieues de Milhaud, et chez lequel je compte m'arrêter en allant à Lodéve;

Et l'adjudant-général Gransaigne, officier d'un grand mérite, que la mort a frappé en Espagne, sur un champ de bataille où il s'était acquis beaucoup de gloire.

Mon jeune guide ne m'a pas permis de séjourner plus long-temps à Milhaud; et nous en sommes partis le lendemain de son arrivée pour nous rendre à *la Baume*, chez le général Solignac: nous avons traversé le Tarn sur un bac, en attendant qu'on répare le pont, emporté par une crue d'eau. Une compagnie s'est présentée pour le rétablir moyennant un droit de péage. Pourquoi n'en obtient-elle pas l'autorisation? Pourquoi le gouvernement ne favoriserait-il pas ces entreprises particulières, dont l'agriculture et le commerce peuvent tirer de si grands avantages? C'est à Auguste que j'adressais cette question; notre batelier, qui m'a paru un homme de sens, s'est dépêché d'y répondre: « Si chacun se met à bâtir des ponts, à ouvrir des chemins, à réparer des routes, à quoi serviront messieurs des ponts-et-chaussées? »

Nous avons grimpé la fameuse côte de *Romive*, et nous nous trouvons comme suspendus à douze cents pieds au-dessus de Milhaud; le chemin qui conduit au haut de cette montagne est un chef-d'œuvre de hardiesse et de patience: une route de traverse, d'une heure environ de trajet, nous a conduits à la Baume. — Paysage aride et monotone : un immense plateau sur la chaîne des montagnes secondaires qui joignent les Pyrénées aux Cévennes (on l'appelle *le Larzac*); pas un arbre; nulle autre végétation que la mousse qui couvre les rochers et sert de pâture à de nombreux troupeaux de brebis, seule richesse de la contrée : leur laine s'emploie à la fabrication des draps fins, et leur lait, préparé, fait cet excellent fromage de Roquefort dont l'exportation est devenue une branche de commerce très importante.

Quel tableau plus noble et plus touchant que celui qui vient de m'être offert! Un de nos généraux les plus distingués, dans une vaste grange, la bêche à la main, et entouré de pauvres paysans auxquels il distribuait des pommes de terre pour les aider à attendre la récolte : c'est dans cette occupation, source d'une autre gloire, que j'ai surpris le général Solignac. Pendant qu'il achevait sa distribution, il a chargé mon compagnon de voyage, avec lequel il est étroitement lié, de me conduire à la ferme, et de me présenter à sa ménagère; c'est ainsi qu'il appelle, en riant, sa jeune, belle, et vertueuse compagne. Pour apprécier tout ce qu'il peut y avoir de charmes, de graces, de bonté dans une jolie femme, ce n'est pas dans le grand monde qu'il faut la voir; c'est dans une habitation sauvage du Rouergue, au milieu d'une famille charmante dont elle fait sa parure, comme une autre Cornélie.

Le général Solignac est le bienfaiteur du pays qui l'a vu naître; il y a introduit la culture des pommes de terre et le premier troupeau de mérinos que l'on ait vu dans ces contrées; il est triste d'ajouter que le bien qu'il a fait, que la gloire dont il est couvert, que les services qu'il a rendus, ne l'ont pas toujours mis à l'abri des persécutions.

Nous avons quitté la Baume après dîner, et nous avons été coucher au *Caylar*, limite du Languedoc et du Rouergue. De là, pour nous rendre à Lodève, nous avons pris la route de l'*Escalette* (petite échelle), qu'a suivie César avec son armée en entrant dans la Gaule narbonnaise, s'il faut en croire une tradition du pays, que j'adopte de confiance. On n'ôterait pas de la tête des braves habitants de *Pégariolles*, village situé au bas de l'Escalette, où nous avons bu d'excellent vin, que César parle de ce vin dans ses *Commentaires*: c'est probablement au chapitre où il fait mention des grives de *Camarès*[1].

A une lieue de Lodève, on quitte l'affreux chemin de l'Escalette, et on arrive à cette belle route qui doit un jour, en se prolongeant par Saint-Flour et Perpignan, abréger de quarante lieues le chemin de Paris en Espagne.

Une belle avenue de platanes nous conduit à Lodève; les environs en sont charmants. On ne passe jamais devant la *Fontaine de Santé* sans boire un verre de son eau; cela porterait malheur. J'en ai bu deux pour être plus sûr de mon fait. En arrivant, j'ai remarqué sur la rivière un grand nombre de beaux établissements de mécaniques : la plupart ont beaucoup souffert des dernières inondations ; tout est maintenant réparé.

Lodève est située au confluent des deux petites rivières, la *Lergue* et la *Solandres*, qui en font la richesse par le grand nombre des manufactures qu'elles alimentent, et parmi lesquelles on distingue

---

[1] Voyez le premier volume de l'*Ermite en province*.

celles de MM. Menars, Fournier, Foulquier, etc.

Comme dans toutes les villes du Midi, les rues en sont étroites et mal bâties, mais les environs sont délicieux. En passant, nous avons admiré la campagne de M. L****, qui a été membre de plusieurs assemblées législatives, mais qui, une fois rentré dans ses foyers, s'est promis de n'en plus sortir. Il a deux passions que l'âge n'affaiblit pas, Horace et sa famille. Sa campagne de *Montplaisir*, digne d'être comparée à celle de son poète favori, est visitée par tous les étrangers : c'est une habitation délicieuse.

Le cardinal de Fleury, de pacifique et parcimonieuse mémoire, est né à Lodève. Jamais ministre, a-t-on dit, n'a moins coûté à l'état; il est vrai que sous son ministère la France, sans armée et sans marine, eut au meilleur marché possible les malheurs et la honte de la guerre de 1740.

Le patron de cette ville est *saint Fulcrand*, nom que par haine pour l'euphonie sans doute, la moitié des habitants reçoit sur les fonts baptismaux. Ce saint a une réputation de grand faiseur de miracles sur laquelle il vit à crédit depuis des siècles. A dix lieues à la ronde, c'est le saint par excellence; à onze, on ne se doute pas qu'il ait existé. Il y a beaucoup d'hommes célèbres à Paris dont la renommée est encore plus circonscrite.

Le général *Forestier,* parent d'Auguste, n'a pas voulu que nous eussions d'autre maison que la sienne pendant notre séjour à Lodéve. Ce général est né en Savoie, mais dès long-temps ses services, ses campagnes, et ses blessures l'ont naturalisé français; il a fait la guerre en Italie, en Allemagne, et long-temps en Espagne, comme chef d'état-major du maréchal Soult.

A l'époque du licenciement de l'armée, le général Forestier s'est retiré à Lodéve, où il a épousé la fille de M. *Pierre Fabreguette*, qui a laissé la réputation du plus honnête homme et du meilleur fabricant de cette ville, où sa famille jouit de l'estime générale.

Le général nous a fait dîner avec un de ses neveux, M. *Eugène Brun*, qui a quitté la carrière des armes, où il s'est distingué fort jeune, puisqu'à vingt-un ans il était capitaine, et avait obtenu la croix de l'honneur sur le champ de bataille de Wagram, pour épouser une très jolie femme, auprès de laquelle le bonheur lui fait oublier la gloire. Un autre convive, que le général traitait avec une distinction toute particulière, était le lieutenant-colonel *Lanjon*, l'habitant le plus considéré du Caylar. Ce brave militaire a fait toutes ses campagnes avec cette fameuse trente-deuxième demi-brigade, si souvent citée dans les bulletins, et principalement dans un rapport du général en chef de l'armée d'Italie au directoire. En parlant d'un poste qu'il était essentiel de conserver: *J'étais tranquille,* disait-il, *la trente-*

deuxième était là. Le colonel Lanjon faisait partie du premier bataillon de l'Hérault, qui forma le noyau de cette invincible demi-brigade, avec laquelle il combattit quinze ans, et qu'il n'a quittée que criblé de blessures.

C'est un des bienfaits du commerce et de l'industrie d'éloigner ou du moins d'affaiblir les discordes civiles : plus active, plus industrieuse que les autres villes du Midi, Lodève a moins souffert, dans ces derniers temps, des troubles et des réactions qui ont tourmenté cette belle partie de la France; ce qui ne veut pourtant pas dire que cette ville n'ait eu ses jours de folie et de persécution, mais ils ont passé plus vite, et n'ont pas eu ce caractère de fanatisme et de cruauté qui les ont signalés ailleurs. Quand il serait vrai qu'à Lodève on eût mandé à la mairie un jeune homme qui portait trois cachets à sa chaîne de montre, l'un en *cristal*, l'autre en *saphir*, et le troisième en *cornaline*, et qu'on lui eût fait subir un interrogatoire sur le rapprochement séditieux de ces trois couleurs; quand il serait bien prouvé que, pendant quelque temps, on ait forcé les *bisets* de la garde nationale à endosser un habit d'uniforme déposé au corps-de-garde, et dont on leur faisait payer le loyer dix sous, ce qui faisait par an, pour chaque habit, un produit de 180 francs; quand j'aurais vu de mes yeux l'avanie faite à de pauvres comédiens, pour avoir lu sur le théâtre, avec l'autorisation de M. le commissaire de police, des vers où l'on avait l'insolence de dire « qu'il y a plus à gagner pour les mœurs aux bonnes pièces de Molière qu'aux meilleurs sermons; » quand l'autorité municipale, dans une sainte indignation contre une maxime usée à force d'avoir été dite et redite, aurait pris à parti le commissaire, chassé les comédiens, et fait rire à ses dépens tous les bons esprits; tout cela prouverait encore qu'une ville du midi de la France, où il ne s'est pas commis de plus grandes vexations, où le parti dominant n'a pas eu de plus grands torts à se reprocher, doit s'estimer heureuse, et peut être citée comme modèle. Ce n'est pas seulement aux dispositions paisibles de ses habitants que Lodéve est redevable de la tranquillité dont elle jouit; la sagesse, la modération de ses magistrats y ont puissamment contribué; le sous-préfet, M. *Dortel de Tessan*, a droit à la meilleure part dans cet éloge : les dénonciateurs, les réacteurs, n'ont point trouvé d'accès près cet administrateur habile et respectable, qui a su se concilier, dans les temps les plus difficiles, l'estime et l'affection de ses concitoyens.

M. de Tessan a été secondé avec beaucoup de zéle, dans le bien qu'il a fait, par son secrétaire, M. Bellugon, ancien directeur du collége de Lodéve, un des hommes les plus éclairés et les plus instruits que la France possède; il a perdu cette dernière place, qu'il occupait avec tant de distinction, par suite de ce système anti-philosophique et anti-social, qui tend à remettre l'éducation publique aux mains des prêtres.

C'est encore un homme de beaucoup de mérite que ce docteur *Damian*, avec lequel Auguste m'a fait déjeuner à Lodéve, avant de nous mettre en route pour Montpellier. Ce médecin, homme de savoir et d'esprit, vient de faire une cure très extraordinaire. Les habitants du village de *Vendémian* se croyaient atteints d'une maladie épidémique, et déja quelques uns étaient morts d'un mal qu'ils n'avaient pas; leur imagination seule était attaquée; c'est elle qu'il fallait guérir; le docteur y réussit : les bonnes femmes et le barbier du village avaient prononcé que la contagion se communiquait par le seul attouchement des vêtements du malade; le docteur porta le bonnet et la veste de ceux que l'on croyait le plus maléficiés, les visita dans leur demeure, passa deux heures entières auprès de leur lit, et les guérit d'un mal réel, en les délivrant d'une frayeur chimérique.

N° XXXIX. [30 juin 1818.]

PÉZÉNAS.

La terra molle, lieta e dilettosa,
Simili a se l'abitator produce.
                    TASSE

Cette terre riante et gracieuse produit
des habitants qui lui ressemblent

Nous sommes partis de Lodéve à cinq heures du matin; à neuf, nous déjeunions à *Clermont*. La rivalité entre ces deux petites villes est une chose fort remarquable; toujours prêtes à en venir aux mains, il n'y a cependant jamais eu entre elles d'hostilités qu'en paroles. La plus grande injure que l'on puisse dire aux habitants de Clermont, c'est d'appeler leur ville *Clermont-Lodéve;* ils veulent être de *Clermont-l'Hérault;* j'ai déja parlé d'une réclamation semblable de la part des habitants de Villeneuve, et je trouve tout naturel qu'une ville aime mieux tirer sa désignation spéciale du fleuve qui l'arrose que d'une ville voisine qui semble s'arroger par-là une sorte de protection féodale.

Les Clermontais ont un amour de l'ordre qui se manifeste dans le désordre même; on n'y a pas oublié que, dans un temps de trouble, les deux partis qui divisaient la ville ont nommé chacun *leur maire*, auquel ils ont obéi pendant la durée des événements. Cette mesure une fois adoptée, tout s'est passé sans tumulte et sans bruit; les deux maires siégeaient dans le même hôtel-de-ville; et ce qu'il y a de remarquable, c'est que ces deux hommes, d'opinions opposées comme compétiteurs, ont manifesté la même volonté du moment qu'ils ont eu le même pouvoir.

Cette ville est fort industrieuse; on y fait un commerce considérable de ces draps pour le Levant qu'on appelle *londrins*, et des cuirs qui sortent de ses tanneries. Indépendamment de ses produits industriels, Clermont est riche de la fécondité de son sol.

Le goût des habitants pour les jeux de théâtre est une véritable passion ; et dans l'impossibilité où ils sont d'entretenir un spectacle public permanent, ils jouent la comédie bourgeoise avec une émulation, avec une ardeur qui a souvent donné lieu à des scènes plus plaisantes que celles qu'ils représentaient.

Le général qui nous a accompagnés jusqu'à Pézénas nous a conduits à *la Tour*. Cette terre magnifique, appartenant à son oncle, M. F...., était jadis un apanage de l'ordre de Malte; elle était alors affermée quinze cents francs; elle en rapporte aujourd'hui vingt-cinq mille à son propriétaire : c'est ainsi qu'en France on laissait jadis en friche des terrains que des bras libres ont rendus à l'agriculture, et sur lesquels se nourrissent maintenant un grand nombre d'individus. Le beau domaine de la Tour a été transformé en un vaste jardin où le blé, le vin, les figues, les amandes, croissent en abondance; le bien des moines est véritablement béni, on s'en aperçoit depuis qu'il a passé dans des mains laborieuses.

Depuis la Tour, nous avons suivi les bords de l'Hérault jusqu'à *Paulhan*, où l'archevêque de Bernis, neveu du cardinal, attend sa confirmation à l'archevêché de Lyon : ce prélat jouit dans le pays d'une considération d'autant plus honorable qu'il la doit moins à ses dignités et à son nom qu'au bien qu'il fait et aux vertus dont il donne l'exemple.

En face de Paulhan, sur l'autre rive de l'Hérault, se trouve le beau château de *Lavagnac*, aux environs duquel Molière, allant un jour de Gignac à Pézénas, reconnut que sa valise était égarée : « Ne cherchez pas, dit-il à ceux qui l'accompagnaient; je viens de *Gignac*, je suis à *Lavagnac*, j'aperçois le clocher de *Montagnac*; au milieu de tous ces *gnac* ma valise est perdue. » En effet, il ne la retrouva pas.

Il n'y a qu'un pas de Paulhan à *Lésignan;* nous nous y sommes arrêtés pour visiter le château des anciens comtes Carrion de Nisas; non que ce château ait rien de remarquable, mais il nous rappelait un homme instruit, spirituel, brave, et bon citoyen.

Nous voici à Pézénas.

Je ne sais quelle espèce de ridicule s'est attaché au nom de cette ville, et par quelle fantaisie on s'est avisé d'en faire la patrie du baron de la Crasse? Quoi qu'il en soit, la part du persiflage est faite; voici celle de la vérité : intérieur assez laid, situation charmante, centre d'un commerce immense en esprit-de-vin, salpêtre, potasse et produits chimiques; ces dernières branches de commerce sont dues tout entières à un membre de la deuxième assemblée législative, M. Henri Reboul, homme très savant, très modeste, et par conséquent assez philosophe pour cacher sa vie dans une solitude aimable et profonde. La justice et le bon sens d'un côté, la sottise et la mauvaise foi de l'autre, ont fait séparément le portrait de cet homme estimable; il n'est pas besoin de dire où se trouve la ressemblance. Il faut convenir que c'est un peu sa faute s'il a des ennemis : on était au moment de lui pardonner sa supériorité; il s'est moqué de ses juges; la vanité a porté plainte, et la sottise a rendu l'arrêt : c'est dans l'ordre.

Je suis logé à l'auberge de *la Paix*, dans une

chambre immédiatement au-dessus de la ci-devant sacristie des pénitents blancs. Cette découverte m'a conduit à savoir que la belle et vaste auberge de *la Paix* avait été bâtie sur l'emplacement d'une des trois chapelles où se réunissaient après boire les frères blancs, noirs et gris, pour y chanter, en latin, des psaumes dont ils n'entendaient pas le premier mot.

Mais voyez un peu ce que c'est que de nous et de nos chapelles ! celle des pénitents blancs a été transformée en une très belle auberge; celle des pénitents gris est devenue une très bonne fabrique d'esprit-de-vin, et celle des pénitents noirs a été métamorphosée en une jolie salle de spectacle.

A propos de spectacle et de Pézénas, je n'oublierai pas de dire que c'est ici que notre grand, notre immortel Molière a fait ses premiers essais dramatiques. Les bonnes têtes du pays sont assez généralement d'accord sur ce point, qu'il a recueilli, à Pézénas même, bon nombre des traits de caractère disséminés ensuite dans plusieurs de ses chefs-d'œuvre.

Au moins est-il sûr qu'on trouve consignés dans les archives de la ville, des ordres du prince de Conti aux conseils municipaux de Pézénas, pour qu'ils aient à fournir «au sieur Poquelin DE[1] Mo-

---

[1] De Molière, entendez-vous, messieurs les faiseurs d'épitaphes modernes?

lière, des charrettes, à l'effet de transporter lui, sa troupe et les décorations de son théâtre dans les communes voisines où il va donner des représentations de ses pièces. »

Dans ce temps-là les boutiques de barbiers étaient, comme ont été depuis les cabarets, comme sont aujourd'hui les cafés, le rendez-vous des oisifs, des politiques, des originaux du pays, et le foyer de la chronique scandaleuse. Molière, pendant son séjour à Pézénas, se rendait régulièrement chez le barbier en vogue, nommé *Gély*. Là, il avait coutume de s'asseoir dans un fauteuil qui restait vide lorsqu'il ne venait pas à l'assemblée : ce précieux fauteuil a passé, par droit d'héritage, aux successeurs de Gély, que l'on connaît par noms et prénoms ; il est maintenant entre les mains de M. Astruc, docteur en chirurgie. Je proposerais volontiers aux membres de l'académie française de se cotiser pour en faire l'acquisition, bien entendu qu'il y resterait vide, comme chez le barbier de Pézénas.

Plusieurs hommes célèbres, passant par cette ville, ont tenu à grand honneur de s'y asseoir. Dans un séjour de peu de durée que fit ici M. Picard, et pendant lequel les habitants de Pézénas lui donnèrent une fête, on lui offrit à table le *grand* fauteuil ; mais M. Picard se refusa modestement aux vives instances qui lui furent faites d'occuper ce siège vénérable.

Une énorme et grotesque représentation d'un cheval, dont les formes et les proportions annoncent suffisamment la barbarie des temps qui l'ont vu naître, est un des monuments publics dont les habitants sont le plus fiers; il est connu sous le nom de *poulain*. Porté par huit hommes, il précède les officiers municipaux dans toutes les cérémonies d'apparat; et, en général, le plus ou moins de solennité d'une fête publique, à Pézénas, s'annonce d'un mot: *le poulain sort;* ou bien: *le poulain ne sort pas.* Pour ajouter à la bizarrerie de cette grossière représentation, le poulain porte deux mannequins d'homme et de femme; la femme est en selle et l'homme est en croupe. Il y a là-dessous quelque allégorie que je n'ai pu découvrir.

Je ne sais pas à quel roi Pézénas a l'obligation de son poulain; mais je sais que cette ville doit à Henri IV un très beau collége, fondé à la demande du père de cet infortuné duc de Montmorency décapité à Toulouse.

Il y a vingt ans qu'un ancien père de l'oratoire, M. Saint-Cristol, retira des ruines révolutionnaires cet utile établissement, où il sut concilier la tradition des bonnes études et l'application des nouvelles doctrines.

Je ne crois pas qu'il existe ailleurs de vue plus riche, plus variée, que celle dont on jouit du haut de la plate-forme du château: j'ai remarqué sur-tout cette petite rivière qui coule mollement sous ses murs, et va se jeter dans l'Hérault, à travers de riantes prairies. Pline l'ancien parle des eaux de cette rivière comme très avantageuses pour le lavage des laines : l'expérience a prouvé la justesse de cette observation, à en juger du moins par les fortunes considérables que cette branche d'industrie a élevées dans cette ville.

C'est une chose très curieuse que le marché aux eaux-de-vie; on y joue à la hausse et à la baisse; on y vend des vins *à livrer*, comme on vend des rentes à livrer à la bourse de Paris. A l'époque de la livraison, si le prix a varié, on se contente ordinairement de payer la différence.

On m'a cité, parmi les négociants les plus distingués, M. Privat, ancien maire de Mèze. Ce citoyen estimable, qui jouit ici de la plus grande considération, fut balotté pour les dernières élections avec M. de Floirac : le premier paraissait avoir la majorité des suffrages; mais le second obtint la majorité des voix : celui-ci fut nommé.

Sur la foi de certaines personnes je m'étais faussement imaginé que, dans cette étroite enceinte, dans cette *impasse* méridionale, on s'occupait uniquement de la culture de la vigne et de l'olivier, qu'on y vivait étranger à tous débats politiques; et voilà que j'observe que la petite ville de Pézénas a sa petite exaltation, ses petites prétentions, ses bons et francs royalistes constitutionnels, et ses sycophantes politiques ; qu'elle a eu sa petite épuration, sa petite réaction, et, pour comble de drôlerie, qu'elle a... qui le croirait ?... ses ultrà !!! Des ultrà à Pézénas !... en bien petit nombre, il est vrai ; mais enfin tout autant qu'il en faut, ou du moins qu'il en fallait pour épurer une mairie dans le bon temps. Le maire qu'on jugea nécessaire d'expulser était un très riche et très habile cultivateur, payant six mille francs de contributions, doué d'une force physique et morale vraiment prodigieuse, ennemi déclaré de tout excès révolutionnaire. Depuis dix-huit ans qu'il occupait la place de maire dans cette ville, l'ordre et la tranquillité publique n'y avaient pas été troublés un seul moment. A l'époque de la restauration, certaines gens avisèrent que cet excellent citoyen aimait passionnément la charte que le roi venait de donner à la France, et qu'il était résolu à la prendre pour régle unique de conduite ; dès-lors on le pria d'aller veiller à la culture de ses prés, de ses luzernes, et des plus beaux vignobles du pays : peut-être pouvait-on mettre un peu plus de formalités avec un homme qui avait commencé son administration par purger la ville des assassins qui la désolaient, et qui en avait signalé les derniers jours en préservant ses administrés, par une contenance pleine de vigueur et d'audace.

des attentats qui avaient marqué à Montpellier le passage des miquelets de Nîmes. Ces petits services n'empêchèrent pas qu'on ne déplaçât comme *bonapartiste* celui qui s'était vu destitué comme *royaliste* dans les cent jours. Il ne daigna pas arguer de cet *alibi* moral; et bien persuadé, comme Voltaire, qu'il n'y a rien de mieux à faire que de cultiver son jardin, M. Sales ne se l'est pas fait dire deux fois, et il s'est retiré en formant, comme Thémistocle, le vœu que ses concitoyens n'aient jamais occasion de le regretter.

Ce vœu n'a pas été tout-à-fait exaucé: le nouveau préfet de l'Hérault, M. Creusé de Lesser, vient d'avoir recours à lui pour rétablir et cimenter la paix entre les catholiques et les protestans de *Villeveyrac* [1], horriblement exaspérés les uns contre les autres. M. Sales n'a point refusé de se charger de cette mission difficile, et s'en est acquitté avec ce caractère de fermeté et de justice qui l'ont fait connaître d'une manière si honorable aux époques orageuses de sa mairie.

C'est d'un habitant catholique de Villeveyrac que j'ai appris par quels moyens et par quels discours M. Sales parvint à rétablir le calme dans cette commune, où le fanatisme était au moment de signaler ses fureurs. « Dimanche dernier, me dit-il, le com-

---

[1] Commune voisine de Pézénas.

missaire de M. le préfet nous convoqua tous. Voici ses premiers mots :

« Messieurs, vos divisions doivent cesser : la charte
« le commande ; le roi le veut ; il est le père de tous
« les Français, quel que soit le culte qu'ils profes-
« sent : vous ne pouvez pas plus contrarier ses vues,
« ni les uns ni les autres, que vous ne pouvez em-
« pêcher le soleil de mûrir vos moissons et vos rai-
« sins, m'entendez-vous?... Je viens de la part de
« M. le préfet vous porter cet évangile de salut, et
« j'y viens avec d'autant plus de plaisir que vous me
« connaissez, que vous êtes tous convaincus, catho-
« liques et protestants, que c'est la parole du roi
« que j'annonce. Qui de vous oserait résister à cette
« volonté paternelle?... »

« Ce langage d'un homme de bien, prononcé avec l'accent de la force et de la confiance de la raison, produisit sur l'assemblée un effet magique : la réconciliation fut franche et entière ; l'on se sépara aux cris mille fois répétés *d'union* et *d'oubli*, et le brave, le vertueux conciliateur, fut porté plutôt que conduit en triomphe à la mairie, où il acheva de cimenter la paix dans une conférence avec les principaux citoyens de l'une et de l'autre communion. »

Cet heureux état de choses durera, j'en suis sûr, à moins pourtant que les missionnaires ne passent par-là.

n° XL. [16 juillet 1818.]

LA ROULANTE.

> Ami du bien, de l'ordre, et de l'humanité,
> Le véritable esprit marche avec la bonté.
> GRESSET

Je retrouvai mon ami le colonel exact au rendez-vous que nous nous étions donné à Pézénas, où je me séparai d'Auguste, qu'une affaire pressante rappelait à Paris. Pendant la journée que nous passâmes ensemble dans cette petite ville, il acheva de me faire connaître tout ce qu'elle renferme d'intéressant. Il me montra la maison qu'habitait le dernier et malheureux duc de Montmorency à l'époque de son procès. Elle est maintenant occupée par deux bourgeois qui ne s'y trouvent pas très convenablement logés. Il me conduisit chez un juge de paix qui possède une belle bibliothèque et un riche cabinet de médailles : ce savant, très digne par ses connaissances en numismatique d'occuper un des fauteuils de l'académie des inscriptions, aurait voulu me conduire à la société littéraire du pays; mais elle ne tient ses séances qu'à l'époque où les coqs d'Inde truffés du Périgord viennent orner les tables des honorables membres. Cet oiseau, également chéri des pères de la compagnie de Jésus et des académiciens de Pézénas, est à-la-fois le sujet des prix que l'académie décerne, et le tribut que chaque nouveau membre est tenu de lui payer. Mon colonel prétend que cela vaut bien un discours académique.

Cependant tout ne se passe pas en dîners à l'académie de Pézénas : l'un de ses membres a traduit Horace en vers français; un autre académicien, qui n'est, dit-on, pas étranger aux travaux du premier, vient aussi d'achever la traduction en vers des *Animaux parlants* de l'abbé Casti. On fait l'éloge de cet ouvrage inédit; mais il ne sera probablement pas connu du public aussi long-temps que le traducteur se trouvera sous la férule fiscale de l'université.

Pézénas a donné le jour à quelques hommes célèbres, au premier rang desquels il faut placer le chimiste Venel, ami de d'Alembert, et l'un de ses plus utiles collaborateurs dans le grand travail de l'*Encyclopédie* : le fameux tribun Curée et le colonel Carrion-Nisas, également distingué comme écrivain et comme militaire, sont nés dans cette ville.

Le colonel exigea que je l'accompagnasse chez un de ses amis, membre de l'académie des sciences, lequel habite une maison de campagne assez loin de la ville. Le chemin de traverse que nous suivîmes passerait, dans toute autre partie de la France, pour une route de première classe des mieux entretenues: nous cheminions tantôt entre deux haies de grenadiers et de jasmins en fleur, tantôt entre des fossés dont les bords, semés de thym, de romarin et de lavande, embaument l'air que l'on aspire avec délices.

Nous arrivâmes à l'entrée d'un vallon solitaire au fond duquel se présentent de grandes masses de bâtiments au milieu d'un petit bois de chênes, ressource bien précieuse sous le ciel brûlant de ces contrées.

« Ce monsieur chez qui vous allez, nous dit l'homme qui portait notre petit bagage, se ruine, à ce qu'on dit chez nous, à cultiver ses terres d'après des méthodes inconnues à nos pères. Ce qu'il y a de sûr, c'est qu'il a trouvé le moyen d'obtenir des fourrages abondants sur un terrain très sec; de multiplier les engrais dans un pays où ils sont très rares; de supprimer les jachères, et de faire venir de la vigne là où il était bien convenu qu'elle ne pouvait jamais croître. Aussi voyez-vous que ces *garrigues* que vous avez remarquées, en sortant de Pézénas, ont tout-à-fait disparu; les gens de journée qu'il emploie disent bien que M. N... retire de ses terres le triple, le quadruple de ce qu'elles rapportaient il y a quinze ans; mais les bourgeois n'en soutiennent pas moins que c'est un homme singulier, qui prétend que l'art de cultiver la terre se perfectionne comme tous les autres, que ce n'est pas manquer de respect à la mémoire de nos aïeux que d'abandonner leurs préjugés et leur routine : d'où ces messieurs concluent que c'est un fléau pour un pays qu'un homme comme celui-là. Mais ils ont beau dire, les acquéreurs de biens nationaux, qui n'ont rien à perdre, imitent M. N..., et s'enrichissent par ces moyens révolutionnaires. Les soldats qui ont quitté l'épée pour reprendre la charrue vous soutiennent hardiment que le savant laboureur a raison, et que, dans les pays étrangers qu'ils ont conquis autrefois, les paysans qui ont le malheur de savoir lire et écrire enverraient paître nos bourgeois avec leur vieille méthode, et se dépêcheraient de suivre des conseils dont chaque moisson prouve l'excellence. Tous tant que nous sommes, nous autres gens de campagne, nous serions assez disposés à croire ce que nous disent nos vieux soldats, si ce n'est que la plupart d'entre eux ont servi autrefois la république, et que nos messieurs poudrés nous assurent qu'on ne doit pas avoir de confiance en ces gens-là. »

Le plaisir que nous trouvions à faire jaser ce brave homme abrégea beaucoup la route: nous arrivâmes à l'habitation de cet ami du colonel, qu'une indisposition obligeait à garder la chambre. En y entrant, sans avoir été rencontrés par personne, nous nous trouvâmes placés en face d'un paysage du Poussin, et derrière un fauteuil dont l'énorme dossier ne laissait apercevoir que le haut de la tête du maître de la maison; près du fauteuil, une jeune femme assise, tenant d'une main un enfant à la mamelle, et de l'autre un livre qu'elle lisait à haute voix. Des sons étrangers frappent mon oreille, j'arrête le colonel et j'écoute : qu'elle est ma surprise, une femme lit Sophocle, et c'est *Électre* qui s'écrie dans sa langue maternelle :

Ω φίλτατον μνημεῖον ἀντρώπων ἐμοῖ
Ψυχῆς Ὀρέστου λοιπὸν, etc. [1].

L'attention que je prêtais à ce spectacle inattendu ne m'empêcha pas de remarquer, près d'une fenêtre, une jeune personne qui copiait un tableau. Quelques instruments de physique, des piles d'in-folio, séparaient de la première scène, qui se passait près de moi, un vieillard et une autre jeune femme qui faisaient ensemble une partie d'échecs. Celle-ci nous aperçut la première. Se lever, venir à moi, me nommer, m'accueillir de la manière la plus affable, fut pour toute l'aimable famille l'affaire du même instant. « Soyez le bien venu, me dit le maître de

[1] Souvenir de mon cher Oreste, souvenir qui soit le plus doux parmi les hommes! etc.

la maison ; nous vous voyons pour la première fois, mais vous étiez annoncé, et votre cellule est préparée dans notre ermitage. Vous vous y plairez, car nous avons trouvé le moyen d'y réunir, sous le plus beau ciel du monde, tous les agréments de la société la plus civilisée à toute l'indépendance de la vie nomade. J'ai beaucoup aimé les sciences et les arts, je les cultive encore, et j'ai eu le bonheur de voir mes goûts partagés par les plus chers objets de mes affections. Dans mon laboratoire de chimie, je n'ai pas d'autre préparateur que ma femme : vous venez d'être témoin de la manière dont elle remplit près de moi l'office de lecteur. Croiriez-vous qu'elle s'est livrée, à mon insu, pendant un an, à l'étude du grec, dans la seule intention de me ménager une surprise agréable pour le jour de ma fête, qu'elle m'a souhaitée dans la langue d'Homère? ce qui ne l'empêche pas d'allaiter son enfant, de conduire son ménage, et de m'aider dans les calculs qu'exigent les observations que j'ai faites autrefois sur la mesure des hauteurs par le baromètre. Une amie, de l'esprit le plus élevé, nous a suivis dans notre solitude, où nous serions bien près du bonheur, si nous pouvions échapper à de cruels souvenirs. Désabusé promptement de l'ambition, du pouvoir, des richesses, et même de la gloire littéraire, car j'ai essayé assez de toutes ces choses pour me convaincre que j'en pouvais obtenir davantage, et que néanmoins j'étais né pour une destinée différente, je me suis livré entièrement aux améliorations agricoles. J'ai entendu gronder le dernier orage autour de ce vallon, et il a éclaté loin de moi. Le succès a justifié des perfectionnements que mes voisins commencent à comprendre et qu'ils imiteront bientôt. »

J'ai passé deux jours dans cette habitation, où j'ai trouvé le modèle achevé de tout ce que les affections du cœur, la culture de l'esprit et l'amour du bien peuvent faire pour le bonheur d'une famille dans l'intérêt général de la patrie. Ce n'est qu'au bout de quelques heures que j'ai appris le nom de la personne chez laquelle je me trouvais, et dont j'avais parlé sur la foi d'autrui dans mon discours précédent.

Je suis revenu à Pézénas pour y prendre place dans une de ces voitures très communes dans le midi de la France, et très commodes pour le genre d'observations auquel je me livre, parcequ'elles marchent à petites journées, ne vont jamais que d'une ville à l'autre, et qu'elles ne transportent guère que les habitants du pays.

Le hasard, qu'on peut appeler la providence des voyageurs, me fit rencontrer dans cette *roulante* un jeune homme d'une vingtaine d'années, qui me força de prendre, dans le fond de la voiture, la place qu'il y occupait; un négociant de Montpellier, de retour du marché de Pézénas, et un chevalier de l'ordre du Saint-Sépulcre, qui venait de faire ce qu'on appelle en patois languedocien *castelléja,* ce qui ne peut guère se traduire en français que par une périphrase, piquer l'assiette de château en château. Le chevalier tenait le dé au moment où je montai en voiture, et la première phrase que j'entendis me mit au courant de la conversation et du caractère du principal interlocuteur.

« La bonne foi, disait-il, est bannie de toutes les transactions, parcequ'il n'y a plus de mœurs; or, il n'y a plus de mœurs parcequ'il n'y a plus de chevaliers du Saint-Sépulcre ni de jésuites; donc il faut rétablir les uns et les autres: tirez-vous de là. » Ces mots : *tirez-vous de là* terminaient toutes ses tirades. Quelqu'un voulut répondre.

« Vous allez me dire, continua-t-il, ce que j'entends répéter par-tout, que le bon ordre renaît : qu'est-ce que cela signifie? Le bon ordre tient-il à cette indifférence que vous appelez tranquillité publique; à la sûreté des routes, quand les honnêtes gens n'ont pas le moyen de voyager; au mépris que l'on recommence à verser sur les dénonciateurs, sur les révélateurs, sur les provocateurs, à qui la France doit son salut? Tirez-vous de là.

« Il est absurde, et c'est le chevalier de Frémillac qui vous le dit, de parler de bon ordre, lorsque tous les rangs de la société demeurent confondus, et que la loi fondamentale de l'état, la charte, pour parler le jargon à la mode, consacre une pareille confusion ; lorsqu'elle appelle aux grandes charges, et même aux dignités, des gens de rien dont le nom seul fait rire, sous prétexte de talents, de vertus, de sang répandu pour la patrie, et autres menus droits que l'on fait sonner bien haut, et où je ne vois qu'une monnaie sans valeur et sans titre, que l'on veut substituer à la médaille antique de la naissance. Qu'est-il résulté de là ? que le fils d'un soldat, d'un matelot, s'est mis en tête qu'il pouvait devenir un Jean Bart, un Catinat ; que nos rangs de terre et de mer se sont peuplés de parvenus ; qu'on a vu des Lannes, des Hoche, des Ney, des Pichegru, et autres gens de même acabit, usurper, à la tête des armées, les places des Villeroy, des Soubise, des d'Armentières ; que pendant vingt ans nous avons remporté des victoires contre toutes les règles, et que l'Europe a eu la honte d'être vaincue par des hommes dont pas un ne pourrait faire entrer sa fille dans le plus petit chapitre d'Allemagne. Tirez-vous de là. »

On s'en tira par un grand éclat de rire. M. le chevalier n'en fut pas déconcerté, et continua, sur le même ton et avec la même force de logique, à prouver « qu'une monarchie n'existe que par la noblesse ; que c'est avilir la majesté royale que de confier la conduite des affaires et des armées à des gens sans naissance ; que le mal, le mal incurable, était d'avoir laissé croire aux écrivains que du haut de leurs greniers ils pouvaient influer sur la destinée des peuples, et que l'éclat des services, des talents et des connaissances pouvait, dans une monarchie, tenir lieu d'ancêtres; attendu que de cette prétention orgueilleuse étaient nés cette ardeur de s'instruire, ce besoin de se distinguer, qui, passant successivement dans toutes les classes, ont fini par créer la puissance ou plutôt le torrent de l'opinion publique, dont on ne saurait calculer les ravages. C'est pour y opposer une digue, ajouta-t-il d'une voix presque menaçante, que nous avions déclaré la guerre aux gens de lettres et aux savants; que notre société secrète des vingt-un, à Montpellier, avait trouvé le moyen d'organiser une populace ignorante, dont nous aurions tiré bon parti si notre zèle eût été mieux apprécié par le gouvernement.... »

Le chevalier, qui s'enivrait de sa propre éloquence, aurait fini par nous révéler le secret de la confrérie; mais le plus jeune de nos compagnons de voyage, qui rongeait son frein pendant ce beau discours, ne lui en laissa pas le temps, et l'interrompant avec une fureur concentrée :

« Je suis né à Bayonne, monsieur le chevalier, et les marins de mon pays ont eu d'autres titres à présenter, pour obtenir les grades militaires, que celui d'avoir conduit dans les ports de l'Angleterre les vaisseaux confiés à leur commandement. (Je ne sais ce qu'il y avait de si piquant dans cette observation ; mais elle fit faire au chevalier du Saint-Sépulcre une bien singulière grimace.) Vous déclamez, continua-t-il, contre les sciences et les lettres, auxquelles vous êtes absolument étranger, et contre les gens de rien, parcequ'ils ont l'insolence d'être quelque chose : contentez-vous des premiers succès de votre théorie ; n'a-t-elle pas été suffisamment prouvée par le naufrage de *la Méduse,* par les excès de Nîmes, d'Avignon, de Marseille? n'a-t-elle pas été la cause ou plutôt le prétexte du soulèvement de quelques montagnards du Dauphiné, de quelques malheureux ouvriers des environs de Lyon, etc., etc., etc.? Gardez vos prétentions, monsieur le gentilhomme, s'il est trop tard pour vous en défaire, et si elles peuvent adoucir vos regrets ; mais laissez-nous croire, à nous autres enfants du siècle, que la patrie, la gloire et la liberté doivent être pour nous les objets d'un culte plus sacré que celui de vos ancêtres. Achevez de vivre, si cela vous convient, sous l'empire des préjugés où vous avez pris naissance ; mais trouvez bon que nous préférions la charte au pouvoir absolu, les hommes de talent aux hommes de naissance, et les chevaliers de la Légion-d'Honneur aux chevaliers du Saint-Sépulcre. »

« Tirez-vous de là, » dis-je en riant à M. de Frémillac. Il se contenta de baisser son chapeau sur ses yeux, en murmurant bien bas les mots de *libéral* et d'*étudiant* : j'appris en effet que le jeune voyageur qui s'exprimait avec tant de franchise et d'énergie était un élève en médecine qui se rendait à Montpellier, au retour d'une visite qu'il venait de faire à un de ses amis aux environs de Béziers. L'intention où j'étais d'examiner par moi-même une école célèbre à laquelle le nom de Montpellier semble si intimement uni, le respect que ce jeune homme avait témoigné pour mes cheveux blancs, et les principes qu'il avait manifestés dans sa dispute avec le paladin, amenèrent entre nous un entretien particulier à la suite duquel il s'offrit obligeamment pour me servir de guide dans la moderne Épidaure.

En admirant, aux environs de *Montagnac*, la richesse, la beauté des vignes dont le pays est couvert, je vis le chevalier sourire à la vue d'une grande pièce de terre restée en friche; puis, en se frottant les mains, je l'entendis grommeler tout bas : « Tirez-vous de là, M. Cazelles. » Le négociant me donna l'explication de cet accès de gaieté. « M. Cazelles avait été quinze ans maire de Montagnac, à la grande satisfaction de ses honnêtes concitoyens. Les qualités qui lui avaient acquis leur confiance et leur estime ne pouvaient manquer de lui faire des ennemis d'une autre classe : le moment vint où ils purent échapper impunément au joug salutaire qu'il avait su leur imposer; ils le mirent à profit, et se vengèrent de l'inaction où il les avait maintenus en arrachant ses vignes, et en ravageant ses oliviers. Cette pièce de terre lui appartient, et c'est une de celles, comme vous voyez, où les *familiers* ont travaillé le plus en conscience.—Quand on a été maire dans les cent jours, reprit M. de Frémillac, je ne vois pas de quoi on peut se plaindre.—De ne plus l'être, répondis-je, quand les sots et les méchants y trouvent leur compte. » On se mit à rire; le chevalier rit aussi, mais à sa manière.

Le cocher, en ce moment, ouvrit la portière en nous annonçant que nous étions à *Mèze*, et que nous pouvions descendre pour déjeuner.

« Si ces messieurs, nous dit alors le négociant, voulaient avoir une preuve nouvelle de l'utilité de l'application des sciences et des arts à l'agriculture, je les conduirais à la superbe manufacture de mon ami Privat, qui serait charmé de recevoir de tels hôtes. Toute cette activité que vous voyez autour de vous est son ouvrage. Il a étendu notre commerce par son industrie, et les négociants ne lui sont pas moins redevables que les propriétaires agricoles : les uns et les autres s'étaient réunis l'an passé pour donner à M. Privat la plus haute preuve de leur reconnaissance et de leur estime en le portant à la chambre des députés; mais le résultat des élections, travaillées par les amis de M. de Frémillac, n'a pas répondu à nos espérances. » J'ai déjà cité le nom de

M. Privat avec toute la considération dont il est revêtu dans ce pays; j'acceptai donc avec empressement : l'étudiant nous accompagna; le chevalier resta pour faire préparer le déjeuner.

En entrant chez M. Privat, nous nous trouvâmes au milieu des fourneaux et des alambics au moyen desquels il est parvenu à fabriquer jusqu'à cent pièces d'esprit-de-vin par jour. Mèze est la terre classique de ce genre d'industrie, créé par un professeur en médecine de Montpellier, nommé *Arnault de Villeneuve*. C'est également à Mèze que, dans les premières années de ce siècle, Adam eut l'inspiration des perfectionnements qu'il a introduits dans cette importante fabrication : il se ruina, selon l'usage, par des découvertes où ses successeurs trouvèrent une source de fortune.

M. Privat nous fit remarquer les changements avantageux que M. Berard a faits aux procédés inventés par Adam, ainsi que les nouveaux appareils qu'il venait de monter suivant le système de Baglioni. Il nous montra ensuite, dans tous ses détails l'atelier dans lequel il avait fabriqué, pendant la guerre, cette énorme quantité de sirop de raisin qui lui avait valu le prix d'encouragement de trente mille francs accordé par le gouvernement d'alors à la fabrication la plus abondante dans ce genre. La baisse des sucres et la hausse énorme du prix des vins ont paralysé cette branche d'industrie.

M. Privat voulait nous retenir à déjeuner, et sa respectable compagne joignit aux sollicitations de son époux tout ce qui pouvait rendre notre refus plus pénible.

Bien m'en prit d'avoir résisté à cette aimable invitation, car notre chevalier nous préparait une scène que j'aurais été bien fâché de perdre.

Nous le trouvâmes aux prises avec un ecclésiastique avancé en âge, en faveur duquel on était prévenu par l'extérieur modeste de sa personne et le ton ferme de ses discours.

Nous apprîmes bientôt que ce prêtre avait été curé du village de Villeveyrac, dont j'ai déja parlé, qu'il avait osé y prêcher la concorde et l'oubli dans un moment où les fidèles de son église se livraient à toutes les inspirations de l'intrigue et du fanatisme; nous sûmes aussi que ce digne pasteur, en récompense du bien qu'il avait voulu faire, avait été dénoncé, calomnié, poursuivi, et s'était vu forcé, malgré la protection de son évêque diocésain, de solliciter lui-même son changement.

Ces renseignements m'expliquaient le nouvel accès de colère du chevalier, qui, tout en mangeant sans nous attendre sa troisième côtelette, s'en prenait tour-à-tour au digne ecclésiastique et à un autre homme assis à la même table.

Nous changeâmes de voiture à Mèze, selon l'usage adopté par les conducteurs de *roulantes*, pour se soustraire au paiement de l'impôt alloué aux maîtres de poste pour les chevaux qu'ils ne fournissent pas. Notre négociant se rendait à Cette par l'étang de Thau : il me proposa de faire cette course avec lui; j'y consentis, et je quittai mon jeune étudiant, avec promesse de le rejoindre le lendemain à Montpellier.

Nous voilà naviguant à pleine voile sur l'océan le plus rétréci du globe, et célèbre néanmoins par ses tempêtes et ses naufrages. La grandeur de notre voilure, le défaut de lest de notre barque, et l'habileté de notre pilote, n'étaient rien moins que rassurants. Cependant nous passâmes sans mésaventure à la vue de *Balaruc*, jadis renommé par ses eaux thermales, et nous arrivâmes d'assez bonne heure à Cette pour y trouver le temps de parcourir le port, les quais, la ville, et de monter à la citadelle pour y jouir d'une vue magnifique et d'un des plus beaux couchers du soleil auxquels je me souvienne d'avoir assisté.

Nous visitâmes les vastes *chais* qui bordent le canal, et qui, tout immenses qu'ils sont, suffisent à peine aujourd'hui pour contenir la grande quantité de vins et d'eaux-de-vie qu'on y dépose.

Ce négociant m'apprit encore que, parmi les bonnes maisons de commerce de cette ville, celle de MM. Bonnaric et Laffont tenait un des premiers rangs. Je ne pouvais me dispenser de faire une visite à M. Laffont : ce jeune homme, que distingueraient à Paris même ses qualités aimables, son caractère élevé, et ses rares talents, est le neveu de mon ancien ami *Gévaudan*, né dans cette même ville de Cette, et qui est beaucoup moins redevable de la considération dont il jouit dans la capitale à sa grande fortune qu'à la noblesse de ses sentiments et à l'inépuisable bonté de son cœur. On l'appelle le *Bon Riche*, épithètes qu'il a trouvé le secret de réconcilier ensemble.

N° XLI. [29 JUILLET 1818.]

MONTPELLIER.

Periculum ex aliis facito ubi quod ex usu fiet
TÉRENCE
Que les folies des autres servent du moins à
vous rendre sage

Il y a beaucoup plus de variété dans la physionomie physique et morale des habitants du midi de la France que dans les provinces du centre et du nord : les *caractères* y sont plus originaux, plus tranchants, et je ne m'étonne pas que le premier des peintres dramatiques ait été si souvent y chercher ses modèles. Je viens de faire la route de Cette à Montpellier avec un de ces personnages de comédie dont la rencontre eût été pour Molière une bonne fortune : je l'appellerai *Philogène* par antiphrase, car c'est bien de tous les mortels celui qui fait le moins de cas de la création. Cet original, du commerce le plus amusant, et de l'esprit le plus ironique, a choisi sa résidence à Montpellier, « par la raison, dit-il, que la nature humaine ne se présente nulle part sous une face aussi comique, et ne donne une idée plus complète du dessein fantasque dans lequel ce drôle de monde a été conçu.»

Nous nous sommes arrêtés à *Frontignan* chez M. Lapierre, l'un des plus riches propriétaires du pays. Philogène, en buvant à lui seul une bouteille de l'excellent vin que produit cette contrée, a voulu prouver à son hôte qu'il ferait fort bien d'arracher ses vignes, qui donnent au pays un aspect triste et monotone, pour planter des arbres où ses arrière-neveux trouveraient du moins un peu d'ombre, et ne seraient pas brûlés du soleil; quelque intérêt que M. Lapierre puisse prendre au teint de ses petits-enfants, il m'a paru décidé à s'en tenir à ses vignes.

Philogène voulait me mener dans un village, sur le bord de la mer, pour me montrer, disait-il, le point de départ d'un guerrier célèbre; mais quand il m'eut appris que le fait d'armes du héros occitanien consistait à avoir rassemblé là quelques centaines de paysans pour aller soumettre Montpellier, qui avait reconnu deux jours auparavant le gouvernement royal avec enthousiasme, j'ai cru pouvoir différer mon plaisir, et nous sommes arrivés directement à Montpellier, où j'ai été prendre gîte à l'*hôtel du Midi*.

Le lendemain matin, comme je déjeunais avec le jeune étudiant que j'avais quitté à Mèze, Philogène arriva, suivi d'un domestique chargé de livres. « Je vous ai promis des renseignements sur ce pays, me dit-il en riant aux éclats; en voilà, j'espère : 1° l'histoire admirable et insoutenable du Languedoc, en cinq énormes volumes, ni plus ni moins que grand in-folio; 2° l'abrégé du même ouvrage, par le même auteur, en six volumes in-12; 3° les mémoires de M. de Basville en manuscrit, attendu que l'ancien gouvernement a jugé à propos de les mutiler en les livrant à l'impression; 4° le troisième volume du voyage de M. *Millin* dans les provinces du midi, rempli de recherches curieuses sur les monuments de Montpellier; 5° une notice sur cette même ville, publiée par M. Charles Belleval, et dans laquelle il a rassemblé, en quatre-vingt-dix pages, plus de faits intéressants, plus de détails exacts, plus de vérités, qu'on n'en trouverait, en cherchant bien, dans les in-folio de dom Vaissette, etc... »

Je le remerciai de son attention très aimable, en lui faisant observer qu'il ne me restait pas assez de temps à vivre pour entreprendre cette lecture; que je prenais les choses et les hommes où ils en étaient, et que, la peinture des mœurs actuelles étant l'objet spécial de mon voyage, c'était moins de livres que d'observations que j'avais besoin. « Pour cela, je suis encore votre homme, reprit-il; je sais par cœur ma ville et ma province; et comme j'ai la faculté de réfléchir trait pour trait les objets qui m'approchent, c'est avec autant de vérité que de modestie que mes concitoyens m'ont surnommé *le miroir de Montpellier.* » On verra que j'ai souvent consulté cette glace, sans négliger néanmoins de rectifier, en présence des objets mêmes, ou sur les remarques pleines de justesse de mon jeune étudiant, les erreurs provenant du faux jour où se place quelquefois ce *miroir* ambulant.

« Je crois, me dit-il, en prenant sa part de notre déjeuner, que vous n'attachez guère plus d'importance que moi à concilier l'opinion du chanoine *Gabriel,* qui confond l'origine de Montpellier et celle d'une ville nommée *Substantion,* bâtie par les Romains, avec l'opinion plus commune qui veut que cette capitale du bas Languedoc ait pris naissance lors de la destruction de Maguelonne par Charles-Martel.

« Vous ne vous souciez pas davantage de disserter pendant une quinzaine de jours pour avouer à la fin qu'il est assez indifférent que le nom de Montpellier vienne des mots latins *Mons Passulus* (Mont-Verrou), attendu qu'il y avait un gros verrou à la porte du grand parc où les premiers habitants renfermaient leurs troupeaux; ou de *Mons Puellarum* (Mont des Jeunes Filles), en l'honneur de deux chastes demoiselles qui vivaient en ermites au pied de la montagne où la ville est assise, dans la *Vallée des Bêtes Fauves* (Vallis Ferarum), que l'on appelle encore aujourd'hui *Valfère*. Je ne connais rien de plus niais que toutes ces recherches étymologiques.

« Ce qu'il y a de certain, c'est que Montpellier n'est pas une ville ancienne, et n'a rien de commun avec la *Substantion* des Romains; on voit encore les ruines de cette dernière près d'un village appelé *Castelnau*, à une lieue d'ici, sur la rive opposée de la rivière de Lez, dont les eaux alimentent le canal de *Grave*, le long duquel s'étend un faubourg de Montpellier, qu'on appelle, ne me demandez pas pourquoi, le *Pont Juvénal*.—Quelque petite part que vous veuillez faire à l'érudition historique, ajouta le jeune étudiant, vous ne pouvez guère vous dispenser de dire, en parlant du pays que vous parcourez maintenant, que cette province fut longtemps connue sous le nom de *Gaule narbonnaise*, puis de *Septimanie :* quand on divisa de nouveau l'empire romain, on donna le nom d'*Occitanie* aux régions vers l'ouest, et de *Novempopulanie* à la province de Bordeaux ; ce qui pourrait faire croire que le mot d'Occitanie ne vient pas de la position topographique de la province, mais du nombre de la division territoriale dont elle faisait partie.

« —En profitant de cette remarque, répondis-je à l'étudiant, j'ajouterai que ces divisions varièrent beaucoup, suivant les différents états par où passa l'empire d'occident. La Septimanie, par exemple, était précisément la partie littorale sur le golfe de Lyon; Narbonne en était la ville principale. Une chose très bonne encore à observer, c'est que *Sidonius Apollinaris* (auquel, par parenthèse, la maison de Polignac fait remonter son origine, que je ne lui contesterai pas) salue cette ville comme un séjour très sain : *Salve, Narbo, potens salubritate,* dit-il dans une pièce de vers phaleuques. Les choses ont bien changé; la mer s'est retirée de toute cette côte, où l'on ne trouve plus que des marais qui corrompent l'air depuis Narbonne jusqu'à Aigues-Mortes, où s'embarqua saint Louis: ce ci-devant port est maintenant à près de deux lieues de la mer. — Vous me faites souvenir, reprit Philogène, qu'il y a dans cette dernière ville une vieille tour bâtie par ce bon empereur Constance Chlore, ennemi des apostats de toute religion. En faisant élever ce monument, qui porte encore son nom, ce prince si tolérant ne prévoyait pas que, quatorze siècles après lui, on y enfermerait, on y soumettrait aux plus affreuses tortures les chefs et les ministres de la religion protestante, sans que la dislocation de leurs membres ait fourni une preuve de plus en faveur des vérités saintes auxquelles on cherchait à les ramener.

« — Arrivons vite, repris-je, à des temps plus modernes, et disons que la féodalité n'a jamais été implantée que superficiellement et n'a jeté dans cette région que de faibles racines : avant la révolution, elle semblait encore gouvernée par l'*édit du préteur ;* tout y était municipal.

« — Vous ne savez peut-être pas, me dit à ce sujet Philogène, que ce fut à Montpellier, pendant l'année d'exil qu'il y passa, que M. Necker prit l'idée de son doublement du tiers : dans les états de Languedoc, il y avait vingt-trois barons, vingt-trois évêques, et quarante-six députés du tiers ou des municipalités. »

Je lui fis quelques questions sur ces états, dont je ne tardai pas à m'apercevoir qu'il parlait en homme instruit par tradition et par expérience.

« Je devrais, dit-il, commencer mon discours comme le pieux Énée : *Infandum... jubes renovare dolorem;* mais vous seriez homme à rire de ma douleur, que je supporte moi-même assez gaiement : je vous dirai donc le fait tout simplement et sans préambule.

« Le Vivarais et le Gévaudan, l'un sur douze, l'autre sur sept baronnies, n'en avaient qu'une qui entrât chaque année aux états de Languedoc; aussi ces dix-neuf places *tournaires,* et les vingt-une annuelles, étaient remplies par moins de trente familles. La plupart des évêchés dont les titulaires siégeaient aux états n'étaient dans le principe que de simples abbayes, que l'avide simonie de Jean XXII avait érigées en évêchés, au profit de la comtesse du Périgord, avec laquelle il vivait publiquement à Avignon, en tout bien, mais non en tout honneur.

« Presque toutes les villes, et même les gros bourgs, avaient des députés au banc du tiers état; mais comme il y avait des villes qui alternaient, plus de soixante villes ou bourgs étaient représentés alternativement par les quarante-six places réservées aux députés municipaux.

« Les familles qui siégeaient au banc de la noblesse étaient : *La Croix de Castries*, comme comte d'Alais, première place fixe; le vicomte de *Polignac*, deuxième place fixe; le baron de tour *du Vivarais*, troisième place fixe; le baron de tour *du Gévaudan*, quatrième place fixe. Les autres, par rang de réception.

« Les familles baronniales étaient, dans les derniers temps, *Brunet - Villeneuve, d'Hautpoul, Noailles, Latour-Maubourg, de Gange, Desmoutiers-Mérinville, Calvisson, Levis-Mirepoix, Carion-Nisas, Crussol d'Uzès, La Tourrette, Roquelaure, Pierre de Bernis, Morangiés, Rohan-Soubise, Thesan, Poujol, Balincour, d'Avejean, Lordat, du Roure, d'Apechier*, etc., etc., etc.

« Il fallait, pour asseoir une baronnie, la placer sur trois clochers, et que son revenu fût au moins de quinze mille francs.

« Aux états-généraux de 1789, les barons des états

renouvelèrent la prétention qu'ils avaient fait valoir plus anciennement, de représenter de droit la noblesse, sans élection par d'autres nobles : ceux-ci voulurent députer par sénéchaussée; ce mode d'élection fut adopté : les barons protestèrent, la division se mit parmi les nobles languedociens; le décret du 4 août 1790 portant destruction des priviléges les mit tous d'accord.

« Les états de Languedoc prélevaient annuellement un don soi-disant gratuit, qu'ils envoyaient directement au trésor royal; il était d'usage que l'envoyé qui en annonçait l'*octroi* fît en même temps hommage au roi d'un mouton de Gange. Je ne sais quel mauvais plaisant a prétendu que Louis XV avait refusé un don gratuit que le mouton n'accompagnait pas : il est vrai que les moutons de Gange, qui paissent des pâturages aromatiques, sont d'un goût exquis.

« Les états duraient quarante jours, et pendant leurs vacances les *diétines* s'ouvraient dans chaque sénéchaussée et dans chaque diocèse. On les appelait *assiettes* parcequ'on y réglait l'assiette et la répartition de l'impôt et des dépenses.

« Il n'existait pas et il n'existe pas encore aujourd'hui de chemins en France aussi bien entretenus que l'étaient alors ceux du bas Languedoc, par les soins des *cantoniers*, qui se partageaient la surveillance, l'entretien, et la réparation des routes.

« Les états de Languedoc ont laissé plusieurs beaux monuments : quand vous aurez vu celui que l'on appelle la place du Peyrou, vous serez tenté, comme Joseph II, de demander *où est la ville*.

« En voilà beaucoup sur les états, continua-t-il ; mais ne vous effrayez pas, c'est pour n'y plus revenir. Vous êtes impatient d'arriver à l'époque actuelle, nous y voici.

« Depuis les premiers jours du consulat jusqu'aux derniers moments de l'empire, Montpellier a peut-être été la ville de France la plus heureuse ; je ne parlerai donc pas d'un état contre nature dont je ne saurais d'ailleurs assigner la cause. — M. Philogène veut-il me permettre de la lui faire connaître ? interrompit l'étudiant. — Parlez, monsieur ; le bien que les jeunes gens disent du temps présent ne tire pas à conséquence. — Tout le monde ici dira comme moi au vénérable Ermite que le bien-être dont jouit Montpellier à cette époque fut l'ouvrage de son préfet, homme d'une sagesse égale à sa capacité ; pendant les quinze ans durant lesquels M. le baron de Nogaret administra le département de l'Hérault, il eût été impossible d'y découvrir la plus légère trace d'esprit de parti : je n'ajouterai qu'un mot à cet éloge, c'est que l'influence de son administration conciliatrice, secondée par celle du maire, M. Granier, s'est survécue à elle-même, et n'a permis dans nos murs, voisins de Nîmes, qu'une très faible partie des malheurs qui affligèrent cette dernière ville : en tout, la révolution n'a pas été sanglante à Montpellier.

« — Vous êtes bien difficile, monsieur l'étudiant, reprit Philogène, si vous n'êtes pas content du rôle que vos concitoyens ont joué aux deux péripéties de ce terrible drame. Pour moi, je ne vois pas ce que le fanatisme révolutionnaire pouvait faire de mieux, dans la fameuse affaire des *galettes*, que de condamner à mort ou aux fers, comme accapareurs de substances, cinq malheureux, hommes et femmes, qui, dans la crainte d'une famine assez probable, s'étaient avisés de faire du biscuit par précaution. Je m'abstiendrai, pour le moment, de parler d'une affaire plus récente qui pourrait servir de pendant à ce tableau, et qui a reçu dans nos contrées une douloureuse célébrité [1].

J'ai vu des deux côtés la fourbe et la fureur.

Quelque couleur que prennent les factions, la couleur du sang y domine toujours : je veux pourtant bien convenir avec vous que, dans ce pays, l'exaltation s'évapore pour l'ordinaire en menaces, que l'on crie beaucoup, et que l'on agit peu ; à Dieu ne plaise que je m'en plaigne ; aussi avouez qu'il

---

[1] Le sieur Ferrier, l'un des accusés, contumax dans cette affaire, vient de se présenter ; et, sur le vu des mêmes pièces qui l'avaient fait condamner, il a été acquitté.

nous faut ici du fanatisme, ou du moins de la superstition, et que la mode se borne à en changer l'objet. Celui qui s'est emparé depuis trois ou quatre ans de toutes les cervelles est de la plus mauvaise espèce. Les hommes les plus dissolus regrettent les capucins, et vont s'entretenir chez les filles du retour des jésuites. La faction dévote, je ne dis pas religieuse, car la religion, la liberté, la philosophie, ont des adorateurs et non pas des dévots; cette faction, dis-je, a été au moment de tout envahir, et tel homme, complétement diffamé dans l'opinion publique, eût été canonisé s'il fût mort il y a seulement cinq ou six mois. Savez-vous, mon cher Ermite, que nous avons ici des dévots qui ne trouvent pas le pape assez catholique, et qu'une *petite église*, connue sous le nom de *pure*, ne reconnaît pas tout-à-fait l'autorité du vicaire actuel de Jésus-Christ ?

« La religion de la classe ouvrière se borne à l'observation des pratiques les plus minutieuses; peut-être aurait-on de la peine à trouver un artisan que le besoin le plus urgent de sa famille pût empêcher d'assister à une procession. Ce zèle, presque toujours mal entendu, a donné naissance aux confréries des pénitents, dont nous sommes bien plus fiers que de notre gloire et de notre industrie. — Vous ne nierez pas, dis-je à Philogène, que ces associations bien dirigées n'aient un but d'utilité publique:

j'en ai déja signalé les avantages en parlant de celles d'Agen; des quêtes, des amendes contre ceux qui manquent aux offices, y forment un fonds destiné au soulagement des confrères pauvres ou malades; ces derniers reçoivent trente sous par jour, et deux pénitents, à tour de rôle, les veillent et les servent pendant leur maladie....

« — Vous avez vu, ou plutôt on vous a fait voir le beau côté de l'institution primitive; en voici le côté ridicule : sur le modèle de ces humbles associations d'ouvriers se sont formées ici deux superbes confréries de pénitents *bleus* et *blancs*, lesquelles ne luttent ensemble que de luxe et d'ostentation : ce n'est pas entre elles à qui soulagera plus de maux, prodiguera plus de secours, mais à qui étalera dans les processions de plus belles bannières, de plus riches candelabres, un plus grand nombre d'encensoirs, d'ostensoirs, de bâtons, de croix d'argent. La moitié de la dépense qui s'y fait entretiendrait cent pauvres ménages.

« Il faut voir avec quelle noble émulation ces deux confréries se disputent la prééminence! Pour prévenir les suites funestes qu'une rencontre pourrait occasioner, on est sagement convenu qu'elles ne figureraient pas à-la-fois dans le même service.

« Nous n'avons ici d'autre société que des clubs, c'est-à-dire des réunions où les femmes ne sont pas admises; ce qu'il y a de très remarquable, c'est que l'isolement où vivent ces dames ne leur donne aucune humeur, et qu'il n'y a peut-être pas de ville en France où les maris dorment plus en sûreté. J'en sais la raison, mais je ne vous la dirai pas; qu'importe à quoi tienne la vertu des femmes? l'essentiel, c'est qu'elle tienne à quelque chose.

« Parmi ces assemblées masculines, au nombre de plus de cinquante, il vous suffira de connaître :

« Près du palais, *la société des procureurs.* Le premier article du réglement défend à ses membres d'assister au spectacle.

« Dans des jardins sur l'esplanade, *les économistes*, chez lesquels les dîners sont fixés à trois francs par tête, et les lumières à une chandelle par table de jeu, etc., etc.

« La *triple alliance*, où l'écarté est considéré comme la plus belle découverte du siècle.

« Les *vrais amis.* On s'y dispute sans cesse, et l'on s'y bat quelquefois: c'est probablement pour cette raison que cette société a changé son nom; mais pourquoi a-t-elle pris celui des *troubadours?*

« La société des *perruquiers et coiffeurs*, où l'on décide chaque soir les nouvelles et les anecdotes qu'on mettra le lendemain matin en circulation chez les pratiques.

« Toutes ces sociétés sont du second rang; au premier brille la *loge,* dont l'éclat néanmoins s'est beaucoup obscurci depuis 1815. Sous le nom philosophique de *la vraie humanité*, elle réunissait, antérieurement à cette époque, tout ce que Montpellier offrait d'hommes recommandables et d'étrangers de distinction. Malheureusement quelques *ultrà* ont saisi l'à-propos, et s'y sont introduits.

« Le système d'épuration était alors à la mode; ils ont choisi le moment d'en appliquer le principe, et, grace à leur zèle, douze personnes entre les plus distinguées par leurs talents, leur probité, leurs lumières, ont été rayées de la liste des sociétaires : cette mesure ultra-politique a singulièrement refroidi tous les gens raisonnables; l'épuration s'est continuée volontairement, et il est à craindre ou à espérer que les épurateurs, restés seuls, auront le sort des soldats de Cadmus.

« Je vous conduirai ce soir à la loge, et, si vous avez le talent des portraits, vous n'y manquerez pas de modèles; mon talent, à moi, c'est la caricature. »

n° XLII. [16 août 1818.]

LA VILLE ET LES CITOYENS.

> Ne faut-il que délibérer,
> La ville en conseillers foisonne.
> Est-il besoin d'exécuter,
> On ne rencontre plus personne
> LA FONTAINE.

Je commence par demander pardon à certaines personnes d'employer, dans le titre de ce discours, ce vilain mot de *citoyens*, qui sonne si mal à leurs oreilles. Je sais que nous avons le mot d'*habitants*, qui n'est point suspect, et le mot de *bourgeois*, d'une innocence irréprochable; mais ni l'un ni l'autre n'expriment exactement l'idée d'un homme qui jouit du droit de cité dans la ville qu'il habite, et je suis décidé à prendre les noms, les choses, et les hommes pour ce qu'ils valent, sans m'embarrasser de la fausse application qu'on a pu en faire. Je pousse si loin mon respect pour la justice grammaticale, que, si j'eusse fait partie de l'auditoire qualifié dernièrement de *frères et amis* par un procureur du roi, je n'aurais point songé à prendre en mauvaise part cette double épithète; je n'aurais été frappé, tant j'ai l'esprit bien fait, que du sens littéral des mots *frères, amis*, si doux à prononcer et à entendre.

Une journée passée tout entière en promenade avec mon petit étudiant, que j'appellerai *Victor*, m'a fait connaître Montpellier et ses établissements publics.

La ville est une carrière de pierres taillées en très belles maisons, dans des rues étroites et mal percées. La place du Peyrou est, comme je l'ai déjà dit, le plus magnifique ornement de la ville. C'est une montagne coupée et aplanie, où l'on a fait venir d'une distance de sept mille cinq cents toises, par un aqueduc tantôt souterrain, tantôt supporté par un double rang d'arcades, les eaux abondantes de la fontaine de Saint-Clément. La partie la plus proche de la ville, qui est un pont prolongé à double arcade, est construite sur le modèle du pont du Gard, et n'a guère moins de quatre cents toises de long. Cette place fut dédiée à Louis XIV par les états de Languedoc. La statue équestre de ce monarque, ouvrage de Coysevox, en occupait le centre; elle portait pour inscription :

Ludovico Magno comitia Occitaniæ incolumi vovére, ex oculis sublato posuêre. Anno, etc.

Voltaire l'a traduite: *A Louis XIV, après sa mort;*

seul exemple peut-être d'une traduction plus courte et meilleure que l'original : l'inscription latine est d'un *M. des Ours de Mandajors*, fameux, à cette époque, par son esprit et son érudition; on a retenu de lui quelques petites pièces de vers assez ingénieuses. Je citerai ce quatrain adressé à la belle princesse de Conti-Vallière :

> Jadis on invoquait à différents autels
>   La majesté, la beauté, la sagesse;
> Que vous auriez alors, adorable princesse,
>   Épargné de marbre aux mortels!

Ces vers annoncent un élève de l'hôtel Rambouillet.

C'est à l'architecte *Daviller* que les états confièrent la direction des travaux de la place du Peyrou; on lui doit aussi la belle porte de ville qui conduit à cette place, dont elle porte le nom. Ce morceau d'architecture est estimé des connaisseurs.

Les états avaient formé le magnifique projet d'entourer le Peyrou des statues en marbre de tous les grands hommes du siècle de Louis XIV. En 1780, on y voyait déjà celles de *Turenne*, de *Condé*. La faux révolutionnaire a tout détruit.

L'école de médecine, que nous avons été visiter ensuite, est une partie trop importante de la gloire de Montpellier pour ne pas être l'objet d'un examen spécial; je me propose d'y revenir. Pour le moment, je me contente de remarquer que cette école, placée autrefois sur le tertre qui domine la campagne du côté du nord, est maintenant établie dans les bâtiments de l'évêché; qu'elle possède un très bel amphithéâtre d'anatomie, dont elle est redevable à un de ses plus illustres membres. Cet amphithéâtre fut bâti par l'architecte *Lagardette*, sous le ministère de M. le comte Chaptal, fondateur de la bibliothèque de l'école, qui se compose d'un grand nombre de volumes, dont quatre mille cinq cents de médecine seulement. Les deux belles têtes antiques d'Hippocrate et de la déesse Hygie, qui décorent cet établissement, sont un présent de cet ancien ministre, dont le buste *avait* été placé dans l'amphithéâtre en témoignage de reconnaissance pour les services rendus par le ministre et par le savant à une école où il a professé la chimie pendant plusieurs années avec le plus grand éclat.....

On a rétabli sur l'édifice l'ancienne et bizarre inscription : *Ludoviceum medicum*.

Nous voici dans le *jardin des Plantes*, que mon jeune compagnon appelle son berceau. Ce jardin est le premier qui ait été consacré à l'instruction publique. Formé, vers la fin du seizième siècle, par *Richer de Belleval*, savant botaniste, sa distribution était un modèle d'intelligence pour ce temps-là : il avait élevé des terrasses arides pour les plantes *quæ sub fervido sole amant adolescere*[1], selon l'inscription

---

[1] Qui se plaisent sous un ciel brûlant.

qu'on lit encore au-dessus de l'escalier qui y conduit; on avait creusé des enceintes profondes et spacieuses pour cultiver les végétaux qui se plaisent à l'ombre et dans les endroits humides.

C'est là, sous une petite voûte, dans une des allées basses, que se trouve le tombeau de *Narcisse,* fille du poète Young. J'ai bien aussi quelques raisons de révoquer en doute un fait que Johnson conteste dans la *Biographie des poëtes anglais;* mais je n'aime point à désenchanter les lieux, et d'ailleurs cette opinion est si généralement répandue, qu'il serait tout-à-fait inutile de la combattre. MM. de Balainvilliers, ancien intendant du Languedoc, le vicomte de Polignac, et lord Camelford, s'étaient réunis avant la révolution, qui vint interrompre leur projet, pour élever en ce lieu un monument à la fille de l'auteur des *Nuits;* M. et Mme Talma reproduisirent cette idée sans succès en 1798; M. de Candolle était au moment de l'exécuter en 1815; mais....

M. de Candolle est le premier botaniste de l'Europe; il était directeur du jardin des Plantes, et c'est à son zèle, à ses soins, à ses lumières, que l'on doit l'état florissant où se trouve aujourd'hui cet établissement public : il n'était pas probable que l'envie, la haine et la sottise négligeassent l'occasion qui s'offrait de perdre un homme d'un aussi grand mérite, auquel on pouvait reprocher d'avoir continué, pendant les *cent jours,* à cultiver ses arbres, ses arbustes et ses fleurs. Aucun désagrément, aucune calomnie, aucune vexation ne lui furent épargnés. Ses amis, ou du moins ses connaissances les plus intimes, se signalèrent parmi ses persécuteurs. Un homme qui, sous le gouvernement impérial, avait brigué et obtenu l'honneur de toute députation où il y avait un rôle de flatterie et de bassesse à remplir; deux autres personnages qui, par droit de fureur, se sont arrogé, depuis 1814, une sorte de dictature dans la société, se sont ligués contre le paisible conservateur du jardin, et l'ont forcé à donner sa démission, que la commission de l'instruction publique a long-temps refusée; mais peut-être resterait-il quelque espoir de conserver à Montpellier cet illustre professeur, si la ville de Genève, pénétrée de son mérite, ne s'était empressée de l'attirer dans ses murs, en créant pour lui un jardin des plantes, et en y instituant une chaire de botanique. Tel est néanmoins l'attachement que porte M. de Candolle à la ville de Montpellier et à ses élèves, qu'il a surmonté en leur faveur sa répugnance à retourner, même momentanément, dans un pays où il a tant souffert, et que, depuis sa retraite, il y est venu terminer son cours. Combien n'y a-t-il pas été dédommagé des dégoûts dont on l'avait abreuvé, par l'enthousiasme avec lequel les étudiants l'ont accueilli, et par les témoignages d'intérêt et de bienveillance qui lui ont été prodigués! M. Félix Duval, son élève, dirige en ce moment le jardin des Plantes, et il est juste de dire qu'il fait ce qu'il peut pour consoler cette ville de la perte irréparable qu'elle a faite.

Le jardin botanique a été doublé depuis six ans; dans la partie récemment réunie se trouvent les écoles des *vignes, oliviers, arbres forestiers, arbres fruitiers*, et *haies vives*, genre d'établissement qui n'est pas encore apprécié à Montpellier autant qu'il doit l'être.

Point de monuments antiques; Montpellier est une ville moderne.

L'évêché y fut transféré de Maguelonne, petite île entre l'étang et la mer, célèbre par Charles-Martel, qui en chassa les Sarrasins.

Je ne dirai rien d'une citadelle démantelée, construite par Louis XIII après la prise de la ville, pour contenir les protestants, si ce n'est qu'elle sert d'entrepôt militaire et de caserne pour le régiment du génie, qui y tient garnison.

On ne tire aucun parti d'un petit port sur le Lez: le canal qui joint l'étang à la mer est peu fréquenté; les arrivages se font par Frontignan, d'où les marchandises arrivent par la voie du roulage.

Le commerce est très florissant à Montpellier; indépendamment des fabriques de crème de tartre et de vert-de-gris qui lui appartiennent en propre, plusieurs manufactures d'étoffes de coton et de mouchoirs façon des Indes, et sur-tout de ceux dits de

Madras, y rivalisent avec ceux de Rouen : cette ville est une des premières où l'on ait teint le coton en rouge façon d'Andrinople. Il s'y fait un immense commerce de vin et d'eau-de-vie.

La profession de commerçant est ici ce qu'elle doit être par-tout, honorée autant qu'honorable; les principales maisons ont plus d'un siécle d'existence : dans ce nombre on distingue celles de MM. F. Durand et fils, Farel, Bascou fils et Boume, B. Enrières; les chefs de deux des maisons de Paris les plus estimées et les plus considérables, MM. *Davilliers*, sont de Montpellier et de la même famille, malgré l'altération qu'a subie l'orthographe de leur nom, que le célèbre architecte Daviller, dont j'ai fait mention en parlant de la place du Peyrou.

S'il est vrai que les rapports commerciaux aient diminué par la moindre circulation de l'argent, occasionée par la perte d'un capital de plus de trente millions en rentes sur l'état, la province, les diocèses, et en remboursement d'offices, il est certain aussi que l'accroissement de l'industrie a tout réparé, même avec avantage.

J'ai appris avec surprise qu'il n'y avait ici aucune manufacture de soieries; si près de Nîmes, où elles sont nombreuses, et des Cévennes, qui fournissent une si grande quantité de soie, on ne conçoit pas que cette branche d'industrie ait été négligée.

C'est sur l'Esplanade, assis avec Victor sous un

broussonetia[1], où j'attendais Philogène, qui devait me conduire à *la loge*, que j'ai recueilli, dans un long entretien avec mon jeune étudiant, quelques observations générales sur les mœurs et les habitudes des habitants de cette ville, dont j'ai depuis vérifié l'exactitude.

Le peuple est vif, spirituel, mais insolent, criard, et grossier; foncièrement bon, avide de plaisirs, il aime la danse avec passion, et chante toujours. Adroits à tous les jeux d'exercice, le ballon, le battoir, les boules et le mail sont les jeux que préfèrent les Montpelliérains; ils excellent à ce dernier. Le peuple, indépendant par caractère, ne témoigne aucun respect pour le rang et la richesse; il court au-devant de tous les personnages considérables, mais par pure curiosité : c'est un spectacle qu'il se donne. Il est fier de son pays : *Sou énfan dé Moun-péié* est l'éloge que chacun se donne ici le plus volontiers.

Les relations de famille sont douces, faciles, et agréables; il entre dans la froideur que l'on témoigne aux étrangers une sorte de dédain qui prend sa source dans cette vanité bourgeoise dont les gens les mieux élevés ont peine à se défendre.

Le grand écueil de la société, dans cette ville, c'est un commérage habituel qui fait les frais de la

[1] Mûrier de la Chine, naturalisé dans ce pays par Auguste Broussonnet, qui lui a donné son nom.

conversation dans toutes les classes, mais principalement dans les plus élevées. Un homme a-t-il donné le bras à une femme, ou parlé deux fois à une demoiselle, on en infère aussitôt une intrigue ou un mariage.

Les jeunes gens de la ville ont, en général, beaucoup de gaieté et d'esprit; leur vice radical est dans l'éducation: écoliers précoces, l'activité de leur imagination leur permet de tout saisir, de tout comprendre au premier aperçu; mais cette extrême facilité, en les dispensant du travail, leur fait perdre tous les avantages qui résultent de l'application et de la persévérance. Ils remplacent assez ordinairement le *savoir* par le *savoir-faire;* il en est bien peu qui ne sachent *se tirer de dessous;* je me sers là d'une locution du pays qui ne manque ni d'énergie, ni de justesse, et que, dans les dernières classes, où ce talent n'est pas moins commun, on exprime en patois par ces mots : *lous ustanciurs.* Rien de plus joli, de plus leste, de plus fringant, que les grisettes de Montpellier; elles parlent avec une grace particulière le plus joli patois du Midi; leur costume serait charmant si elles ne semblaient prendre à tâche de se rendre bossues, en rassemblant tous les plis de leur robe entre les deux épaules. Si j'étais plus jeune, j'entreprendrais de faire baisser leur taille; elles ne savent pas tout ce qu'elles y gagneraient. Elles ont déja eu l'esprit de se débarrasser de ces énormes coiffes qui cachaient si maladroitement la finesse et le jeu de leur physionomie; maintenant, un petit toquet, orné de dentelles et d'un ruban de choix, couvre à peine leurs cheveux, qui s'échappent et retombent en petites boucles sur le côté. Elles portent habituellement un corset et une jupe de velours de coton noir; une chaîne d'or au cou, et un clavier d'argent suspendu à leur ceinture, sont des ornements qu'elles ne quittent jamais. Ces demoiselles sont pour la plupart dévotes, et *tendres* à l'excès. Mais comment leur faire un reproche d'un défaut que l'on regarde comme la meilleure sauvegarde de la vertu des dames, dans un pays où l'on aime les plaisirs faciles? Cette dernière réflexion appartient à Philogène, qui nous avait rejoints dans le cours de cet entretien.

Nous voici *à la loge;* pour nous donner une contenance plus commode et moins suspecte, nous nous sommes assis dans un coin, où nous feignons de jouer une partie de piquet. « L'assemblée, me dit Philogène, n'est pas en ce moment très nombreuse, mais elle est choisie.

« Ce petit monsieur qui nous lorgne à l'autre bout de la salle, s'est fait une très jolie petite réputation locale par quelques vers qu'on retrouverait encore dans la mémoire de sa vieille maîtresse, si l'on avait le malheur de perdre la collection de l'*Almanach des Muses*. Il a si complétement oublié, dans sa nouvelle carrière, qu'il a jadis signé l'acte additionnel, qu'il ne pardonne pas même aux sous-lieutenants qui ont eu la lâcheté de se faire tuer à Waterloo. « Que le roi oublie tout, j'y consens, disait-il un jour; mais qu'il ne perde jamais la mémoire de l'interrègne. — Vous êtes si bon, lui répondit le malin professeur que vous voyez assis vis-à-vis de nous, dans l'embrasure d'une croisée, qu'en y réfléchissant un peu vous trouverez qu'il n'y a pas d'inconvénient à oublier aussi les cent jours. » Il y a de la naiveté dans la manière dont il se justifia un jour, à la loge, d'avoir signé l'acte additionnel : « Nous avons calculé, ma femme et moi, disait-il, que les trois mille francs que rapporte ma place nous étaient indispensables. » On prétend qu'il pouvait s'en passer avec trente-cinq mille livres de rente.

« Vous voyez bien cet homme sec qui porte la tête si haute? Émigré pendant quelques jours pour affaires de commerce, il a été tout surpris, en 1815, de se réveiller chevalier de Saint-Louis. Dès-lors il a senti la nécessité, pour se mettre au courant, de faire une étude approfondie des gazettes : avec cette figure-là, il est homme à vous assurer qu'on ne l'appelait en Allemagne que le *beau Français*. Il vient de se donner des pages, et le concierge de sa maison de campagne a l'ordre d'y arborer un drapeau du moment où *sa chevalerie* arrive.

« Celui qui vient de l'aborder est un original de

la même espèce. Désespéré de n'avoir rien pu gagner à la révolution, quoiqu'il eût constamment postulé et recherché toutes les places, quoiqu'il se soit long-temps mêlé de conscription, par pur dévouement; quoique..., et quatre pages de *quoique*, il se souvint à temps qu'il avait jadis servi dix-huit mois dans les gardes-côtes, et fit tant, qu'il obtint la récompense de ses bons et loyaux services, dont l'a privé en partie la dernière ordonnance militaire. Il n'avait pas attendu ce moment, malgré son *girondisme* et peut-être afin de le faire oublier, pour se jeter à corps perdu dans l'ultrà-royalisme, dont il est ici l'apôtre le plus intolérant.

« Cet autre, debout devant la glace, où il fait l'exercice avec sa canne, serait d'autant plus embarrassé de vous dire ce qui lui a valu la double décoration qu'il porte, qu'il avoue très ingénument qu'il n'a jamais vu brûler une amorce; cependant, depuis la paix, il ne rêve qu'uniforme, manœuvres, et revues. Il apprend à battre la caisse.

« Dieu nous garde du parleur éternel que je vois entrer! le voyez-vous chercher sa victime? On l'évite, on le fuit: mais un malheureux étranger est tombé entre ses mains! Il va défiler, sans reprendre haleine, le chapelet de sa perfide mémoire, à commencer par les événements qui placèrent les Capets sur le trône. Il ne lui faudra pas moins de deux mortelles heures pour arriver au règne de Louis XVI;

et, s'il entame la révolution, c'en est fait de la journée entière du pauvre diable qui l'écoute : sa péroraison est toujours la même : « Puisque *l'homme généreux qui s'est si noblement dévoué* CONTRE *le général Lagarde* est obligé de fuir; puisque les écrits lumineux de MM. *** ne produisent plus d'effet, il ne reste à la France aucun espoir de salut, et cette fois tout est perdu, même l'honneur ! »

« Ce monsieur n'a manqué qu'une seule fois de mémoire. Un jour, chez le libraire Renaud, il apostrophait durement un conventionnel sur un fait bien digne sans doute du reproche qu'il lui adressait. Celui-ci, pour toute réponse, sortit de sa poche une lettre que le susdit lui avait écrite dans le temps, pour le féliciter de son vote. »

« — Quel est ce monsieur aux petits bras, qui se distingue par la longueur du ruban de la croix qu'il porte? — C'est, me répondit Philogène, un homme qui prétend, avec raison, que tout se vend, puisqu'il a tout acheté, sa noblesse, ses honneurs, et sa réputation. Il répète si souvent qu'il a perdu cent mille écus de rente à la révolution, qu'il a fini par le croire lui-même, sans pouvoir néanmoins le persuader à personne, pas même à ceux qui ont vu ses *Mémoires.* »

Je priai Philogène de me dire quelle était la personne qu'il venait de saluer d'un air si affable.

« Je ne vous en parlais pas pour deux raisons,

me dit-il; la première, c'est qu'il n'est pas de la loge, à moins que ce ne soit depuis quelques mois; la seconde, c'est que je ne m'entends pas en éloges, et qu'il n'y a que du bien à dire de ce M. B*** : c'est l'auteur de la *Notice sur Montpellier*. Doué des mœurs les plus douces, de l'instruction la plus aimable, ce diable d'homme a trouvé le moyen de se faire aimer de tout le monde, dans un pays où l'on n'aime personne; on a pris le plus vif intérêt aux pertes qu'il a récemment éprouvées, et j'ai vu le moment où M. P. de S*** lui-même s'attendrissait sur son sort.

« Parlez-moi de cet Alsacien, continua-t-il en me désignant du doigt un monsieur qui venait d'entrer, je vous le donne pour l'original le plus méthodique de France. Il passe alternativement une année à Montpellier, et l'autre à Strasbourg. Il arrive et part à jour fixe; et, l'année dernière, il a passé trois jours à Lunel (quatre lieues de Montpellier) pour faire son entrée le 3 octobre, comme à l'ordinaire. Il retrouve le même appartement qu'il paie, quoique absent; la même maîtresse, qu'il met à demi-solde lorsqu'il habite Strasbourg, où son ménage est monté de la même manière; et, pour que rien ne manque à l'uniformité qu'il s'est prescrite, il raconte périodiquement les mêmes histoires. Je dois ajouter qu'on ne se lasse pas de les entendre, car elles ont toutes pour objet la gloire de la France, et l'éloge des hommes qui l'honorent. »

J'avais quelques emplettes de livres à faire; en sortant de la loge, Philogène me conduit chez un M. R***, qui meurt de faim par probité et par délicatesse. Ce singulier libraire ne vendrait pas un volume sans prévenir l'acheteur de tous les défauts de l'édition qu'il vous présente, et sans vous indiquer celle qu'il croit préférable, et qu'il n'a pas. Il affecte un purisme de langage d'autant plus singulier, qu'il parle plus souvent patois que français, et qu'il est sujet à mêler ensemble les deux langues. Il a changé de logement pour éviter d'avoir sous les yeux l'enseigne d'un café, où ce mot se trouvait écrit par deux FF; il s'est brouillé avec son meilleur ami, parcequ'il l'entendit demander à son domestique une *bûche de bois*.

M. R*** ne conçoit pas qu'on puisse loger à l'hôtel du Midi, où il n'y a pas d'accent circonflexe sur l'*o* du mot hôtel. Mais combien de singularités ne seraient pas rachetées par la probité, par la bonne foi dont cet honnête homme est le modèle!

Je ne ferais peut-être pas un éloge aussi complet d'un de ses confrères, qui a rédigé et fait signer la pétition pour le rétablissement des jésuites, bien qu'il assiste régulièrement à tous les services funèbres, en manteau noir et en pleureuses. La probité, même parmi les libraires, est peut-être encore plus rare que la dévotion.

n° XLIII. [31 AOUT 1818.]

MONTPELLIER ILLUSTRÉ.

> *Paulùm sepultæ distat inertiæ*
> *Celata virtus* . . . .
> HOR., liv. III, od VIII.
>
> C'est confondre le vice et la vertu, l'ignorance et le génie, que de les abandonner également à l'oubli de la tombe.
> (*Imitation*)

Nous avons été achever notre journée au spectacle ; la salle est assez vaste ; c'est tout le bien que je puis en dire. Des acteurs qui paraissent avoir été choisis avec un soin tout particulier parmi les plus mauvais de la province ; un orchestre un peu au-dessous de celui du café des Aveugles ; un bruit scandaleux dans le parterre, des *filles* répandues dans toutes les loges, un théâtre mal éclairé, un choix de pièces détestables, voilà ce qu'on trouve dans une ville dont le préfet, homme de lettres, est lui-même auteur de plusieurs jolis ouvrages dramatiques.

Je ne me suis cependant pas ennuyé à la représentation, grace à la présence de deux personnages très comiques, que Philogène me fit remarquer, non sur le théâtre, mais dans une loge voisine de la nôtre. L'un est atteint de la manie des mariages, c'est le *Williaume* gratis de Montpellier. Il a en poche la liste de toutes les jeunes filles, de tous les garçons, de toutes les veuves à marier; il va faire les demandes aux parents; il fixe les dots, met les jeunes gens en rapport, et s'entremet dans ces sortes d'affaires le plus souvent sans connaître les parties intéressées : il lui est arrivé de pousser les choses si loin entre des personnes qui ne s'étaient jamais vues, qui n'avaient jamais pensé l'une à l'autre, qu'il les a mises dans l'obligation de se marier pour éviter le scandale d'une rupture avant d'avoir commencé une liaison.

L'autre est un fou d'une espèce différente : il a passé soixante ans de sa vie à commenter l'*Apocalypse*, et il ne parle pas d'autre chose. Rien de plus amusant que de l'entendre deux ou trois fois (l'ennui commence à vous gagner la quatrième) débiter d'un ton magistral les inconcevables rêveries dont il a meublé toutes les cases de son cerveau. Il a fait un extrait de son ouvrage en un volume in-folio; il y divise l'histoire du monde en cinq ères principales : « Nous sommes dans la quatrième, à la fin de laquelle les Turcs seront maîtres de la terre entière, ce qui n'empêchera pas que la religion catholique ne soit alors universelle; » tant les voies de Dieu sont grandes, et tant on apprend de choses en étudiant l'*Apocalypse!*

Le lendemain était le jour où nous devions visiter l'école de médecine; je ne fus pas fâché que Philogène refusât d'y venir avec nous; il n'y a pas moyen d'examiner un établissement de ce genre avec un homme qui vous dit, à Montpellier, que la médecine est une des plus grandes billevesées qui soient jamais passées par la tête humaine.

Cette école, la plus ancienne de l'Europe, paraît avoir été fondée par des Arabes qui s'établirent sur l'emplacement actuel de la ville, attirés par l'abondance des plantes médicinales qu'ils y trouvèrent. Sa création remonterait alors à la fin du dixième siècle. La distribution qu'on y faisait des plantes dont on enseignait les vertus attira peu-à-peu à Montpellier la population de Maguelone. Dans l'ancien établissement, d'où l'école a été transférée depuis peu dans le local qu'elle occupe à l'évêché, tout rappelait l'ancienneté de l'institution; des inscriptions en grec et en arabe couvraient les murs; une chaire curule d'une seule pierre représentait en bas-relief la figure d'Homère tenant par la main ses deux filles, l'*Iliade* et l'*Odyssée;* on ne voit pas trop ce qu'Homère et ses deux filles avaient à faire dans une école de médecine.

On a fait la remarque que, de 1323, époque où

cette école commençait à fleurir, jusqu'en 1640, Montpellier fut ravagé sept fois par la peste, tandis qu'en 1722 la ville fut garantie de la contagion de cette fameuse peste de Marseille, qui vint s'arrêter à ses portes : n'est-on pas en droit d'en conclure que les secours de la médecine, qu'on employa seuls à cette première époque, sont beaucoup moins efficaces contre ce terrible fléau que les mesures d'une bonne police dont on fit usage à la seconde?

J'ai eu la curiosité de me faire montrer la robe de Rabelais, dont chaque bachelier devait jadis être revêtu le jour où il était reçu docteur; on n'y a changé que le corps de la robe et les deux manches; à cela près, elle est toujours la même.

Un modèle plus précieux à conserver est celui du serment que prêtent les jeunes médecins en recevant le bonnet doctoral, et qu'ils prononcent à haute voix, en séance publique. Je le transcris littéralement :

« Moi, Isidore, etc.

« Devant l'effigie d'Hippocrate, en présence des
« professeurs de cette école et de mes chers condis-
« ciples;

« Je jure, au nom de l'Être suprême, d'être fidèle
« aux lois de l'honneur et de la probité dans l'exer-
« cice de la médecine.

« Je donnerai mes soins gratuits à l'indigence, et
« n'exigerai jamais un salaire au-dessus de mon tra-

« vail. Admis dans l'intérieur des familles, mes yeux
« ne verront pas ce qui s'y passe; ma langue taira
« les secrets qui me seront confiés, et mon état ne
« servira jamais à corrompre les mœurs et à favo-
« riser le crime.

« Respectueux et reconnaissant envers mes maî-
« tres, je rendrai à leurs enfants les leçons que j'au-
« rai reçues de leurs pères.

« Que les hommes m'accordent leur estime, si je
« suis fidèle à mes serments; que je sois couvert
« d'opprobre, et méprisé de mes confrères, si j'y
« manque! »

L'école de médecine de Montpellier a été féconde en hommes illustres; on y révère la mémoire d'*Arnault de Villeneuve*, qui a fait connaître la distillation des vins; de *Rondelet*, à qui nous devons le premier bon traité qui ait paru sur les poisons, et que Rabelais, dans son *Pantagruel*, désigne sous le nom du docteur *Rondibilis*. On compte encore parmi les médecins célèbres qui ont plus particulièrement honoré l'école, *Rivière, Guy de Chauliou, Sauvage, Le Roi, Barthez, Lamure, Venel, Fize, Fouquet*; et de nos jours, Auguste *Broussonnet, Dumas, Delpech, Chrétien, Baumes, Lordat, Prunelle*, etc.

J'ai vu à l'œuvre quelques uns des illustres qui nous restent. On soutenait thèse le jour de ma visite à l'école; je n'avais garde de manquer un spectacle auquel je n'avais pas assisté depuis plus de soixante ans. Je demandai d'abord à mon jeune introducteur le nom des terribles savants qui composaient l'aréopage. « Celui qui préside, me répondit-il, n'est pas encore bien fixé sur le nom qu'il doit transmettre à la postérité; son frère, Auguste Broussonnet, le naturaliste, rendit véritablement célèbre le nom sous lequel nous l'avons connu jusqu'en 1814; mais à cette époque, notre doyen, qui ne voulut pas se contenter de cette illustration roturière, prouva victorieusement qu'il descendait, je ne sais s'il a dit en ligne droite, d'un cardinal du quinzième siècle, appelé *Brissonnet*.

« Il a réclamé et obtenu la faveur de prendre ce nouveau nom; malheureusement un vieux chroniqueur s'est avisé de découvrir que le Brissonnet cardinal avait obtenu le chapeau pour avoir trahi son pays et son roi. Un mauvais plaisant a fait courir le bruit que la branche aînée de cette famille prenait le titre de marquis d'Oisonville : ce qui mit notre savant professeur dans une cruelle perplexité. S'appellera-t-il, signera-t-il *Broussonnet* ou *Brissonnet?* voilà la grande question sur laquelle se partagent tous les grands esprits de Montpellier. Nous sommes de l'avis des *Broussonnistes;* mais il faut avouer que les *Brissonniens* ont encore, *intra muros et extra*, un parti très formidable.

« — Maintenant, dites-moi pourquoi les deux argumentateurs se tournent le dos, et ne regardent même pas le candidat auquel s'adressent alternativement leurs questions. Ils paraissent craindre que leurs regards ne se rencontrent.

« — Si le père Élysée vivait encore, il vous expliquerait cette énigme, dont le mot doit être *intrigue*, *calomnie*, ou *délation*.

« Quoi qu'il en soit, le plus jeune de ces deux professeurs s'est déja fait un nom célèbre par de grands travaux, de grands talents, et d'excellentes qualités ; on a profité du temps où il se rendait à Nimes pour y donner ses soins au général Lagarde, dont il a sauvé la vie, et l'on a répandu le bruit qu'il avait fait partie des fédérés pendant les cent jours, et qu'en cette qualité il avait marché contre l'armée royale; l'absurdité d'une calomnie que la publicité nécessaire des actions d'un praticien aussi recherché rendait si facile à détruire, ne permit pas qu'elle s'accréditât; mais, pendant quelques mois, elle causa un profond chagrin à celui qui en était l'objet; la calomnie n'avait pas perdu son temps.

« Son adversaire a trouvé le moyen de se *tirer de dessous* par son savoir-faire, et par des écrits de nature à faire des dupes parmi les profanes; les adeptes en ont jugé différemment; ils y ont trouvé des applications de la chimie à la médecine poussées jusqu'au ridicule, d'autres disent jusqu'à l'extravagance. Doué d'une prodigieuse mémoire, ce docteur n'a jamais rien oublié que les *discours* et la *tragédie* qu'il a faits en l'honneur *du vainqueur des vainqueurs de la terre:* ce qui ne l'empêche pas de se proclamer le royaliste par privilége, et par excellence. »

Avant de sortir de ce temple d'Esculape, Victor me présenta à un savant médecin que je fus étonné de ne pas voir au nombre des professeurs de l'école; c'est le docteur *Chrétien*, à qui l'humanité est redevable de la découverte d'un puissant antidote contre un mal funeste, *mal que le ciel en sa fureur inventa pour punir* les humaines fredaines. Ce savant médecin obtient des succès incontestables d'une préparation de muriate d'or, appliquée aux cas les plus graves de cette cruelle maladie. Je dois ajouter que le docteur Chrétien a rendu de grands services à ses concitoyens par son courage et sa présence d'esprit, dans les troubles civils qui ont éclaté à Montpellier en 1814. Il me restait à connaître le docteur *Gouan*, célèbre dans toute l'Europe comme botaniste et comme correspondant de l'illustre Linnée. Je me suis fait conduire chez ce vénérable vieillard, réduit maintenant à une cécité presque absolue. Pour donner une idée de la sagesse et de la modération de son caractère, je me contenterai de citer la réponse qu'il fit à une dame qui ne brillait pas par les mêmes qualités :

En 1791, à l'époque des premiers troubles qui éclatèrent à Nîmes entre les protestants et les catholiques, M. Gouan racontait à Montpellier les scènes désastreuses dont il venait d'être témoin à Nîmes. « C'est fort bien, lui dit avec aigreur la marquise de R****, qui l'écoutait; mais tout cela ne dit pas de quel parti vous êtes. — Du parti des malades, » répondit le docteur; et tout le monde se mit du sien. Depuis ce temps-là l'esprit de parti n'est plus si bête. Demandez plutôt au docteur N***.

L'académie des sciences a cessé de s'assembler. On y comptait deux ou trois savants qui l'étaient, et beaucoup d'autres qui ne l'étaient pas; entre autres un *antiquaire* qui ne savait pas un mot des langues anciennes.

Là brillait ***, *si bien connu de vous et de toute la terre;* il écrit sur tous les sujets; ses libraires ont la malice de s'en plaindre, et, parcequ'il lui arriva un jour d'employer le mot *animalos* dans une dissertation latine, ne s'est-on pas avisé de lui en conserver le surnom!

Cette académie n'avait pas de jetons; ce qui valait mieux que d'en avoir avec deux fautes d'orthographe, comme on le reprochait à l'académie de Rouen.

J'ai remarqué, à la bibliothèque de l'école, entre autres manuscrits très rares, dix à douze volumes de lettres originales de la reine Christine de Suède, et de Louis XIV à cette princesse.

Parlons maintenant des hommes distingués de toutes les classes que cette ville a vus naître, et de ceux qu'elle possède encore.

Je commencerai par *saint Roch,* non parcequ'il était saint, mais parcequ'il fut le bienfaiteur des hommes, et que cette réputation est la première à mes yeux. C'est une tradition établie à Montpellier que saint Roch était de la maison de Lacroix de Castries; ce qui est mieux prouvé, et plus honorable encore, c'est qu'il se dévoua pour secourir ses concitoyens dans une peste violente dont il arrêta les ravages. Les personnes de sa famille se tiennent pour assurées qu'elles n'ont rien à craindre des maladies contagieuses; et cette heureuse superstition a donné à plusieurs d'entre elles le courage d'une charité intrépide aux époques les plus désastreuses.

Montpellier a été quelque temps le séjour du bon roi *René de Sicile,* monarque ambulant, qui vivait avec une grande simplicité de mœurs. On appelle encore les endroits les plus exposés au soleil, où les habitants vont se réchauffer pendant l'hiver, *la cheminée du roi René.*

Les rois de Mayorque ont aussi habité cette ville, et parmi les guerres de ce petit canton les chroniqueurs n'ont pas oublié celle que fit un comte de Roquefeuille à un roi de Mayorque, parceque ce *potentat* avait maltraité un de ses pages, lequel était de la maison de Roquefeuille. N'est-il pas plaisant de servir domestiquement celui à qui on peut faire la guerre? Mais l'histoire de la féodalité est pleine de ce genre de burlesque.

Jacques Cœur n'est pas né à Montpellier; mais comment passer son nom sous silence, en parlant d'une ville dont il fit le centre d'un commerce qui s'étendait dans toutes les parties du monde, qu'il dota de plusieurs monuments publics, et qui resta fidèle à son bienfaiteur, quand l'ingrat Charles VII, oubliant les services d'un sujet qui lui prêta deux cent mille écus d'or, l'abandonna si cruellement à l'avidité de ses maîtresses et de ses courtisans, qui se partagèrent ses riches dépouilles?

L'histoire des femmes célèbres de tous les temps et de tous les pays a mis au premier rang celui de *Constance de Cézelly*, fille d'un président de la chambre des comptes de Montpellier. Son mari, gouverneur de la place de Leucate, qu'il défendait contre les ligueurs et contre les Espagnols, tomba dans une embuscade et fut fait prisonnier. En donnant avis de sa détention à sa femme, il l'exhorta à se jeter dans la place, et à ne la rendre sous aucune condition; elle en fit le serment. Les ennemis la menacèrent de la mort de son mari si elle persistait à défendre Leucate. Constance offrit en pleurant tout ce qu'elle possédait pour la rançon de ce cher prisonnier, *hormis l'honneur*. Les assiégeants, irrités de son refus, eurent la basse cruauté d'étrangler son époux et de lui renvoyer son corps. Les soldats qu'elle commandait voulurent la venger sur le seigneur de *Loupian*, prisonnier dans leurs murs; mais

Constance, aussi généreuse qu'intrépide, s'opposa noblement à ces cruelles représailles, et vengea plus glorieusement son époux, en conservant à Henri IV une place dont le roi, pénétré d'admiration, la nomma *gouvernante*.

Quand j'aurai nommé le jésuite *Castel*, inventeur du clavecin oculaire; *Brueyis*, auteur par moitié avec *Palaprat*, de la comédie du *Grondeur*; *Ranchin*, connu par ce joli triolet:

> Le premier jour du mois de mai
> Fut le plus beau jour de ma vie...

La Peyronie, fondateur de l'académie de chirurgie; *Rousset*, auteur du poëme de l'agriculture; *Roucher*, moins célèbre peut-être par son poëme des *Mois* que par ces vers adressés à sa femme et à sa fille, en leur envoyant son portrait, le jour même où le tribunal révolutionnaire lui signifia son arrêt de mort, la veille de celle de Robespierre:

> Ne vous étonnez pas, objets charmants et doux,
> Si quelque air de tristesse obscurcit mon visage:
> Lorsqu'un savant crayon dessinait cette image,
> On dressait l'échafaud, et je pensais à vous.

Albisson, mort il y a quelques années conseiller d'état, avec la réputation d'un homme profond dans la science des lois municipales, sur lesquelles il a publié un traité classique; *Mourgues*, pendant quelques jours ministre de l'intérieur sous Louis XVI, et dont on a quelques ouvrages politiques, plus remarquables par le fond des idées que par le style; enfin, parmi les peintres, *Sébastien Bourdon*, et surtout *Vien*, que l'on a surnommé, à juste titre, le restaurateur de l'école française, on connaîtra, je crois, les personnages les plus célèbres parmi ceux que Montpellier a vus naître. Il me reste à jeter un coup d'œil sur ceux qui prétendent à une gloire contemporaine, dont la postérité ne se croit pas toujours solidaire.

Ce n'est pas seulement par égard pour les dignités dont il a été revêtu, pour les fonctions éminentes qu'il a remplies, que je placerai M. *Cambacérès* en tête de cette liste; ceux qui sont le moins disposés à rendre justice à un homme qui a pris une part active à la révolution, sont eux-mêmes forcés de reconnaître en lui un des plus savants jurisconsultes dont la France s'honore. Un éloge tout aussi juste, quoique moins unanime, le présentera sous un jour plus honorable encore, en observant que, dans le cours de sa longue existence politique, quelquefois au faîte du pouvoir, on ne peut lui reprocher aucun acte arbitraire; qu'il n'a jamais perdu l'occasion d'être utile à ses concitoyens; que, forcé de transiger avec le despotisme, il a constamment cherché à faire prévaloir les principes de la modération; et qu'enfin, pour lui trouver des torts, on a été réduit à lui chercher des ridicules.

Plusieurs généraux d'une grande distinction ont reçu le jour dans les murs de Montpellier. La prise de Gaëte et la défense de Dantzick suffiraient à la réputation du général *Campredon*, qui vient d'être nommé à la place importante d'inspecteur des écoles militaires.

M. le comte *Mathieu Dumas*, après avoir présidé avec honneur l'assemblée législative, après s'être fait, à la guerre, la double réputation d'un général habile et d'un grand administrateur militaire, est devenu, comme Thucydide, l'historien élégant et profond des campagnes qu'il a faites sur les deux continents.

M. le général *Maurin*, qui de simple soldat est devenu successivement aide-de-camp de Bernadotte et lieutenant-général, a été chargé, en 1814, de l'honorable mission de la rentrée des prisonniers de guerre français en Russie.

MM. les généraux *Berthezène*, *Poittevin*, *Lepic*, etc., ont également des titres à l'estime de l'armée et à la reconnaissance de la patrie.

M. le comte *Daru* occupe le premier rang parmi les administrateurs et les hommes de lettres qui ont pris naissance dans cette ville; je ne sais s'il existe dans notre histoire littéraire un autre exemple d'un homme qui ait réuni au même degré les talents qui constituent le grand administrateur, et ceux qui font le bon poète. Sa traduction en vers français des *OEuvres d'Horace* est en même temps la meilleure, la plus fidèle, et la seule complète que nous ayons dans notre langue.

Goudouli a trouvé un rival pour la poésie languedocienne dans la personne de M. *Auguste Tendon*, dont les fables sont ici en grande réputation. L'étendue de ses connaissances, la bonté de son caractère, et l'aménité de ses mœurs, ajoutent beaucoup à l'estime dont il jouit parmi ses concitoyens. Il y a néanmoins des amateurs qui préfèrent au naturel gracieux qui distingue ses poésies patoises la verve originale d'un ancien curé de village, nommé *Fabre*, célèbre dans tout le Midi par son fameux sermon de M. *Sistre*.

Montpellier est aussi la patrie d'un jeune auteur connu à Paris par une foule de jolis vaudevilles où l'on trouve une gaieté franche, une malice spirituelle, et une grande finesse d'observation. M. *Merle*, dans plusieurs de ses pièces, et particulièrement dans son *Ci-devant Jeune Homme*, dont un de ses compatriotes lui a, dit-on fourni le modèle, a prouvé qu'il aurait pu prétendre à des succès dramatiques d'une plus haute importance, s'il ne se fût amusé trop long-temps à l'entrée de la carrière que son talent lui avait ouverte.

Le barreau de Montpellier, qui a vu briller plusieurs avocats, compte encore aujourd'hui des hommes d'un très grand mérite : M. *Rech*, considéré généralement comme la meilleure tête à conseil, et la plume la plus habile de la contrée; M. *Caisergues*, pour la plaidoirie : l'action est la partie de l'orateur qui le distingue essentiellement; M. *George Fabre*, bâtonnier de l'ordre, connu par la pureté de ses sentiments et par la force de sa dialectique, et M. *Caplat*, qui jouit de la réputation d'un excellent jurisconsulte.

Je n'ai rien à dire de la magistrature actuelle.

Je terminerai cette espèce de bilan des réputations de Montpellier par cette singulière remarque, que cette ville seule a fourni aux divers gouvernements qui se sont succédé en France, depuis trente ans, neuf ministres à portefeuille: M. de *Saint-Priest*, ministre de la maison du roi en 1789, aujourd'hui pair de France; M. *Lajard*, ministre de la guerre; M. *Mourgues*, ministre de l'intérieur; M. *de Graves*, ministre de la guerre: ces trois derniers pendant la session de l'assemblée législative; M. *de Joly*, ministre de la justice à l'époque fameuse du 10 août, où il se comporta avec autant de loyauté que de courage: long-temps persécuté, aujourd'hui avocat au conseil; M. *Benezech*, ministre du directoire, et dont l'administration habile parvint à rétablir l'ordre dans les subsistances, à la chute des assignats; M. *Cambacérès*, ministre de la justice à l'époque du 18 brumaire, où il devint second consul; M. *Chaptal*, ministre de l'intérieur sous le consulat et l'empire, et dont le ministère fut si brillant pour les arts et les manufactures : l'exposition des produits nationaux, dont il introduisit l'usage, est une grande pensée dont on s'est contenté d'entrevoir les avantages; M. *Daru*, ministre de l'administration de la guerre sous l'empire : il a déployé dans ces hautes fonctions des talents supérieurs, une probité sévère, une justice impartiale dont il faut lui savoir gré d'avoir laissé le modèle.

Je puis ajouter à cette liste M. *Méjan*, né dans la même ville, et qui fut pendant huit ans secrétaire d'état du royaume d'Italie. Avant cette époque, il s'était acquis l'estime de ses compatriotes dans la place de secrétaire-général de la préfecture de Paris, qu'il avait remplie avec beaucoup de distinction. Appelé à Milan à de plus hautes fonctions, M. le comte Méjan s'y est montré digne du prince qui les lui avait confiées, en faisant respecter en lui le caractère français, qu'il honore par les vertus les plus solides, et les qualités les plus brillantes.

N° XLIV. [14 septembre 1818.]

CONSTANCE DE BALBE.

Qui amant ipsi sibi omnia fingunt
VIRGILE.
L'amour ne se repaît guère que d'illusions.

Quelque pressé que je sois d'arriver à Nîmes depuis qu'on y a désarmé la garde nationale, je ne puis cependant résister à l'envie de faire une course dans les environs de Montpellier, sous la conduite de Philogène, qui s'engage à me remettre sur ma route à Lunel, dans trois jours au plus tard.

La vallée de l'Hérault, que nous avons remontée jusqu'à la ville d'Aniane, est riante et fertile. On a pu craindre un moment que la suppression d'une riche abbaye de bénédictins ne nuisît à l'accroissement de la population de cette petite ville; mais une superbe filature établie dans leur ancien couvent les a, sous ce point de vue même, remplacés avec beaucoup d'avantage. Le thym, que produisent en abondance les montagnes pelées qui entourent Aniane, offre une grande ressource aux habitants, qui en distillent une quantité prodigieuse.

Dans une excursion que nous avons faite *à Saint-Guillien du Désert,* nous avons visité la fameuse grotte située sur la pente de la montagne, dont l'entrée, défigurée aujourd'hui par un mur de clôture, devait présenter à l'œil un précipice obscur et profond. A la clarté des torches dont nous nous étions munis, nous en avons parcouru les quatre immenses salles, remplies, ou plutôt ornées de stalagmites et de stalactites brillantes de tout l'éclat des pierres précieuses. Des figures, des autels votifs, des colonnes torses, des réservoirs, un puits dont on ne peut sonder la profondeur, à l'extrémité *le Registre,* rocher énorme, uni, glissant, au haut duquel les curieux qui ont le courage d'y monter (je n'ai pas été de ce nombre) vont inscrire leurs noms; au total, une des merveilles de la nature. Philogène, qui a vu les deux, préfère la grotte *de Saint-Guillien* à celle d'*Antiparos.*

On fait à Saint-Guillien un grand commerce du buis dont les montagnes sont en grande partie couvertes: on l'exploite, façonné en grosses *boules,* pour le jeu de ce nom, amusement par excellence des habitants du Midi.

En revenant sur nos pas par un autre sentier, nous sommes entrés dans une caverne où les paysans chassent les oiseaux à coups de bâton, et à l'aide d'une lanterne qui les éblouit. De là nous avons été nous reposer sur les ruines d'un vieux château fort, appelé *don Juan*. La chronique du pays, et un tableau qui existait dans une abbaye voisine, font foi que ce château était jadis habité par un géant, *persécuteur, cruel, et barbare*, qui ravageait le pays, tourmentait ses vassaux, et mettait à mal ses vassales les plus jolies.

Philogène m'a fait lire un vieux manuscrit, en langue romance, où le fait est raconté de la manière suivante :

Le château de Saint-Guillien du Désert fut bâti, dans le *bon* vieux temps, par un *bon* seigneur de mœurs très féodales, à en juger encore aujourd'hui par le lieu où il avait établi sa demeure, et par les tours de défense qu'il avait élevées sur tous les passages. Ce terrible baron, d'une stature gigantesque, s'était arrogé sur toutes les filles de la contrée un droit du seigneur, qu'il percevait de la manière du monde la plus violente; enlevait les jeunes contribuables, et les tenait renfermées dans ses tourelles jusqu'à parfait acquit d'une taxe qu'il modérait quelquefois en faveur de celles qui l'avaient déjà payée. Ce farouche percepteur, d'origine espagnole, s'appelait *don Juan;* rassasié de victoires domestiques, il entreprit des courses lointaines, et l'espoir de la plus brillante conquête le conduisit aux Bouches-du-Rhône.

Là commençait à fleurir *Constance de Balbe,* nièce et pupille d'un vieux châtelain avare, qui s'était bien promis de ne pas marier Constance de son vivant, afin de ne pas être obligé de lui restituer sa dot. Tous ses efforts pour dérober au jour la beauté de sa nièce ne purent la soustraire aux regards du jeune *Bertrand,* dont personne ne connaissait la naissance, mais qui s'était déja fait un nom célèbre par son courage contre les forbans africains, dont il était la terreur. Je n'ai pas besoin de dire que le châtelain de Balbe reçut avec indignation la demande que Bertrand osa lui faire de la main de sa nièce. Ce refus ne découragea pas les deux amants : ils étaient jeunes, et le châtelain approchait du terme. Bertrand résolut de mettre à profit pour sa gloire des jours qu'il ne pouvait encore consacrer à sa belle maîtresse, et partit de nouveau pour guerroyer sur la côte d'Afrique.

Constance, après l'avoir accompagné jusqu'au bord de la mer, où son habitation était située, après avoir reçu ses adieux au milieu des soupirs et des pleurs, regagnait tristement la porte du jardin qui lui avait donné passage. Tout-à-coup un homme s'élance d'un rocher voisin, la saisit d'un bras vigoureux, l'assied sur une de ses épaules, et la porte évanouie dans une barque, qui s'éloigne aussitôt du rivage. La jeune infortunée, en reprenant ses sens, se voit avec terreur entre les mains d'un ennemi redoutable qui augmente son effroi en lui apprenant son nom : c'était don Juan, dont le regard de feu la faisait frémir, alors même que sa voix cherchait à la rassurer.

Dans la carrière de forfaits que le déloyal a parcourue, il a tant consolé de filles inconsolables, il a tant apaisé de regrets éternels, qu'il croit pouvoir étouffer d'un baiser injurieux la plainte de sa victime ; mais l'innocence a son désespoir : Constance, échappée de ses bras, se précipitait dans les flots, si l'un des rameurs ne l'eût arrêtée. Don Juan, qui ne croit point au courage de certaine vertu, se contente d'observer qu'il faut donner plus de temps et plus d'espace au premier mouvement de la pudeur ; il consent à différer son triomphe, et cet homme de proie transporte dans son aire la colombe gémissante qu'il promet à ses coupables desirs.

La vieille chronique, que je me borne à traduire en l'abrégeant, ne dit rien des événements qui se passèrent au château de don Juan pendant les quinze jours qui précédèrent la délivrance miraculeuse de la tendre captive, et dont je vais rendre compte avec la même ingénuité, sinon dans les mêmes termes.

Bertrand, de retour de sa glorieuse expédition, apprend avec des transports de fureur impossibles à décrire l'enlèvement de sa chère Constance : à la nature du crime, à la manière dont on lui dépeint le ravisseur, c'est don Juan, il n'en saurait douter ; sans perdre un moment, il se fait amener Griffine, Griffine, le modèle des juments, l'honneur de l'Arabie, qui l'a vue naître. Il saute sur son dos ; en quelques heures il arrive vis-à-vis le château fatal, dont il n'est plus séparé que par la rivière : tandis qu'il en mesure de l'œil l'effrayante largeur, et qu'il s'afflige du long détour qu'il doit faire pour tourner cet obstacle, le pont-levis du château s'abaisse ; il en voit sortir le géant, à la tête de quelques satellites, qui l'accompagnent matin et soir autour de la forteresse pour s'assurer qu'aucun ennemi ne le menace. « Arrête, infame ravisseur, lui crie Bertrand du plus loin qu'il peut se faire entendre, arrête ; et, si tu n'es pas le plus lâche des hommes, ose m'attendre sur cette esplanade, où je te défie. » Don Juan, à l'aspect d'un homme seul, qui, tout monté qu'il est sur son cheval, est obligé de lever la tête pour le regarder en face, ne retient pas un éclat de rire insultant, et se contente, pour toute réponse, de faire voler à la tête de son adversaire un morceau de rocher qu'il trouve sous sa main, et dont le bruit seul fait cabrer Griffine. Transporté de colère, Bertrand la pousse vers le bord, l'encourage de la voix, la presse de l'éperon ; elle s'élance et franchit avec lui la rivière. Don Juan, étonné, s'arrête et rassemble autour de lui son escorte ; Bertrand, le sabre au poing, vole à son ennemi, l'attaque au milieu de ses satellites, qu'il disperse, le joint corps à corps, et d'un coup d'estramaçon l'étend mort sur l'arène.

Après cet exploit mémorable, l'amoureux chevalier entre en vainqueur dans le château; il vole de chambre en chambre, appelant Constance à grands cris. Dans plusieurs cellules où il pénètre, vingt beautés s'offrent à sa vue dans le simple appareil d'une toilette de nuit, à laquelle le trouble du moment ajoute une grace toute particulière; il ne voit rien : son cœur n'a pas reconnu Constance.

A l'extrémité du long corridor qu'il venait de parcourir, une porte en laque, sur laquelle un milan peint en or se joue brutalement au milieu d'un essaim de colombes, indique l'appartement principal; Bertrand l'ouvre, et pénétre dans un réduit charmant, où, sous un baldaquin de pourpre soutenu par des lances, repose... Il la voit! c'est elle, c'est Constance! aucun bruit encore n'a troublé son repos dans ce mystérieux asile : elle dort du sommeil des Graces. Bertrand respire à peine, il approche, il hésite, il admire! cédant enfin au plus doux besoin de son cœur, il soulève un bras qui couronnait mollement sa tête : « O ma chère Constance, lui dit-il d'une voix émue, l'amour nous réunit! — Encore : ah! laissez-moi, répondit la belle dormeuse sans ouvrir les yeux, et en lui abandonnant une main qu'il couvrait de baisers.... » Point de doute qu'aujourd'hui, dans ce siècle de calomnie et de corruption, on ne tirât quelque conséquence maligne de ce peu de mots échappés à la plus fidèle amante; mais Bertrand vivait dans un temps où l'on croyait à tout, même à l'honneur des dames exposées vingt jours et vingt nuits aux entreprises d'un puissant ravisseur. D'ailleurs réfléchit-on en pareille circonstance? « Reconnais-moi, ma tendre amie, s'écria-t-il, je suis Bertrand. » A ce nom, Constance s'éveille tout-à-fait, et telle est l'émotion qu'elle éprouve, que la vie semble prête à lui échapper; elle se ranime peu-à-peu aux soupirs d'un amant adoré, et des pleurs se mêlent à l'expression de sa joie en apprenant qu'elle est vengée de son persécuteur.

La renommée vole, et déja la mort du seigneur géant est répandue dans la contrée; on accourt, on se rassemble au bord de la rivière, et l'on crie au miracle en apprenant le double exploit du cheval et du cavalier.

Cependant Bertrand, qui craint avec raison que les satellites de don Juan ne se rallient, et qu'un nouveau combat n'expose ce qu'il aime à de nouveaux périls, remonte sur Griffine, prend Constance en croupe, et s'éloigne avec elle sans être vu.

La foule, un moment après, inonde le château; elle y cherche en vain son libérateur : cette disparition subite, le coup terrible qu'a frappé l'inconnu, et, par-dessus tout, le saut miraculeux que le cheval a fait, tout sert à frapper l'imagination de la multitude. Quelqu'un a prononcé le nom de saint Guillien, patron de la contrée, et bientôt on n'en doute plus : c'est lui, c'est saint Guillien en personne qui a combattu le géant : « Regardez, le voilà dans les nuages qui remonte au ciel sur son cheval. » Dix, vingt, cent, mille témoins vont déposant de la vérité du fait, et le tabellion, par ordre du curé, en dresse le procès-verbal : après cela, doutez du miracle.

Constance et Bertrand errèrent pendant quelques heures au gré de leur destrier, sans autre sentiment que celui du bonheur d'être ensemble : après avoir couru long-temps, pour faire très peu de chemin, ils s'arrêtèrent au déclin du jour au hameau de *Poussan*.

Je ne m'engage pas dans le récit par trop naïf que fait mon auteur de la nuit que passèrent nos deux jeunes amants dans une chaumière où la décence exigea qu'ils prissent la qualité d'époux; encore moins parlerai-je après lui de l'étrange désappointement qu'éprouva Bertrand, et qui lui rappela si mal à propos l'exclamation échappée le matin à la tendre Constance. Notre langue, chastement hypocrite, se refuse à des détails dont la langue romance ne craignait pas d'exprimer la gracieuse nudité.

J'arrive donc au dénouement, sans m'arrêter aux circonstances qui l'amenèrent. Après plusieurs mois passés dans cette solitude, au milieu des délices et des tourments d'un amour où se mêlaient je ne sais quel regret dans le cœur de l'un, je ne sais quel repentir dans le cœur de l'autre, la grace agit tout-à-coup sur nos deux amants, et la religion triompha dans leurs ames. Constance prit le voile dans un couvent de bénédictines, aux environs de Poussan, et Bertrand alla fonder, à une lieue de là, dans un village nommé *Cassan,* une abbaye de bernardins, dont la prospérité passa long-temps en proverbe. On se ressent toujours de son origine; les moines de Cassan, à l'exemple de leur fondateur, prirent une tendre affection pour les habitants du village voisin, et ce sentiment se perpétua si religieusement chez leurs successeurs, qu'il avait donné lieu dans le pays à cette espèce de proverbe patois :
Lous enfants de Poussan, an sous pères à Cassan.

N° XLV [29 septembre 1818]

MON ARRIVÉE A NIMES.

> .. *Deteriores omnes sumus licentiâ*
> TÉRENCE
> La licence nous conduit tous à la dépravation.

Je suis vieux, et j'aime les histoires; celle que j'ai faite dernièrement à mes lecteurs a pour garant un miracle; par-tout ailleurs qu'à Saint-Guillien on est le maître d'en croire ce qu'on voudra. Je poursuis ma narration.

La commune de Saint-Guillien n'a de terrain cultivé que les intervalles de rochers sur lesquels les paysans apportent, avec beaucoup de peine, la terre qu'ils vont chercher à une lieue de là. Quelques vignes, quelques oliviers, c'est à cela que se bornaient leurs richesses; dans ces dernières années, les orages ont détruit toutes les plantations. Cette population de douze à quinze cents ames, réduite à la dernière misère, est d'autant plus digne de l'intérêt du gouvernement que je voudrais pouvoir appeler sur elle, que ses mœurs sont honnêtes, laborieuses, hospitalières. Le propriétaire de la filature d'Aniane est venu *seul* au secours de ces familles malheureuses, en leur procurant du travail : puisse son exemple trouver des imitateurs !

L'Hérault est extrêmement encaissé à Saint-Guillien du Désert; les habitants, à défaut de pont, le traversent d'une manière qui mérite d'être rapportée: une corde est fortement attachée aux rochers des deux rives; le paysan ou la paysanne, le panier ou le fagot sur la tête, enfourche un bâton suspendu à la corde, au moyen d'une manivelle creuse qui court dessus, et dont ils se servent pour se tirer eux-mêmes sur l'autre bord.

Nous avons regagné la grande route à deux lieues de Montpellier, en laissant à notre droite le village de Saint-George d'Orques, célèbre par ses vins rouges, et qui le serait bien davantage si ces vins étaient mieux connus et moins frelatés. Cette commune recueille annuellement de quatre-vingt à cent mille hectolitres de vin, et cependant on en expédie quatre ou cinq cent mille sous le même nom.

J'ai vu à *la Mosson* les ruines d'une maison vraiment royale ; elle avait été bâtie par un trésorier de la province, qui n'y dépensa guère moins de quatre millions; il est vrai qu'il mourut ruiné.

De tant de maisons de campagne des environs de Montpellier, que l'on cite emphatiquement aux voyageurs, une seule m'a paru vraiment belle : c'est *la Vérune*, ancienne propriété des évêques, appartenant aujourd'hui à madame Brunet, que ses vertus et son malheur recommandent à la vénération de ses concitoyens : rien n'égalait sa tendresse pour un fils unique qu'elle a perdu il y a deux ans par un accident funeste : bonté, douceur de mœurs et de caractère, nombreux amis dont il était adoré, fortune considérable dont il faisait le plus noble usage, une chute de cheval a tout détruit. Sa malheureuse mère lui a fait élever un tombeau magnifique dans la chapelle de son château ; elle y passe trois ou quatre heures chaque jour à pleurer son fils, à lui parler comme s'il pouvait encore l'entendre... Madame Brunet est protestante, et son fils l'était aussi.

J'ai quitté Philogène à Lunel, où il m'a conduit ; j'ai voulu l'engager à m'accompagner à Nîmes : « A Nîmes ! m'a-t-il dit avec une sorte d'effroi ; ils ont tué mon meilleur ami. » En achevant ces mots il m'a serré la main, est remonté dans sa voiture, et nous nous sommes séparés.

Lunel est une ville fort ancienne ; elle doit son origine à une colonie de Juifs qui sortirent de leur patrie immédiatement après la prise de Jéricho, comme le prouve incontestablement le nom de *Luna*, dont on a fait Lunel, et qui signifie en hébreu *nouvelle Jéricho*. Cette ville devint bientôt florissante ; les Juifs y élevèrent de belles synagogues ; *le Talmud* y fut expliqué ; le rabbi Benjamin en parle dans son *Itinéraire*, et prétend que le rabbi

MON ARRIVÉE A NIMES.

Shalornon a pris, de cette ville, le surnom de *Jarhhi*, qu'il se donne. La synagogue dans laquelle ce fameux rabbin enseignait existe encore; ce monument est bien conservé, quoiqu'il date de plus de deux mille ans. Il appartient aujourd'hui à la maison de *Pierre de Bernis*, célèbre par le cardinal de ce nom; on en a fait un immense cellier, où les vins se conservent et s'améliorent, grace, dit-on, à l'énorme épaisseur des murs de cet antique monument.

La population israélite a fait place à celle des *vinotiers*. Le commerce des vins et des eaux-de-vie occupe presque tous les habitants de Lunel; ceux qui s'y livrent exclusivement se sont fait une espèce d'argot à leur usage particulier, dans lequel le genre de leur commerce s'appelle l'*article*. Comparés aux vinotiers de Lunel pour la *fabrication*, les marchands de vin de la Râpée ne sont que d'ignorants manipulateurs. La plupart de ces commerçants sont fort riches, et l'énormité de leur fortune ne peut se comparer qu'à la rapidité avec laquelle ils la font.

Il existe cependant à Lunel plusieurs familles très anciennes et très respectables : je mets de ce nombre celle de *Beaumes*, dont la branche ainée exerce ici depuis plus de trois cents ans la profession de notaire. Je ne sais pas si l'on trouverait dans toute la France un autre exemple d'une succession de seize générations d'une même famille dans la même charge. Ce phénomène m'a paru digne d'être remarqué : il suffirait sans doute pour expliquer la considération dont la famille *Beaumes* jouit à Lunel depuis plusieurs siècles; pour elle, ce n'est pas seulement un honneur, c'est un mérite. Le fils du notaire actuel, seizième de sa race, est un homme d'esprit et de talent, commissaire des guerres à demi-solde; il remplit en ce moment les fonctions de secrétaire-général de la préfecture d'Ajaccio, dans l'île de Corse, mais sans renoncer à la succession du notariat paternel. Lunel est particulièrement connu par ses vins muscats, dont un certain abbé Bouquet a fait la réputation par les soins particuliers qu'il a donnés, pendant sa vie, à leur amélioration.

Je me suis encore détourné de mon chemin pour visiter la très petite ville de *Massillargues*, qui me présentait un attrait tout particulier. Du haut de la chaussée du *Vidourle*, qui coule au pied de Massillargues, ses bons et loyaux habitants ont été spectateurs compatissants et paisibles des excès qui ont déshonoré les lieux circonvoisins; ni menaces, ni visites fréquentes de gendarmes, ni désarmements réitérés, jusqu'à faire acheter, pour le lui prendre ensuite, un fusil à qui n'en avait pas, n'ont pu les contraindre à refuser un asile aux fugitifs; ils n'attendaient pas qu'on l'implorât; c'était à qui s'empresserait de l'offrir; aussi ce bourg fut-il vingt fois signalé comme un foyer de séditieux, comme un repaire de brigands, par les brigands et par les séditieux dont se composaient les bandes secrètes dans les cités voisines.

Ma première visite a été chez M. d'Azémar, ex-préfet du Var, dont la maison de campagne a été transformée, pour ainsi dire, en hôpital, où il délivre gratuitement des secours à tous ceux qui viennent le consulter. Ce vieillard respectable est un objet de vénération pour la contrée dont il est le bienfaiteur.

J'étais adressé, à Massillargues, à un homme de beaucoup d'esprit, et par conséquent bon Français; je lui sais bien bon gré de m'avoir fait faire connaissance avec M. V***, ex-secrétaire-général de la préfecture de Nîmes, et avec le docteur A****, distingués tous deux par des talents, des vertus, et par l'excellence de leurs principes.

On m'a fait remarquer le château de Massillargues, naguère encore habité par une famille[1] qui remonte à la seconde dynastie; elle descend par les femmes de ce *Guillaume de Nogaret*, qui signifia si durement au pape Boniface VIII l'appel au futur concile des bulles dont Philippe-le-Bel avait à se plaindre. Ce roi lui assigna, pour récompense de ses services, tout le terrain qui s'étend de Massillargues à Lunel jusqu'au bord des marais; cette immense propriété est maintenant réduite à quelques centaines d'arpents.

[1] La famille Calvisson.

Massillargues a donné le jour au lieutenant-général *Vignolle*, si justement célèbre par ses campagnes en Italie, où il contribua puissamment au succès des journées de Castiglione et d'Arcole. La république cisalpine, dont il fut ministre de la guerre, lui fit hommage d'une superbe épée, sur la lame de laquelle sont gravés ces mots : *La république cisalpine reconnaissante, au général Vignolle*. Cet officier-général, de la plus haute distinction, aujourd'hui préfet dans l'île de Corse, y fait respecter et chérir le gouvernement constitutionnel, et vient d'y introduire l'enseignement mutuel [1].

Du *pont de Lunel*, construit sur la rivière du Vidourle, et qui sert de limite aux deux départements de l'Hérault et du Gard, jusqu'à Nîmes, c'est-à-dire sur une route de quatre lieues d'étendue, j'ai été surpris du grand nombre de villages que j'ai traversés.

Sur la gauche se trouve cette opulente contrée, connue sous le nom de *Vaunages*, lequel est évidemment un diminutif ou plutôt une corruption de celui de *Vallée de Nages*. Nages, aujourd'hui petit village que rien ne distingue de tous ceux qui l'environnent, était jadis une ville, et très probablement la capitale de la contrée. La Vaunages ne compte aujourd'hui aucune ville dans son enceinte ; *Calvisson* même, qui peut en être considéré comme le chef-lieu, n'est qu'un gros bourg de trois mille

---

[1] Le général Vignolle est mort y a quelques mois (1825).

habitants; *Sommières* n'occupe pas un autre rang, bien que l'on y compte plusieurs manufactures d'étoffes de laine, dont les produits sont connus, dans le commerce, sous le nom de l'endroit où ils se fabriquent. Ce bourg a vu naître le général Bruyère, qui, jeune encore, et déja lieutenant-général, a trouvé la mort sur le champ de bataille, dans une de nos glorieuses campagnes. Un des jeunes militaires qui ont le mieux profité des exemples de gloire qu'ils ont eus sous les yeux en entrant dans la carrière des armes, M. d'Albenas, chef d'escadron d'état-major, et auteur des *Éphémérides militaires,* est né aussi dans le bourg de Sommières.

C'est un tableau bien digne de l'attention d'un spectateur philosophe, que cette réunion d'une vingtaine de villages, peuplés de simples paysans professant tous la religion réformée, attachés à leur culte jusqu'à l'enthousiasme, d'une fidélité inébranlable au gouvernement, et présentant le phénomène, unique en Europe, de dix-huit mille agriculteurs unis comme des frères, et vivant non seulement dans l'aisance, mais dans une abondance à laquelle le luxe même n'est pas étranger. Un fait justifiera cette dernière assertion : presque tous les paysans *vaunajols* ont de quinze cents à deux mille francs de rente; un grand nombre en a cinq, six, sept ou huit mille, et l'on m'en a cité plusieurs qui tirent annuellement de vingt-cinq à trente mille francs de leurs récoltes. Je ne parlerais point de leurs richesses, si je n'avais à les louer de leurs vertus.

J'ai remarqué particulièrement le village du *Grand-Gallargues*, bâti sur le penchant d'une colline, et qui se dessine en amphithéâtre d'une manière très pittoresque. Au plus haut de la colline est l'ancien château; cet élégant édifice a été transformé en un temple destiné au culte protestant.

J'ai été fâché d'apprendre, et de me convaincre par mes yeux, que, dans ce bon pays de la Vaunages, si recommandable encore par la probité, la bonne foi, l'antique vertu, le luxe des villes se soit introduit depuis quelques années à la suite des richesses. Ce luxe, destructeur des biens qui l'ont fait naître, se remarque sur-tout dans les ameublements et dans la parure des femmes; les Vaunajoles, jusqu'à ces derniers temps, n'avaient pas osé quitter le *juste d'indienne;* tout au plus, dans les grands jours de fête, se permettaient-elles le *corset de nankin:* maintenant ces étoffes trop simples ont fait place à la percale, à la mousseline, aux plus riches dentelles, et je tiens de M. *Portefaix*, premier bijoutier de Nîmes, qu'il vend plus de diamants aux grosses fermières d'*Aigues-Vives* qu'aux petites-maîtresses de la *rue Dorée* ou du *boulevart de la Comédie*.

Le grand village de *Vauvert*, qui prétend au titre de ville, et qui le mérite plus que beaucoup d'autres sous tous les rapports, a été pour moi l'occasion d'un autre étonnement : ses habitants, riches vignerons, ont la passion du spectacle; ils ont fait bâtir une salle dans laquelle une troupe, composée des débris de celle de Tarascon et d'Arles, joue la comédie et le vaudeville : lors du passage de Talma, il avait été question de lui envoyer une députation pour l'engager à se détourner un peu de sa route, et à venir donner une représentation à Vauvert. L'exécution de ce projet a été ajournée à son premier voyage dans le Midi.

En entrant dans le village de *Millaud* je me suis aperçu que j'approchais de Nîmes. La première maison que l'on voit à droite, sur la grande route, n'offre plus que quelques débris de murs extérieurs. Après avoir été pillée et ensuite incendiée, elle a enfin été démolie; cette maison appartenait à M. *Teulon*. Ai-je besoin de dire qu'il est protestant? Tout vis-à-vis se trouve une maison de forme assez élégante, et nouvellement peinte d'une couleur rosée; j'ai appris qu'elle appartenait à l'adjoint du maire, lequel était alors et est encore aujourd'hui en fonctions; il est probable que la maison Teulon était bien solidement bâtie, car on a mis six mois à la démolir.

J'arrive à Nîmes, et je ne traverse pas sans une profonde émotion ce faubourg du chemin de Montpellier, où se sont commis, en juillet, août, septembre, et octobre 1815, la plupart des assassinats qui ont marqué cette cruelle époque. J'avais à choisir entre l'*hôtel du Louvre* et celui du *Luxembourg*; je me suis décidé pour ce dernier, par des raisons qui me sont personnelles.

Commençons par quelques observations générales sur la population de cette ville : elle est d'environ quarante mille ames, et peut se diviser en quatre classes, dans chacune desquelles il est aisé de remarquer une différence assez sensible de mœurs et de caractères.

A tout seigneur, tout honneur : les *nobles* sont peu nombreux à Nimes, et ce n'est que depuis les événements de 1815 qu'ils se sont ralliés, et forment une espèce de corps; avant cette époque, ils ne se cachaient pas, ils se perdaient dans la foule. Il m'en coûte de dire qu'ici, comme ailleurs, plus qu'ailleurs peut-être, la haine des institutions libérales est, à quelques exceptions près, le caractère distinctif de la noblesse. Sans être possesseurs de grandes fortunes, sans compter un aussi grand nombre d'hommes habiles que les autres classes de la société, on les a vus, dans ces derniers temps, exercer une très grande influence politique : pour en apprécier les avantages, il suffit d'en connaître les moyens et les résultats.

En parlant du *commerce,* comme il n'est ici question que de l'identité des mœurs, je comprendrai dans cette catégorie les bourgeois, les propriétaires fonciers, et les principaux marchands. Cette classe, la plus nombreuse, la plus industrieuse, et la plus riche, offre une foule d'hommes respectables et de citoyens vertueux.

Entre cette classe et celle du peuple se trouvent les divers états qui participent de l'une et de l'autre. Un peu moins d'élégance dans les vêtements, et l'usage habituel du patois languedocien, sont la nuance extérieure qui la distingue du commerce. Ici, point de prétentions à la mode, au bon ton, au bon goût: l'ambition des hommes n'a qu'un but, gagner de l'argent; l'amour-propre des femmes qu'un objet, s'effacer entre elles.

Le peuple. Que dire du peuple de Nîmes ? j'ai fait cette question à deux personnes également bien placées pour y répondre. « Ce peuple, m'a dit l'une, est laborieux, patient, actif, industrieux; voyez-le dans les ateliers, dans les manufactures, toujours gai, vif, serviable, et spirituel. » « C'est une horde de brigands, m'a répondu l'autre, courant au meurtre, au pillage, à l'incendie; dansant autour de l'instrument de mort, et insultant sans pitié à la victime qu'on immole. » Que conclure de ces deux assertions contradictoires? qu'il y a deux peuples à Nîmes, ainsi que dans toutes les grandes réunions d'hommes; que ce dernier est bon ou méchant, humain ou cruel, paisible ou tumultueux, selon les circonstances où il se trouve, les intérêts qui l'animent, et l'impulsion qu'il reçoit de ceux qui l'agitent; avec cette seule différence que le peuple de Nîmes et du midi de la France, en général, une fois libre du frein des lois, s'arrête d'autant plus difficilement qu'il y a dans ces contrées plus de fanatisme dans les esprits, et plus d'effervescence dans les passions.

Le commerce de Nîmes a principalement pour objet la fabrique des mouchoirs dits *madras;* des étoffes et des bas de soie; la pelleterie, la bonneterie, et les huiles. Les deux premières branches de ce commerce ont long-temps répandu dans Nîmes l'opulence parmi les négociants, et l'aisance parmi les ouvriers; cette grande activité a fait tout-à-coup place à la langueur : si l'on observe que cet état de choses date de la paix extérieure, on sera bien forcé d'en chercher la cause dans les troubles civils dont elle a été suivie.

Il n'est pas inutile d'ajouter que les catholiques se font une loi sévère de ne donner du travail qu'à des hommes de leur religion. Les aumônes même ne sont que trop soumises à cet esprit de secte, qui, dès-lors, doit prendre le nom de fanatisme. Loin de moi de justifier, en l'expliquant, cette restriction que l'on apporte ici à l'exercice de la première des vertus humaines! Les catholiques n'ont aucune excuse: en vain me diront-ils que le cœur se glace, et que la main se retire d'elle-même, à la vue d'un mendiant qui vous demande aujourd'hui l'aumône avec humilité, lorsqu'on peut se souvenir qu'il vous la demandait deux ans auparavant en vous mettant le pistolet sur la gorge : je n'admets point qu'on puisse fonder sur des exceptions, quelque nombreuses qu'elles soient, une règle contraire à la religion et à la bienfaisance. Il est pourtant, à Nîmes, des hommes qui ne sont, à cet égard, ni protestants ni catholiques; malheureusement la liste en est bien courte.

J'ai passé huit jours à parcourir la ville, à examiner les monuments, à observer les hommes; j'ai recueilli des notes pour deux ou trois discours; en fidèle historien des faits, je n'oublierai ni le respect que l'on doit à la vérité, ni les égards que l'on doit aux vivants.

n° XLVI. [15 octobre 1818.]

MOEURS NIMOISES.

.. Ut homines sunt, ità morem geras.
Plaute, *la Mostellaire*
Je prends les hommes comme ils sont.

J'ai parcouru ce matin, pour la première fois, la ville de Nîmes. L'intérieur, c'est-à-dire l'enceinte, entourée autrefois par des remparts et maintenant par des boulevarts, n'a qu'une très petite circonférence; je ne crois pas me tromper en assurant que le seul jardin des Tuileries présente une surface à-peu-près égale. Sous le rapport de l'étendue et de la population, Nîmes est aujourd'hui dans ses faubourgs.

J'ai commencé ma promenade par ceux du nord: les *Bourgades*, l'*enclos de Rey*, et le *faubourg du chemin d'Uzès*.

Le faubourg des Bourgades est un véritable cloaque, dont l'aspect n'est guère moins repoussant que celui des hommes qui l'habitent. C'est là que vivait, que devait vivre un homme que l'horreur publique a signalé dans vingt écrits comme le chef d'une horde d'assassins : il a, dit-on, changé de domicile pour ne pas entendre les cris déplorables de la famille du malheureux *Clos*, un de ceux envers lesquels ce monstre du Midi s'est empressé de *remplacer* et de *prévenir la justice*, pour me servir de l'expression de son apologiste.

On m'a fait voir, dans le faubourg du chemin d'Uzès, la maison d'un *abatteur de protestants:* c'est le nom que ce misérable s'est donné à lui-même, et que justifient à-la-fois ses crimes et sa profession. C'est dans ce même faubourg, je demande pardon du rapprochement, que demeure M. *Cavalier*, ex-procureur-général de la cour royale, et maintenant président honoraire: s'il ne put, en 1815, arrêter la fureur des assassins, aux poignards desquels il était lui-même désigné, il demeura du moins inébranlable au poste de la justice; il recueillit tous les renseignements qui lui furent adressés, les transmit directement à l'autorité supérieure par une correspondance journalière qui dura cinq mois: il perdit enfin sa place.

En parcourant dans l'est le faubourg du *chemin d'Avignon*, je me suis arrêté devant la maison du savant *Seguier*, à la sagacité duquel on doit la découverte de l'inscription de la *maison carrée:* j'aurai occasion d'en parler en visitant un autre jour les précieuses antiquités de cette ville.

De la rue Notre-Dame au faubourg du *chemin de Montpellier*, situé au couchant, le trajet est d'autant plus court que l'on passe devant le *palais de justice* et le bel amphithéâtre antique, vulgairement appelé *les Arènes :* ce faubourg, et celui du *Cours-Neuf*, qui l'avoisine, ont été les principaux théâtres du pillage et des massacres de 1814. J'ai vu la place où les deux infortunées sœurs *Aurès*, arrachées de leur maison, furent égorgées ensemble le 20 août, à dix heures du soir : je ne puis me résoudre à faire frémir mes lecteurs au récit des cruautés que des tigres à figure humaine exercèrent sur ces malheureuses filles.

Après avoir passé devant la *porte de France*, et suivi le mur du cimetière dans toute sa longueur, me voilà parvenu à l'extrémité du *Cours-Neuf*. Le tableau que j'ai sous les yeux a quelque chose d'imposant : au nord *la Fontaine*, promenade charmante que l'on peut voir avec plaisir même après les Tuileries, dont elle est le diminutif. Sur le plus haut point de la colline, au pied de laquelle se trouve la Fontaine, s'élève l'ancienne *Tour-Magne*, que l'on voit d'aussi loin que le dôme du Panthéon, et qui est, pour les Nîmois, ce que *Notre-Dame de la Garde* est pour les Marseillais au retour d'un long voyage ; enfin à droite et à gauche une longue suite de maisons et de jardins qui se prolongent jusqu'à la Fontaine, et qui, à défaut de beauté, présentent des lignes symétriques sur lesquelles la vue se repose agréablement. Le *Cours-Neuf* divise cet immense faubourg en deux parties à-peu-près égales : ici l'on ne peut plus faire un pas sans rencontrer les traces des monstres de 1815.

J'avais déja remarqué, près du cimetière du *Mail*, la place *où fut* la maison *Souquet*, entièrement rasée : en me détournant, et en passant près du *Petit-Genève*, j'ai été arrêté par un monceau de décombres calcinés, seuls restes de la maison *Mourgues;* dans la rue *Neuve*, mes regards se sont arrêtés avec le même effroi sur les ruines de la maison de M. *Noguier*, officier en retraite : j'ai vu avec plus d'horreur encore au Cours-Neuf, celle où fut égorgé le malheureux *Lafont*, dans la nuit du 16 au 17 octobre.

Je croyais échapper à ce spectacle de destruction en rentrant dans la ville proprement dite par la rue du chemin de *Sauve*, vulgairement la rue de *Monsieur Paul*. Ce fut le respectable *Paul Rabaut*, ministre protestant, père du célèbre *Rabaut Saint-Étienne*, qui donna son nom à cette rue : malheureusement ce nom me ramène encore à des souvenirs de meurtre et de persécution ; je me rappelle avec douleur que Paul Rabaut gémit trente ans de sa vie dans un souterrain ; que l'un de ses fils périt sur un échafaud ; que l'autre passa sa vieillesse dans l'exil; et qu'enfin M. *Juillerat*, dernier ministre protestant qui ait habité la maison *Rabaut* dans la rue de *Monsieur Paul*, faillit être lapidé dans le temple, le 12 novembre 1815.

Je rentrai chez moi, l'esprit et le cœur absorbés dans les réflexions que tant d'objets pénibles y avaient fait naître, et dont j'aurai occasion, une autre fois, d'entretenir mes lecteurs...

Quelques instants passés ce soir, entre les deux pièces, dans les deux cafés principaux de cette ville, m'en ont plus appris sur les mœurs de ses habitants que n'aurait pu faire en ce moment la fréquentation la plus assidue des sociétés particulières.

Le café de la Comédie, plus connu sous le nom du propriétaire *Martin*, présente un mélange piquant de tous les états, de tous les âges, de toutes les professions, et, ce qui n'a lieu dans aucun autre café de Nîmes, de toutes les opinions. La première salle, en entrant du côté du perron, est spacieuse, et serait parfaitement éclairée, si l'éclat des lumières ne s'y trouvait obscurci sous les nuages de fumée de tabac qui s'exhalent de toutes parts : on ne connaît pas ici la distinction des cafés proprement dits et des estaminets.

Là, comme dans tous les lieux publics du même genre, on trouve des habitués et des consommateurs de passage. Les premiers se distinguaient des autres par le ton familier avec lequel ils appelaient

Manicle, et sur-tout par la manière dont ils employaient ce petit garçon de café, qui joint à une assez belle voix le talent de faire des grimaces, dont on fait grand cas à Nimes. Grace à cette double industrie, Manicle s'est fait un sort très agréable: au lieu d'obéir, il commande; au lieu de servir les autres, il est lui-même servi. Il a quitté le café Martin.

Le pilier principal de ce café est l'avocat N***: je l'avais vu, avant le spectacle, à la première table du côté gauche; je le retrouvai, en rentrant, dans un coin à l'autre extrémité. Quelqu'un m'expliqua cette mutation. M. N*** change de table toutes les heures, et cette exactitude imperturbable tourne au profit des habitués qui n'ont pas de montre, et qui veulent savoir quelle heure il est. Quand il est à la première table, on sait qu'il est une heure; passe-t-il à la seconde, deux heures sonnent; dès qu'on le voit à la onzième, les gens réglés se retirent. C'est de cette observation réitérée que cette salle a tiré son nom de *Cadran de l'avocat*. Un autre trait du caractère de M. N*** est son goût pour la déclamation: le journal d'une main et sa tabatière de l'autre, il se passe peu de jours qu'il n'essaie de prouver à des gens, qui sont pour la plupart de son avis, que Racine est le plus parfait des poètes tragiques; pour peu que vous ne partagiez pas entièrement son opinion, il se fâche, et vous répond *que ce que* *vous dites n'est pas français :* j'ajouterai, pour être juste, que M. N*** est ce qu'on appelle ici *un bon enfant,* et en tout pays un homme spirituel.

Le café Martin est le plus fréquenté, et par conséquent le plus bruyant de tous ceux de Nîmes : c'est un tumulte, un chaos à fendre une tête de cyclope ; il est vrai que tout cela tient aux habitudes et au naturel même de nos compatriotes du Midi : un éclat de rire d'un Nîmois s'entend de plus loin que le cri simultané de douze Parisiens.

C'est au café *Bolze* que se rassemblent, pendant l'été, les élégants des deux sexes, qui viennent y donner ou y recevoir la nouvelle du jour en prenant un *orgeat créponé.*

La fameuse société *Bolze* s'y réunit dans un local séparé de celui du public. Avoir souffert tous les maux de la révolution, avoir servi dans la Vendée ou dans l'armée de Condé, avoir suivi le roi à Gand, n'ont point toujours été des titres suffisants pour être admis dans cette réunion : je ne dirai point ceux que l'on exigeait encore, je n'en ai point *la preuve légale.*

Par opposition à la *société Bolze,* je dirai quelques mots du *jardin Graillhe,* composé de protestants et de catholiques constitutionnels, au nombre de soixante, bourgeois, propriétaires ou négociants. Cette société, qui s'est formée il y a dix-huit mois, se réunit dans le plus beau local de Nîmes : l'entrée du vaste jardin qui en fait partie donne sur l'avenue qui conduit à la Fontaine. Ce voisinage, à l'époque où s'ouvrit l'assemblée, avait bien quelques inconvénients pour des hommes que l'on menaçait sans cesse de jeter à l'eau; mais les sociétaires du jardin Grailhe avaient déja bravé trop de périls pour s'arrêter à des menaces, contre l'effet desquelles la présence du nouveau préfet, M. d'Argout, vint leur donner de nouvelles garanties. Ce cercle, composé en très grande partie d'électeurs éclairés et patriotes, en s'étendant davantage, en se pénétrant mieux de tout le bien qu'il peut faire, de tout le mal qu'il peut empêcher, aurait infailliblement exercé la plus utile influence sur les élections qui se préparent, et d'où peut-être dépend le sort de ce pays, si des mains adroites ne fussent déja parvenues, sinon à dénouer le faisceau, du moins à en relâcher les liens, disons le fait plus clairement. Il y a deux mois que tous les membres de cette société constitutionnelle s'étaient mutuellement promis de ne donner leurs voix qu'à des hommes indépendants par caractère, par principes, par position. Ils avaient senti que cette résolution, qui n'est qu'un devoir dans les autres départements, est pour eux une condition de l'existence; que les citoyens du département du Gard ont spécialement besoin d'une voix éloquente et courageuse, non pour défendre à la tribune nationale des droits que la charte leur garantit, comme à tous les Français, mais pour en assurer l'exécution contre les derniers efforts du fanatisme religieux et féodal, dont le volcan, éteint par-tout ailleurs, brûle encore sous les cendres dont il a couvert le Midi.

On se promène beaucoup à Nimes: le *Cours* et le *boulevart de la Comédie* sont abandonnés au peuple; les gens de bon ton vont à l'*Esplanade*, ou font le *tour de la ville*. Il ne m'est pas arrivé une seule fois d'achever cette promenade sans y rencontrer un grand homme en redingote, portant canne et lunettes, qui se dandine avec beaucoup de majesté : toujours seul, le regard fier et la tête haute, on est tenté de se fâcher quand il vous regarde; la nonchalance est dans tous ses mouvements, le dédain sur tous les traits de son visage : j'ai murmuré en passant près de lui le mot d'*égalité;* tout-à-coup il s'est grandi de six pouces, et le coup d'œil de mépris qu'il a laissé tomber sur moi a rencontré sur mes lèvres le sourire d'une bienveillance qu'il a pu prendre pour de la pitié.

En faisant quelques tours à la Fontaine, dont j'ai parlé dans mon dernier discours, j'ai trouvé deux ou trois couples dans l'*allée des Soupirs*, quelques jeunes gens dans l'*allée des Philosophes*, et le beau monde dans l'allée du Milieu, qui fait face au Cours-Neuf: le défaut d'air, intercepté par la montagne du nord, et l'abondance des moucherons, obligent les beautés nîmoises à déserter pendant les chaleurs cette délicieuse promenade, et à venir respirer sur l'*Esplanade* avant d'aller prendre des glaces au café *Bolze.*

L'Esplanade, située sur le chemin par où passent les marchands de Montpellier, de Toulouse, de Bordeaux, pour se rendre à Beaucaire, attire une foule considérable à l'époque de la foire célèbre qui se tient dans cette ville, du 15 au 30 juillet, et qui, soit dit en passant, n'a plus d'utilité depuis que les droits dont elle affranchissait ont été supprimés: la file des carrioles, des charrettes, des voiturins, des montures de toute espèce, donne alors à la ville en général, et à ce quartier en particulier, un mouvement, un air de fête que je n'avais encore vu nulle part. Il est bon d'observer que le dimanche, connu à Beaucaire sous le nom du *beau dimanche,* les Nîmois, impatients de voir arriver les voyageurs qui retournent dans leurs foyers, se portent en foule au-devant d'eux, sur le chemin même, au quartier appelé *les Aires,* où l'on jouit alors d'un spectacle tout-à-fait pittoresque. Les femmes du peuple, assises sur les bords du chemin, d'où elles apostrophent les passants; les pères s'acheminant lentement jusqu'au *mas Verdier,* qu'ils ne dépassent jamais; les jeunes filles, bras dessus, bras dessous, laissant derrière elles leurs mamans, réduites à les suivre de l'œil, pendant qu'une légion d'enfants se roulent sur la paille, dont les Aires sont couvertes pendant cette journée; les paysans qui reviennent de la foire, accompagnant du bruit des tambours et des trompettes, qu'ils y ont achetés pour leurs enfants, les chansons patoises qu'ils répètent en chœur; tous ces objets, distribués par groupes, et qu'on peut néanmoins rassembler d'un coup d'œil, forment un tableau qui s'embellit encore du beau ciel qui l'éclaire.

L'Esplanade cesse d'être fréquentée vers la fin de la première quinzaine de septembre: les jours alors deviennent plus courts; les vendanges appellent tout le monde à la campagne, et les promenades de la ville sont abandonnées jusqu'au moment où les beaux jours d'hiver ramènent les Nimois à la Fontaine.

Pour terminer le chapitre des promenades, il me reste à parler de celle du *Vistre*. Le Vistre est une très petite rivière formée par l'écoulement des eaux de la Fontaine, et qui va se jeter directement dans la Méditerranée. Un usage immémorial veut que tous les Nimois, de quelque âge, de quelque condition qu'ils soient, aillent, le lundi de Pâques, faire une partie sur les bords du Vistre. La seule différence qu'il y ait à cet égard entre les pauvres et les riches, c'est que ceux-là sont assis sur les bords de la rivière, ou répandus çà et là dans la plaine, tandis que ceux-ci occupent les *mas* et maisons de campagne des environs. Les dix ou douze mille personnes que cette fête attire, ne pouvant trouver à s'établir dans la plaine, se répandent dans les avenues, dans les cours, et dans les jardins des métairies voisines.

Le goût des représentations théâtrales est assez généralement répandu; et, quoiqu'il soit vrai de dire que la tragédie soit abandonnée pour le mélodrame, la comédie pour l'opéra comique, et qu'un pas de ballet passe ici pour le *nec plus ultrà* de l'art dramatique, on n'y résiste cependant pas à l'ascendant d'un talent supérieur, et l'on se laisse facilement ramener à un jugement plus sain : nulle part le prodigieux talent de Talma n'a excité plus d'enthousiasme et n'a été mieux apprécié. On ne saurait trop louer le directeur actuel, M. Singier, de son zèle pour la composition de la troupe, et de son empressement à satisfaire, à prévenir même le vœu du public. Ce zèle est d'autant plus digne de louange, que depuis trois ans cette direction ne lui avait procuré que des dettes. Les protestants insultés, menacés, provoqués au spectacle, avaient fini par y renoncer entièrement; le calme les y a ramenés, et M. Singier commence à réparer ses pertes. Il est d'usage à Nîmes que les gens riches aient des loges à l'année; les choses s'y passent comme en Italie: on s'y fait des visites, on y cause, on y prend des glaces, et l'on écoute la pièce quand on n'a rien de mieux à faire.

Depuis que les *Arènes* ont été déblayées, on emploie ordinairement les trois mois d'été qui ne sont pas remplis par le spectacle à faire *courir des taureaux* dans l'amphithéâtre. Ces courses, qu'il ne faut pas confondre avec les *combats de taureaux*, ainsi que l'ont fait quelques journalistes parisiens, rappellent, ainsi que le remarque M. Millin, les antiques *taurocatapsies*, espèces de fêtes qui réunissaient la chasse, la course, et les combats de ces animaux. Quelles que soient la noblesse et l'antiquité de leur origine, ou peut-être par cette double raison même, ces jeux sont tout à-la-fois les plus cruels et les plus insipides que l'on puisse imaginer.

Les marais de Camargue nourrissent (ainsi que les petits chevaux qui portent leur nom) une espèce de bœufs sauvages, noirs, petits, armés de cornes moins longues, mais recourbées et plus aiguës que celles des taureaux des montagnes: ces animaux, plus caractérisés encore par la fierté et la légèreté qui les distinguent, sont les principaux acteurs des modernes *taurocatapsies*. Je ne décrirai pas la chasse au trident, au moyen de laquelle on parvient à se rendre maître du taureau, et à le faire sortir du pâturage natal pour le lâcher dans l'enceinte, où l'attend la multitude des curieux et des combattants. Ces derniers, armés de longues baguettes, appelées *bédiganes* en langue du pays, assaillent à-la-fois le malheureux animal. Moins effrayé du nombre de ses ennemis qu'effarouché par le mouvement et le tumulte de la foule, il fuit d'abord; mais bientôt, poussé à bout, il s'élance, et malheur au maladroit qu'il atteint: il n'est pas rare de voir ces modernes héros du cirque, victimes d'une témérité sans gloire, payer d'une mort cruelle leur barbare plaisir.

Je l'ai déjà dit, en parlant de jeux semblables, en usage à Mont-de-Marsan: une administration sage, une police paternelle, si ces deux mots ne sont pas trop étonnés de se trouver ensemble, devraient interdire ces amusements féroces, dont l'inconvénient le plus grave n'est pas dans les dangers qu'ils font courir à ceux qui s'y livrent, mais dans l'influence qu'ils exercent sur les mœurs. S'il faut craindre en tout pays d'accoutumer les hommes à voir couler le sang, l'autorité doit sur-tout se faire une loi de déraciner cette cruelle habitude dans les contrées où le climat, l'exaltation naturelle des esprits, les traditions de la haine, et les souvenirs de la vengeance, tendent déjà si fortement à rallumer les discordes civiles et à étouffer la pitié dans les cœurs. Cette vérité avait été sentie par l'ancien préfet, M. d'Alphonse. Les *courses de taureaux* ont été défendues tout le temps de sa sage administration; on les a rétablies: quand on veut faire revivre les préjugés du peuple, il ne faut pas le chicaner sur ses plaisirs.

L'intérieur de la ville ne forme qu'un labyrinthe de rues étroites et tortueuses, qu'un amas de vieilles maisons, sombres, mesquines, et mal distribuées, dans lesquelles on n'a presque jamais songé à sauver l'irrégularité des angles. Un très petit nombre de maisons, rebâties depuis cinquante ans, parmi lesquelles deux ou trois ne dépareraient pas la Chaussée-d'Antin, offrent du moins quelque symétrie et quelques formes d'architecture : pour le goût et l'élégance, le mobilier paraît être de même date que les masures qui le renferment.

Les hommes n'ont rien qui les distingue par le vêtement de ceux des autres parties de la France; seulement, dans la classe ouvrière, ils portent assez généralement des pantalons et des gilets verts, qui s'accordent assez bien avec la légèreté et la vivacité de leur allure. On rencontre encore çà et là, dans les montagnes des Cévennes, quelques femmes vêtues à l'ancienne manière du pays, d'étoffes tissues, dans les ménages mêmes, avec des matières provenant des débris des filatures de soie; des corsets à longue taille et à petites basques, et pour coiffure des petits chapeaux de feutre, bordés le plus souvent d'une dentelle d'or : mais, dans les villes et dans les bourgs de la plaine, les femmes portent presque toutes des espèces de tuniques grecques à taille courte, et des bonnets dont les formes varient suivant l'âge, la condition, et les prétentions de chacune.

Les grisettes, remarquables, comme dans tout le Midi, par leur gentillesse et leur tournure, forment une classe à part, qui se distingue par une grande recherche dans la parure. En voyant une femme des classes inférieures on devine aussitôt la religion qu'elle professe : les catholiques portent une croix, et les protestantes un saint-esprit d'or suspendu à leur cou.

Dans les classes élevées, les femmes ont généralement assez de goût pour se préserver de toute exagération dans leur soumission aux lois de la mode; comme on l'a dit du sage, elles ne sont jamais les premières à les recevoir, ni les dernières à y renoncer.

L'industrie manufacturière a trois branches principales : les fabriques de laine, celles de soie, et la distillation des vins, dont la matière première est fournie par le pays même; d'où l'on peut se faire une idée de l'influence directe que le commerce exerce ici sur l'agriculture.

C'est dans les campagnes que se font les étoffes de laine, dont les villes de Sommières et de Saint-Hippolyte sont les deux grands marchés. Chaque paysan a son métier, où s'occupent lui, sa femme et ses enfants dans les moments de loisir que leur laissent les travaux rustiques.

C'est un ouvrier de Nîmes, nommé *Cuvillier*, dont la famille subsiste encore et se distingue par une extrême habileté dans la même profession, qui le premier introduisit dans son pays cette précieuse machine (le métier à bas), qu'un autre de ses concitoyens paraît avoir inventée en Angleterre. Cuvillier la vit au château de Madrid, dans le bois de Boulogne, et en saisit si parfaitement l'ensemble et les détails, qu'il fut en état de la faire exécuter de mémoire à son retour chez lui; on raconte que le serrurier à qui il commanda les pièces l'une après l'autre, sans lui en faire connaître l'assemblage et l'emploi, parvint cependant à les réunir et à leur imprimer le mouvement.

La fabrication des étoffes de soie et de celles de cette matière mélangée avec le coton, est concentrée tout entière dans la ville de Nîmes; chaque ouvrier travaille dans sa maison, au milieu de sa famille, et avec une liberté dont il ne peut guère abuser qu'à ses dépens.

L'activité des fabriques de Nîmes a commencé vers les premières années du dix-septième siècle. Dès 1564, un jardinier, nommé *Traucat*, avait couvert le Dauphiné, le Languedoc, et la Provence, d'immenses plantations de mûriers, et préconisé dans un petit livre, dont Henri IV avait agréé la dédicace, l'avantage de cette culture. Dans le même temps, *Olivier de Serres*, par ordre du même roi, s'efforçait d'introduire le mûrier sur les bords de la Loire, où ses efforts n'ont eu qu'un succès éphémère, tandis que ceux de Traucat sont devenus, pour le Midi de la France, une source de richesses inépuisable.

L'importance du commerce des vins et des eaux-de-vie n'est pas moindre; cette industrie des champs a transformé un grand nombre de chétifs villages en gros bourgs, où règne une aisance progressive. L'appareil pour la formation simultanée des esprits à différents degrés a été inventée à Nîmes; on l'a nommé l'appareil d'*Édouard Adam*. Le chimiste Solimani en a revendiqué l'invention; mais personne ne conteste à un simple distillateur de Gallargue, nommé *Berard*, d'avoir perfectionné cette machine en la simplifiant, et de l'avoir ainsi rendue plus usuelle.

Sous les rapports de l'agriculture, le département du Gard peut être divisé en quatre zones très distinctes: la première, qu'on peut appeler la plage, se compose de vastes marais, traversés par un canal qui joint le Rhône à l'ancien canal royal; de salines, dont la création remonte au treizième siècle, et qui sont l'un des plus singuliers et des plus lucratifs monuments de l'industrie humaine. Au-dessus de cette ligne, règne, depuis Pont-Saint-

Esprit jusqu'au département de l'Hérault, une plaine riante et fertile, arrosée par le Rhône, le Gardon, et la petite rivière du Vistre. La troisième bande est formée d'une assez profonde épaisseur de collines, dont les rangs inférieurs et les vallées sont plantés en oliviers et en vignes; les plateaux sont couverts de bois, ou plutôt de landes appelées *guarrigues,* où paissent de nombreux troupeaux.

N° XLVII. [29 octobre 1818.]

GALERIE
ANCIENNE ET MODERNE.

Obsequium amicos, veritas odium parit.
Tér., *Andrienne.*

La complaisance fait des amis, la vérité engendre des haines.

Depuis la fondation d'un collége à Nîmes par François Ier, les lettres y ont constamment eu d'ardents adorateurs. Le clergé refusa long-temps les secours que le roi lui demandait pour cet établissement, auquel la réformation, en s'introduisant dans la ville, fit bientôt prendre un très grand essor. La révocation de l'édit de Nantes détruisit cette institution, et livra l'enseignement aux jésuites; ils s'en arrogèrent si bien le privilége exclusif, que lorsque l'académie royale voulut instituer un cours gratuit de grec, pour lequel on avait appelé un bénédictin de Toulouse, les jésuites s'opposèrent à l'exécution de ce dessein, qu'on fut obligé d'abandonner.

L'académie, fondée en 1682, et associée quelques années après à l'académie française, subsista avec éclat jusqu'à la révocation de ce même édit de Nantes; elle perdit à cette fatale époque ses membres les plus distingués, qu'elle ne parvint pas à remplacer.

Depuis sa renaissance en 1752, elle a dû son principal lustre à M. *Seguier,* l'ami, l'éléve de Maffei, à-la-fois antiquaire et botaniste, de l'académie des sciences et de celle des inscriptions, et qui le premier a découvert l'inscription de la *Maison carrée,* à l'aide des trous qui servaient à cramponner les lettres de bronze. M. Seguier avait rassemblé une collection très précieuse de livres, de médailles, et d'objets d'histoire naturelle : les états de la province et le roi voulurent en faire l'acquisition, et en offrirent un prix très considérable, avec la condition d'en laisser la jouissance au savant qui l'avait formée : celui-ci préféra la léguer à l'académie, et ordonna, par la même clause de son testament, que la maison qui contenait ses trésors scientifiques fût vendue au profit des pauvres. Le prix en fut payé par M. Bec-de-Liévre, évêque de Nîmes, au nom de l'académie. La bibliothéque du roi s'est enrichie un peu violemment d'un catalogue, ou plutôt d'un *index* critique de toutes les inscriptions grecques, latines, étrusques, connues jusqu'en 1768, et qui faisait partie du legs que Seguier avait laissé à l'académie.

Ce manuscrit, en deux volumes in-folio, est une des plus utiles entreprises que l'érudition ait jamais formées.

L'académie, rétablie en 1800, s'est signalée par des travaux assidus : la Notice qu'elle offrait au public, chaque année, fait infiniment d'honneur aux connaissances et au talent de M. *Trélis*, qui la rédigeait en qualité de secrétaire perpétuel, et qui l'a enrichie, comme auteur, de divers morceaux de littérature et de poésie, également estimables.

Les événements de 1815 ont porté un nouveau coup à l'académie, en la privant sans retour de quelques uns de ses membres les plus distingués ; de ce nombre se trouvent ce même M. Trélis et M. *Vincens de Saint-Laurent*, correspondant de l'académie des inscriptions, et l'un des hommes qui honorent le plus sa patrie par la réunion des talents qui font l'homme de lettres, des qualités qui distinguent le bon administrateur, et des vertus qui caractérisent le bon citoyen.

Peu de villes du même ordre, en Europe, peuvent se vanter ou se plaindre d'un aussi grand nombre d'hommes célèbres ou fameux : je citerai les principaux.

Les deux *Aurélius Fulvius*, l'aïeul et le père de l'empereur Antonin : ce prince et son successeur, de sainte et philosophique mémoire, se firent un devoir religieux de favoriser cette ville ; c'est à leur règne, de trop courte durée, que remonte probablement la construction de l'amphithéâtre, connu sous le nom des *Arènes*.

Domitius Afer, orateur aussi distingué que délateur infame; il était digne de vivre sous Tibère, Caligula, et Néron. Tacite en parle comme du *modèle des délateurs de l'innocence et des défenseurs du crime*.

Saint Léonce, évêque de Fréjus, et son frère, *saint Castor*, évêque d'Apt. Ce dernier est le patron de la cathédrale de Nîmes.

Jean Nicot, qui apporta le premier en France le tabac, connu d'abord sous le nom de *nicotiane*.

Traucat, à qui l'on doit la plantation du mûrier: ses pépinières, depuis 1564 jusqu'en 1606, fournirent au Languedoc et à la Provence plus de quatre millions de pieds de cet arbre précieux.

Samuel Petit, l'un des hommes les plus érudits du seizième siècle, à la fin duquel il est né. Il était profondément versé dans les langues latine, grecque, et orientales: entrant un jour dans une synagogue d'Avignon, où un rabbin déclamait en hébreu contre les chrétiens, il se mit à rétorquer l'orateur dans cette même langue.

Cotelier fut employé par Colbert à la révision des manuscrits de la bibliothèque du roi.

Cassaigne, beaucoup moins connu comme successeur de Saint-Amand à l'académie française, et comme l'un des quatre académiciens dont l'académie des inscriptions fut d'abord composée, que par le ridicule ineffaçable dont Boileau l'affubla dans ses satires.

Saurin, le plus célèbre des prédicateurs protestants, dont on a dit mal-à-propos que, né dans la religion réformée, il se fit catholique et redevint protestant : il fut successivement ministre à Londres et à La Haye.

Court de Gébelin, auteur du *Monde primitif*, également célèbre comme philosophe et comme érudit.

Imbert, auteur du joli poème du *Jugement de Pâris* et de la comédie du *Jaloux sans amour*.

Rabaut Saint-Étienne, pasteur de l'église réformée de Nîmes, membre de l'assemblée constituante et ensuite de la convention nationale, auteur de plusieurs écrits, dont les plus remarquables sont ses Lettres à M. Bailly sur l'*Histoire primitive de la Grèce*, et le *Précis historique sur la Révolution*. Il se fit remarquer par ses talents et par ses grands travaux dans les deux assemblées politiques où il figura, et fut une des plus illustres victimes de l'exécrable tyrannie de Roberspierre.

Teissier de Marguerittes, député à l'assemblée constituante, auquel il est plus facile de pardonner une mauvaise tragédie de *la Révolution de Portugal* que la part qu'il prit à la *bagarre* de Nîmes.

L'abbé de *Caveyrac*, qui appelait la Saint-Barthélemi une *affaire de proscription*, et qui fit l'apologie de la *révocation de l'édit de Nantes* [1].

Pour ne point alonger cette liste biographique, dans laquelle j'embrasse tout le département du Gard, je me contenterai de nommer *Labaumelle, Astruc, Bridaine,* le pape *Clément IV; Coste,* annotateur de La Bruyère; *Desparcieux, Dumas,* l'inventeur du bureau typographique; madame *Dunoyer, Graverol, Mandajors,* auteur d'une histoire de la Gaule narbonnaise; *Ménard,* les deux *Mercier* d'Uzès; le jésuite *Paulhian,* si maltraité par Voltaire; l'ingénieur *Pitot,* de l'académie des sciences; le médecin *Varanda,* le chronologiste *Alphonse des Vignoles, Rivarol,* et madame *Verdier* d'Uzès: cette femme, si justement célèbre, enseigna seule à sa fille la musique, la peinture, et les langues mortes qu'elle possédait à un degré très remarquable.

Dans la liste des hommes morts qui ont cultivé avec succès les lettres dans ce pays, je m'aperçois que je n'ai pas fait mention de l'abbé de *Charnes* et de *Morgier:* il est vrai qu'ils n'ont pas jeté un grand éclat, mais ils fondèrent, au commencement du seizième siècle, *l'ordre de la Boisson,* et les convives actuels des *Soupers de Momus* ne me pardonneraient pas un pareil oubli. Cette joyeuse association d'une

[1] Et non *de la Saint-Barthélemi*, comme je l'avais dit dans les premières éditions : il faut autant que possible *être juste envers tout le monde, même envers les abbés fanatiques.*

vingtaine de gastronomes, gens d'esprit et de bonne compagnie, publiait, sous le titre de *Nouvelles de l'ordre de la Boisson*, des facéties en vers et en prose, dont quelques unes sont remarquables par l'esprit, le goût, et la malice qui les assaisonnent; j'en citerai quelques traits :

> A la barbe des ennemis,
> Villars s'est emparé des lignes;
> S'il vient à s'emparer des vignes,
> Voilà les Allemands soumis.

La philosophie du grand-maître est agréablement exprimée dans le quatrain suivant:

> Je donne à l'oubli le passé,
> Le présent à l'indifférence;
> Et, pour vivre débarrassé,
> L'avenir à la Providence.

En lisant les articles suivants, on se convaincra que les journaux, à cette époque de despotisme, étaient plus libres qu'ils ne le sont aujourd'hui sous un régime constitutionnel.

Lisbonne, 20 février 1705.

« L'archiduc vient de donner une superbe mas-
« carade où figurait l'amirante de Castille : il était
« masqué en roi, et dans cet équipage il ne fut re-
« connu de personne; l'amirante dansa les *Folies*
« *d'Espagne*, qui est sa danse ordinaire. »

Voici comment les joyeux confrères annonçaient les victoires des armées françaises, pendant la guerre de la succession :

De Bruxelles, 28 juin 1707.

« L'armée des alliés est toujours campée près de
« Tirlemont, où elle ne boit que de la bière, et celle
« du duc de Vendôme près de Gembloux, où elle
« ne boit que du vin, ce qui cause une grande dé-
« sertion dans la première au profit de l'armée de
« France.

« Dans une fête donnée à Londres, on a fait de
« vastes projets pour donner des bornes au pouvoir
« exorbitant de la France (vieux style). On parlait
« d'aller fourrager jusqu'aux portes de Reims, et
« d'enlever tout le vin de Champagne pour la bouche
« de la reine, qui l'aime beaucoup; de tailler en
« pièces l'armée de Philippe V, et de mener en
« triomphe le roi Charles III dans sa bonne ville de
« Madrid.

« La journée se passa à faire des châteaux en Es-
« pagne, qui furent tous abattus le lendemain à l'ar-
« rivée de deux courriers, dont le premier appor-
« tait la nouvelle de la défaite des alliés à Almanza,
« par le duc de Berwick, et l'autre la perte d'un
« grand nombre de vaisseaux pris ou coulés par les
« Français. La première question que fit la reine fut
« de s'informer si Alicante était pris : et sur la ré-

« ponse du courrier qu'il était à la veille de l'être,
« S. M. fut si troublée, qu'on ne douta pas que cette
« ville ne lui tînt fortement au cœur.

« Depuis ce moment le commerce languit, l'ar-
« gent a disparu, et le vin ne circule non plus dans
« Londres que les billets de l'échiquier. A défaut
« de vins d'Espagne, sur lesquels on ne peut plus
« compter, on parle de s'en procurer ailleurs; mais
« la question est de les transporter ici. Nous avons
« beau publier que l'empire de la mer nous appar-
« tient, le chevalier de Forbin et les armateurs n'en
« veulent rien croire, et attaquent insolemment tout
« ce qui porte pavillon anglais. »

Parmi les gens de lettres vivants, ceux qui figurent dans le département du Gard avec le plus de
distinction, sont:

MM. *Eymar*[1], philosophe moraliste; *Gergonne*, rédacteur des *Annales de mathématiques*, en ce moment professeur d'astronomie à Montpellier; *Dhombres-Firmas*, physicien naturaliste; *Guizot*, *Larnac*, auteur d'une tragédie de *Thémistocle*, jouée avec succès au théâtre Français; *Tedenat*, ci-devant recteur de l'académie universitaire de Nîmes; *Vincens de Saint-Laurent*, que j'ai déja cité en parlant de l'académie; *Pieyre*, auteur dramatique, principalement connu par sa comédie de l'*École des Pères*;

---

[1] Il est mort en 1821.

le vicomte *Dampmartin*, qui a publié un grand nombre d'ouvrages historiques; et *Alexandre Vincens*, professeur académique de littérature ancienne : cet homme, d'un rare savoir, est à peine connu hors des murs de Nîmes. Doué d'une mémoire prodigieuse, d'une érudition immense qui n'ôte rien à la finesse de son esprit et à la délicatesse de son goût, profond helléniste, habile grammairien, il n'est étranger à aucune partie des connaissances humaines; mais il cultive de préférence la littérature classique. Ce savant professeur n'a encore publié que la traduction de quelques morceaux des tragiques grecs, épars dans les Mémoires de l'académie; ses amis le pressent en vain d'achever et de mettre au jour quelques ouvrages d'une haute littérature, qu'il s'obstine à ne point livrer à l'impression. Avec un si rare mérite, M. Vincens a une bonté, une négligence de caractère qu'on ne peut comparer qu'à celle de La Fontaine, et une modestie qu'on ne peut comparer à aucune autre.

Sans avoir jeté un aussi grand éclat dans les arts que dans les lettres, Nîmes n'est cependant jamais restée étrangère à leur culture. Trois peintres y ont acquis et laissé une assez grande réputation: *Renaud Levieux*, *Natoire*, qui fut long-temps directeur de l'école française à Rome, et un jeune peintre, nommé *Sigalon*, qui donne aujourd'hui de grandes espérances.

M. *Durand Subleyras* tient un rang distingué parmi les architectes de cette ville. On lui doit les réparations faites à la *Maison carrée*, dont les travaux se continuent sous sa direction. M. Durand a embelli la ville de deux édifices très remarquables : le palais de Justice, imité des propylées d'Athènes, et l'hospice, bâtiment de la même longueur que l'hôtel des Monnaies de Paris. J'ai été visiter l'habitation charmante que M. Durand a bâtie, pour lui-même, près de la citadelle : la façade, dans le genre italien, est formée par un péristyle à quatre colonnes ; du haut de la seconde terrasse, qui couronne l'édifice, on découvre la ville entière. Cet ermitage a souvent attiré les regards des étrangers.

Le souvenir des gens de lettres et des artistes me ramène à la gloire des guerriers.

Saint-Jean-de-Gardonenque, petite ville du département du Gard, est la patrie de ce célèbre maréchal de *Toiras*, un des plus grands hommes de guerre de son temps, et l'une des plus illustres victimes de la tyrannie de Richelieu ; son éloge est tout entier dans l'estime de ses soldats, qui, en trempant leurs mouchoirs dans le sang de sa plaie, au siège de Fontanelle, où mourut ce grand capitaine, s'écriaient : *Tant qu'il ne sera pas effacé nous vaincrons nos ennemis.*

Le héros du Canada, le patriote et valeureux *Montcalm ; Louis d'Assas*, immortalisé par son dévouement à Clostercamp, honoreront dans la dernière postérité les lieux où ils ont pris naissance.

La ville de Nîmes, ainsi que le reste du département, a fourni dans la dernière guerre une foule de braves, dont plusieurs se sont signalés par des actions d'éclat : le baron *Fornier d'Albe* est, je crois, le seul qui soit parvenu au grade d'officier-général. Après avoir servi avec beaucoup de distinction en Italie, en Égypte, en Allemagne, aux batailles d'Iéna et de Wagram, où il fut nommé maréchal-de-camp, il a couronné sa carrière militaire par la défense la plus glorieuse de Custrin, qu'il n'a rendu, malgré les malheurs de la campagne de Russie et la désertion des troupes alliées qui formaient la majeure partie de la garnison, qu'après avoir épuisé tous les moyens possibles de résistance, et avoir supporté jusqu'aux dernières extrémités les plus cruelles privations. Mais la gloire de cette mémorable défense s'est perdue dans le tourbillon des événements politiques de 1814, et la modestie du général est, en quelque sorte, complice de l'insouciance de ceux qui auraient dû s'en souvenir et la récompenser.

J'ai consacré une journée entière à visiter les monuments antiques les mieux conservés qui existent maintenant en Europe.

L'époque de la construction de l'*amphithéâtre* (les Arènes) n'est pas connue; on conjecture cependant qu'il a été bâti sous le règne d'Antonin-le-

Picux : bien qu'il n'offre que des ruines dans quelques unes de ses parties intérieures, il n'en est pas moins, dans son ensemble, un des monuments qui nous restent de la grandeur romaine. C'est M. *Grangent*, ingénieur en chef du département, qui a présidé à sa restauration ; et les premiers fonds pour ce travail important ont été accordés par M. François de Neufchâteau, alors ministre, à la sollicitation de M. Chabaud-Latour. On doit à ce dernier un témoignage de reconnaissance plus solennel encore, pour la part qu'il a prise aux démarches qui ont obtenu grace pour les malheureuses victimes des erreurs judiciaires de 1815.

En m'amusant à tracer sur mon album un croquis de l'*Amphithéâtre*, de la *Maison carrée*, et du *temple de Diane*, je n'ai pas oublié d'esquisser la figure de quelques originaux qui se trouvaient en même temps que moi au milieu de ces ruines. J'ai placé en regard, dans mon *amphithéâtre*, deux personnages très pittoresques. L'un, vêtu en noir, les bas sur les talons, la tête chauve, tenait son mouchoir d'une main et de l'autre une pierre avec laquelle il s'essuyait le visage par distraction : il y avait de la science, de l'esprit, de la bonté dans cette figure-là ; j'ai su depuis que je ne m'étais pas trompé.

L'autre, en habit gris, en chapeau blanc, mordait ses lèvres minces en se promenant d'un pas mal assuré et les mains derrière le dos; comme le procureur dans *les Deux Frères*, il grommelait entre les dents : *Cela va mal.*

Les fouilles que l'on a faites à l'Amphithéâtre, pour abaisser l'arène au niveau de son ancien sol, ont considérablement augmenté le trésor de fragments antiques dont jouissait déja la ville de Nîmes : on se propose de former, de tous ces précieux débris, un musée dans le magnifique monument vulgairement appelé la *Maison carrée*. On sait que Louis XIV avait conçu le projet de transporter dans le parc de Versailles ce monument consacré aux petits-fils d'Auguste; Mansard, envoyé sur les lieux, trouva la chose impossible, et l'on se contenta de prendre des mesures pour arrêter les progrès de la dégradation de cet admirable édifice, dont la façade a servi de modèle pour la colonnade du Louvre. L'admiration qu'excitait en moi la vue de ce chef-d'œuvre de l'art a été un moment distraite d'une manière bien désagréable, à la vue de deux hommes les plus laids, l'un au physique et l'autre au moral, que j'aie, je crois, rencontrés dans ma vie : le talent et la probité rachètent du moins, dans le premier, les outrages de la nature; mais l'autre, grand, fluet, le teint brûlé, coiffé d'un chapeau militaire !... Je ne savais à quoi attribuer le malaise que sa vue m'inspirait : on l'a nommé près de moi; le dégoût et l'horreur ont pris la place de la répugnance, et je me suis demandé, en m'enfuyant, pour qui la justice des hommes était faite.

Les autres monuments sont la *Tour-Magne* (Turris magna), qui tenait aux remparts antiques; le *temple de Diane*, et, à une très petite distance de la ville, les débris d'un ancien temple communément appelé *église Sainte-Perpétue*. En continuant mon voyage, j'aurai occasion de parler du magnifique aqueduc romain connu sous le nom de *Pont du Gard*.

On a long-temps regretté que ces chefs-d'œuvre de l'architecture antique restassent inconnus à la nation qui les possède; *les Antiquités du midi de la France*, ouvrage que publient par souscription MM. Grangent, Durand, et Simon Durand, ne laisseront plus rien à desirer à cet égard. Je ne dois pas oublier non plus de faire mention des jolis dessins lithographiés que vient de publier M. Alphonse de Seynes, qui cultive les arts en amateur avec un talent qui pourrait faire la réputation d'un artiste.

N° XLVIII [14 novembre 1818.]

ALAIS.

La société a ressemblé trop long-temps à ce noble jeu de bassette, où des fripons volaient des dupes, tandis que les honnêtes gens de la galerie n'osaient avertir les perdants que l'on trompait.

N.

Il s'est fait, depuis quelque temps, dans les mœurs et dans le caractère national, une heureuse révolution, à laquelle nous avons l'amour-propre de ne pas nous croire tout-à-fait étrangers. Sous le règne du monarque orgueilleux qui voyait l'état en lui seul, la France tout entière était à Versailles; Paris était compté pour peu de chose; la province n'était comptée pour rien; le nom seul de provincial était un ridicule.

Dans les deux règnes suivants, la noblesse (on n'entendait plus par ce mot que les familles présentées) déserta successivement la cour, et vint se fixer dans la capitale, où les gens de lettres, que l'on appelait alors *les philosophes*, s'étaient saisis du sceptre de l'opinion. Les grands seigneurs, toujours prêts à transiger avec la puissance, de quelque nature qu'elle soit, réclamèrent une part de cette autorité naissante; et Paris, qui n'était à cette époque que ce qu'il est aujourd'hui, que ce qu'il doit être, un vaste miroir où se réfléchissent et quelquefois s'absorbent les rayons divergents de la gloire nationale, fut considéré comme le foyer de toute lumière, comme le principe, le but, et la fin de tout ordre social en-deçà des Pyrénées et des Alpes.

La révolution, en concentrant dans la capitale toute l'action, tous les ressorts, toute la force du gouvernement, en y appelant tous les intérêts, en y ramenant toutes les ambitions, aggrava cette disposition funeste : la patrie était, pour ainsi dire, emprisonnée dans les murs de Paris; nos revers l'on rendue à la liberté; elle ne connaît plus de limites que celles de la France. Les départements, en plus d'une occasion récente, ont donné l'exemple du plus noble patriotisme, du plus inébranlable courage, et, dans les dernières élections, la *Sarthe*, la *Vendée*, le *Finistère*, l'*Ain*, la *Haute-Saône*, et la *Moselle*, ont fait envier à la *Seine* les succès qu'ils ont obtenus. Je n'ose me flatter d'avoir contribué personnellement à ces heureux progrès de l'esprit public; mais je crois être plus à portée qu'un autre d'en apprécier l'étendue et d'en suivre le développement.

Nulle part il n'est plus sensible que dans le pays

que je parcours : le voyageur qui a quitté le midi de la France en 1815, et qui s'y retrouve à la fin de 1818, est tenté de croire que dix ou douze générations se sont succédé pendant son absence.

J'étais parti de Nîmes pour me rendre à Alais, où ma vieille amie, madame de Lorys, m'avait fait promettre d'aller passer vingt-quatre heures chez son frère le comte de F*** : les ressorts ou plutôt les soupentes d'une espèce de gondole dans laquelle je voyageais cassèrent à une demi-lieue de la ville : la pluie tombait à torrent, et j'étais près du ruisseau d'*Auzon*, à quelques pas d'un de ces châteaux qu'on appelle *mas* dans le patois du pays; j'allai m'y réfugier pendant qu'on faisait à ma voiture les réparations indispensables. Je m'amusais à causer avec une vieille femme, qui me fit de très bonne grace les honneurs et l'histoire du *mas* de Lom, dont elle est concierge depuis environ cinquante ans. Ce château, avec les champs qui l'entourent, avait été, jusqu'en 1685, la propriété de la famille de Lom, que la révocation de l'édit de Nantes obligea de s'expatrier : on ne sait par quelle considération ce bien confisqué, au lieu d'être vendu, fut mis en régie : le fisc en touchait les revenus depuis plus de cent ans, lorsque l'assemblée constituante rendit un décret qui autorisait, pendant l'espace de cinq ans, la restitution aux descendants des religionnaires fugitifs de leurs patrimoines inaliénés, sous la condition spéciale de rentrer en France, et d'y exercer leurs droits de citoyens. La famille de Lom, réfugiée en Suisse, fut du très petit nombre de celles qui profitèrent de cette faveur, et le chevalier de Lom, arrière-petit-fils de celui qui avait été dépouillé, fut remis en possession du domaine de ses pères. Il fit plus que recouvrer, il mérita le titre de Français qui lui avait été rendu: élevé à l'école polytechnique, il en sortit pour entrer au service; et après avoir fait avec honneur et distinction toutes les campagnes à l'armée française, en Espagne, en Portugal, et en Russie, il est actuellement officier de l'état-major dans la garde royale.

M. le comte de F***, chez lequel je suis descendu à Alais, passe pour un homme singulier; il est, en effet, vertueux, sensible, instruit, et modeste: ces qualités ne contribuent pas à son bonheur, il faut en convenir; le mal dont il a été victime ou témoin depuis trente ans paraît avoir brisé son courage et ses forces: après avoir observé ses concitoyens, il se croit en droit de juger les hommes, et s'afflige du mépris qu'il a pour eux.

J'ai profité de la journée que nous passâmes ensemble pour l'interroger sur les événements dont cette ville a été le théâtre il y a quelques mois; sa réponse est un appendice à la relation de M. Durand de Nîmes et aux deux mémoires de M. Lauze du Perret.

« Les trois années qui viennent de s'écouler ici semblent appartenir à l'histoire de Charles VI, de Charles IX, et de Henri III, à en juger par les maux que les mêmes classes d'hommes y ont faits au monarque et à la nation.

« La population d'Alais, d'environ neuf à dix mille ames, se compose de deux tiers de catholiques et d'un tiers de protestants : ceux-ci, en y joignant trois notables maisons de catholiques, forment le parti libéral, c'est-à-dire le parti qui veut franchement le roi et la charte : c'est la classe la plus riche, la plus industrieuse, et la plus commerçante. Le parti des royalistes, soi-disant purs, était formé, comme ailleurs, de quelques prêtres fanatiques, de quelques nobles sans considération, sous les bannières desquels s'était réunie cette foule de prolétaires que l'ignorance, l'appât du gain, et l'assurance de l'impunité laissent toujours à la disposition des factieux.

« Un comité formé à Beaucaire, et dirigé par un comité central, était parvenu à peupler de ses créatures les administrations, les tribunaux, et principalement la garde nationale. Il était temps que le ministère connût la vérité : le péril était imminent; la réaction du Midi ne tendait à rien moins qu'à le séparer de la France. Les changements opérés parmi les autorités locales paralysèrent les efforts du comité secret, dont on peut apprécier l'influence par les obstacles que rencontra dans son exécution l'ordonnance royale qui prescrivait la dissolution et le désarmement de la garde nationale du Gard, dont la formation avait été l'ouvrage de ce comité de Beaucaire.

« Dans cette circonstance décisive, le nouveau préfet, M. d'Argout, eut besoin de toute la fermeté de son grand caractère pour comprimer les factieux, dont l'audace et la sottise ne se signalèrent nulle part avec autant d'impudence que dans la ville d'Alais. J'entrerai, à ce sujet, dans quelques détails qui ne sont pas assez connus.

« Une insurrection dans la garde nationale avait été complotée pour le dimanche 2 août; l'autorité en fut instruite, on demanda des troupes, et la veille cent vingt hommes entrèrent dans la ville : cette poignée de soldats ne changea rien au projet des révoltés. La garde nationale, s'il faut appeler de ce nom la foule de gens sans aveu qu'on y avait introduits, cette partie de la garde nationale, poussée par les *chapeaux noirs*[1], qui la suivaient par-tout, se transporte sur la place de la commune, où elle proclame la révolte dans les termes les plus injurieux au gouvernement et à la majesté royale. En présence de la force armée, les caissons qui renfermaient les fusils provenant du dépôt et du désarmement sont

[1] Agitateurs du haut parage.

enlevés, brisés à coups de hache, et brûlés sur la place publique.

« Après ce premier exploit, la bande se porte au fort, dans l'intention de le faire sauter en mettant le feu aux poudres, et de se répandre ensuite dans la ville pour y piller les maisons des libéraux : la compagnie de pompiers et celle des grenadiers de la garde nationale, composée en grande partie des plus riches propriétaires, parviennent à suspendre le désordre jusqu'au lendemain, où les mêmes scènes se reproduisent avec plus de fureur.

« Ces brigands, sur le bruit répandu à dessein par les meneurs que Nîmes et Uzès avaient arboré l'étendard de la révolte, se portèrent en foule chez un pauvre grenadier de la vieille garde, retiré du service. Ce brave homme, que les honnêtes gens avaient proposé de mettre à leur tête, était un objet d'effroi pour la populace insurgée. Sa maison fut investie ; on s'apprêtait à y mettre le feu, lorsque l'autorité, sans doute pour soustraire ce militaire à la fureur des assassins, le fit conduire en prison : il fut sur le point d'être égorgé en route. L'arrivée d'un bataillon suisse prévint, en ce qu'il avait de plus horrible, l'exécution du projet des factieux ; le calme se rétablit, et on arrêta vingt-deux des plus forcenés agents conspirateurs. Beaucoup de gens furent affligés, mais personne ne fut surpris de l'ordre qui depuis les a rendus presque tous à la liberté.

« Ce mouvement d'Alais, ajouta le comte de F***, n'était qu'une fausse attaque; il avait pour but d'attirer ici le préfet, le général et la garnison de Nîmes, où devait s'opérer, en leur absence, une insurrection qui se serait infailliblement étendue à toutes les villes du Midi. »

Je crois devoir passer sous silence une foule de détails du plus grand intérêt que m'a donnés la même personne sur la vaste conspiration qui a enveloppé trois ans le midi de la France. On connaît les faits principaux. Il m'en a révélé la cause. « C'est « un abyme de fange recouvert d'un tapis d'or.... »

Me voici dans la ville d'Uzès, où m'affligent les souvenirs récents des horreurs qui s'y sont commises. Un témoin oculaire en a retracé l'odieux tableau : je ne reviendrai pas sur cet amas d'atrocités; il me suffira de dire que vingt-deux victimes ont été sacrifiées à Uzès, dans l'espace de quelques jours (août 1815). Dans ce nombre se trouvaient *six paysans* de *Saint-Maurice,* fusillés sur l'esplanade, sous les fenêtres du sous-préfet; ils ont laissé vingt-huit enfants;

Six prisonniers arrachés deux à deux des prisons, et fusillés également sur l'esplanade;

Dix autres individus, vieillards, femmes, et enfants.

Je ne parle pas de cinq ou six maisons incendiées, de trente maisons pillées, et d'une grande quantité d'autres que l'on se contenta de rançonner. Et tant de crimes n'arrachèrent pas même une plainte aux autorités d'alors ! ! !

Pour me distraire du spectacle des ruines modernes, j'ai été visiter les ruines antiques du *temple des druides*. Ce temple, si ridiculement vanté, n'offre aux regards qu'une caverne profonde, creusée dans le sein d'une montagne, où l'on remarque un autel taillé dans le roc, autour duquel on reconnaît la place des anneaux qui servaient à attacher les victimes humaines destinées aux sacrifices. On frémit d'épouvante en songeant à cette rivière de sang alimentée par le fanatisme religieux, et dont les flots ont couvert notre vieille terre des Gaules, depuis le temps des druides jusqu'à celui des missionnaires.

De retour de cette course un peu fatigante, je me suis reposé dans les magnifiques jardins de l'évêché. Que de grands souvenirs se rattachent à ces beaux lieux ! Au bas du parc se trouve cette fontaine d'*Eure* que les Romains, par des travaux immenses, conduisirent à Nîmes ; là commence ce superbe aqueduc qui dans son chemin formait *le pont du Gard*.

Me voici dans un pavillon où Racine a composé sa première tragédie. On peut croire que le tableau magnifique qu'il avait sous les yeux ne fut point étranger à l'inspiration du génie dont on sent déjà l'influence dans ce monologue de Jocaste, qui présageait l'auteur de *Phèdre* et d'*Iphigénie*. Je n'ai pas été surpris de rencontrer dans ce sanctuaire poétique l'auteur de *Thémistocle*; et ses vers sur la *mort de Rotrou*, que M. de Larnac voulut bien me réciter, me parurent dignes du lieu et du poète citoyen qui les avaient inspirés.

Dans un entretien que je prolongeai aussi long-temps qu'il me fut possible, ce littérateur, plein de goût et d'instruction, m'apprit qu'Uzès reconnaissait pour fondateur le fils aîné de Caton, l'infortuné Porcius, qui suivit le dernier conseil qu'il avait reçu de la sagesse paternelle : « Quand le vice triomphe, « quand l'autorité tombe entre les mains d'hommes « impies, le poste de l'honneur est dans une noble « retraite. »

Les lettres ont toujours été cultivées dans cette ville, où naquirent le savant pharmacien *Charas*, le commentateur *Coste*, et qu'habita long-temps le biographe *Marsollier*.

Racine passa ici sa jeunesse près d'un oncle, l'un des dignitaires de la cathédrale. Dans plusieurs lettres et dans quelques pièces de vers il vante la beauté d'un climat

Où nous avons des nuits plus belles que vos jours.

Abauzit, immortalisé par Jean-Jacques, abandonna Uzès, lieu de sa naissance, où il avait éprouvé des persécutions religieuses, et se retira à Genève.

Les larmes de regret coulent encore sur la tombe de madame *Verdier* : les plus sévères critiques ont été désarmés par le charme de sa poésie pure, élégante, et harmonieuse, où respire la douce chaleur du sentiment. Son idylle sur la *fontaine de Vaucluse* arracha cet éloge à La Harpe :

Et Verdier dans l'idylle a vaincu Deshoulières.

Je viens de traverser le *pont du Gard.* Tout a été dit sur cet admirable ouvrage, où la puissance et la grandeur des Romains brillent encore après vingt siècles.

Je veux reposer mon admiration, et je m'arrête à considérer le *majorat de Castille*, comme l'appelle le noble propriétaire; le *mas* d'Argiliers, comme disent les gens du pays, ou le palais des Mille Colonnes, comme on devrait nommer ce singulier édifice, où plusieurs centaines de colonnes figurent des temples, des portiques, des tombeaux, des ponts, et des galeries. Il y a bien quelque chose à dire sur le goût qui a présidé à ces bizarres constructions; on ne peut nier cependant que l'effet général n'en soit imposant, comme on peut le voir sur les cartes de visites où M. *le baron de Castille* a fait graver la vue de son palais. Malgré son goût exclusif pour les colonnes, et le noble orgueil de la naissance que M. le baron de Castille porte jusqu'à l'enthousiasme, il n'en jouit pas moins de la réputation d'un excellent homme et d'un bon citoyen; à ces titres de gloire il en ajoute un plus réel, celui d'avoir perdu au champ d'honneur, en Espagne, son fils unique, né d'un premier mariage.

De rocher en rocher j'ai atteint les hauteurs de *Villeneuve-lez-Avignon*, d'où l'on découvre une partie de la Provence et tout le comtat Venaissin.

En sortant de Villeneuve, je quitte le département du Gard, et j'entre dans celui de Vaucluse. Honneur à l'ingénieur *Duvivier*, qui donna le plan et posa en 1807 les fondements de ce pont construit sur les deux bras du Rhône[1]! Vingt-neuf arches sur la branche droite, quatorze sur la gauche, unies par une digue de deux cents mètres de longueur : il y a là quelque chose de la magnificence du pont du Gard; mais les Romains, qui travaillaient pour la postérité, ont construit cet aqueduc en pierre : les peuples modernes ne portent pas leurs vues si loin; le pont du Rhône est en bois. J'arrive à Avignon.

[1] Emporté depuis par le fleuve.

N° XLIX. [29 NOVEMBRE 1818.]

AVIGNON.

> *Barbarous times joigned with calamities and disasters.*
> STERNE, *Sermons.*
>
> Ils ont voulu nous ramener les calamités et les desastres des temps barbares.

La première personne que j'ai rencontrée en entrant à l'hôtel du *Palais-Royal*, où j'étais logé à Avignon, c'est le major Montéval[1], que je n'espérais rejoindre qu'à Marseille, où nous nous étions donné rendez-vous, en nous quittant à Tarbes, au mois de septembre de l'année dernière. J'ai revu ce brave homme avec autant de plaisir que de surprise. « Quand je vous promettais de vous attendre à Marseille, me dit-il en m'embrassant, je ne me doutais pas que je me marierais à Avignon, et que j'épouserais, à quarante-cinq ans, une femme qui n'en a pas dix-huit, et qui m'aime comme on aime dans ce pays quand on s'appelle *Laure*, et qu'on a pris naissance à dix pas de la fontaine de Vaucluse. »

[1] Voyez le premier volume de l'*Ermite en province*, page 206.

Le major vint m'installer au *Palais-Royal*, dans une très belle chambre, dont les deux croisées donnaient sur la place : au moment où je pris possession de ce logement, je crus remarquer que mon hôtesse faisait un signe à M. de Montéval, auquel celui-ci répondit par un mouvement de tête; je n'eus que le lendemain l'explication de cette pantomime.

Pendant que l'on faisait dans mon nouveau logement les petites dispositions convenables, nous profitâmes d'un beau reste du jour pour aller nous promener sous les allées de la porte de l'*Oule*, sur les bords du Rhône. Rien de plus agréable, de plus pittoresque que cette vue au coucher du soleil. Du côté du nord on voit les montagnes du Languedoc couvertes d'oliviers et de vignes, où se récoltent ces brûlants vins du Rhône, avec lesquels il ne faut pas plus plaisanter qu'avec les hommes qui les cultivent.

Vers le midi, les yeux suivent le cours du fleuve qui se présente dans le lointain sous la forme d'un lac immense; au levant, *ces jolis petits remparts*, dont les Avignonais sont peut-être un peu trop fiers.

Depuis que nous nous étions séparés, le major m'avait suivi, *la Minerve*[1] à la main, dans les courses que j'avais faites; il me reprocha quelques erreurs d'omission dans lesquelles j'étais tombé en parlant

---

[1] Les divers chapitres dont se composent ce volume et le précédent ont d'abord été publiés dans un écrit périodique qui a obtenu un succès européen, sous le nom de *la Minerve*.

des hommes distingués, et principalement des généraux, nés dans le département du Gard.

« Vous réduisez, me dit-il, le nombre de ces derniers au seul maréchal-de-camp *Fornier d'Albe*[1], et vous oubliez le baron *Teste*, de Bagnols, nommé général de brigade en 1806, sur le champ de bataille de Caldiero; distingué depuis, comme lieutenant-général, par des faits d'armes éclatants: le talent et la valeur qu'il déploya dans la mémorable journée de Dresde, le 27 août 1813, suffiraient à sa gloire.

« Le nom de cet officier-général vous aurait rappelé que, dans une autre carrière, son frère s'est également acquis une haute réputation, et qu'en quittant la France, en 1815, M. *Baptiste Teste* l'a privée d'un de ses orateurs les plus éloquents et les plus courageux.

« On vous a laissé ignorer que la ville du Vigan s'honore d'avoir donné le jour aux deux généraux d'*Albignac*: le premier, compagnon de La Fayette dans la guerre d'Amérique; le second, gouverneur actuel de l'école de Saint-Cyr.

« Parmi les maréchaux-de-camp, vous auriez dû citer les noms de *Sorbier*, d'Uzès, aide-de-camp du vice-roi d'Italie, mort de ses blessures; de *Bruguière*, mort à la bataille de Lutzen; de *Menard* et de *Boisseroles*, nés à Sumènes; de *Meinadier*, de Saint-André de Valborgne; de *Pascal*, de Vallongue,

---

[1] Voyez ci-dessus, page 192.

tué au siége de Gaëte, et dont la statue, exposée au Salon de 1813, était du nombre de celles qui *devaient* décorer le pont de Louis XVI.

« Ce n'est point parceque le colonel *Boyer de Peyrelau* est mon ami, c'est parceque je suis le vôtre, que j'ai été affligé de ne point trouver son nom dans votre notice sur les hommes les plus distingués d'Alais. A une époque où les actions héroïques étaient pour ainsi dire vulgaires, en 1805, le jeune Boyer se signala en attaquant et en prenant, avec deux cents hommes, le *rocher du Diamant*, près de la Martinique, qu'occupaient les Anglais, et qu'ils avaient surnommé *le Gibraltar des Antilles*. Aide-de-camp du célèbre amiral Villaret-Joyeuse, Boyer a fait plus que de partager ses travaux et sa gloire; il est resté fidéle à la longue disgrace de son général. Mis à la plus terrible épreuve où puisse être exposé un homme d'honneur et de courage, le colonel Boyer entendit l'arrêt de mort qu'un conseil de guerre prononça contre lui, le 11 mars 1816, avec le même héroisme dont il avait tant de fois fait preuve sur le champ de bataille. La justice qu'il a obtenue du roi a conservé à la France un de ses plus intrépides défenseurs.

« Tous ces noms méritent d'être conservés à la mémoire ou à la reconnaissance de la patrie. »

Le lendemain matin, le major vint me prendre, et m'emmena déjeuner chez lui. En me présentant à une très jeune et jolie personne: « Voilà ma femme, me dit-il; je me dépêche de vous en prévenir, de peur que vous ne la preniez pour ma fille. C'est un ange pour la figure, comme vous voyez; mais je dois vous dire, ajouta-t-il en riant, que madame est *papiste*. — Ne le croyez pas, monsieur, interrompit-elle; il m'a pervertie: je suis *française*. »

Ce peu de mots, commentés en déjeunant, m'a mis au fait de la politique locale du département de Vaucluse.

L'ancien comtat Venaissin est politiquement divisé en deux partis, le parti *français* et le parti *papiste*. L'un tient pour la révolution, qui a opéré la réunion à la France; l'autre pour la réaction qui rendrait Avignon au pape. Lors de la première restauration, les papistes ont cru voir se réaliser leurs espérances, et n'ont pas craint d'en manifester publiquement le but et l'objet. A la tête de la réaction de 1815, le parti papiste, qui n'a pu la diriger uniquement dans ses intérêts, n'a rien oublié pour la faire servir à sa vengeance. De-là les désordres civils, les fureurs populaires qui ont éclaté dans ce pays.

« Les Parisiens ne savent pas, me dit M. de Montéval, et ne sauront jamais tout ce que leurs compatriotes du midi de la France ont souffert à une époque que nous associons dans nos souvenirs à celle de 1793. Ils ne savent pas que la moitié de la population de cette ville était fugitive, emprisonnée ou proscrite; que, pendant une année entière, une bande d'environ cinquante brigands se répandait chaque nuit dans la ville, attaquait, pillait ou dévastait les maisons; que des pères de famille ont été assassinés dans les rues; que d'autres ont péri sur l'échafaud; que plusieurs sont aux fers à Toulon, ou gémissent encore dans les cachots. Les factions, ici plus implacables que par-tout ailleurs, y sont en quelque sorte personnifiées : elles ne se distinguent point par la couleur, mais par le nom de l'individu qu'elles placent à leur tête. Ainsi, le parti papal était le parti B***; et le parti français le parti T***. Plus anciennement, le parti *Laverne* était celui du pape, et le parti d'*Armand* celui de la France...

« — J'ai lu *les crimes d'Avignon*, dis-je à M. de Montéval en l'interrompant; je sais de quels horribles excès se sont rendus coupables les forcenés de ces deux époques, et je crois m'apercevoir que cette conversation afflige votre jolie compagne; laissons donc le passé, qui n'a point existé pour elle; parlons du présent, qu'elle embellit pour vous, et de l'avenir, dont vous jouirez ensemble. » La belle Laure me remercia par un sourire.

« Depuis un an, continua son mari, l'esprit public a fait ici quelques progrès; les écrits constitutionnels ont converti bon nombre d'ultrà-royalistes, et parmi ceux qui restent les nuances sont tranchées de manière à faire connaître deux classes parfaitement distinctes. La première, par droit d'ancienneté et d'exagération, se compose de quelques vieux privilégiés; l'autre espèce d'ultras renferme la plus grande partie des hommes que la fureur révolutionnaire associa jadis par la persécution à la caste privilégiée. Mais alors même que les souvenirs des maux passés, la vanité et l'intérêt exercent sur leur opinion une grande influence, ces auxiliaires de l'aristocratie n'en conservent pas moins, au fond du cœur, leur vieille animosité contre la noblesse; déjà même ces *roturiers-ultras* laissent percer leur haine, sans trop s'embarrasser de l'inconséquence où ils tombent en se déclarant contre des gens de leur opinion.

« Comme je vous l'ai déja dit, toutes les idées prennent un corps dans ce pays. Chaque vice, chaque vertu a son nom propre; parle-t-on de patriotisme, c'est M. *Puy* que l'on nomme: cet ancien maire d'Avignon, d'une probité, d'un courage à toute épreuve, était parvenu, pendant tout le temps qu'il demeura en place, à contenir et même à rallier les partis; la fermeté de son caractère échoua contre les hommes et les événements de 1815. Il donna sa démission. »

Comme homme public, autour duquel se rallient dans nos campagnes les amis de la France, je vous citerai encore un M. *Morel.* Il est un de ceux qui se sont opposés à d'absurdes délibérations qui ont eu pour objet *d'arrêter les progrès des lumières parmi le peuple, et de supprimer l'hôtel des invalides d'Avignon*, par la raison passablement ridicule que cet établissement produisait beaucoup de *bâtards*. »

En parlant des obstacles que rencontre dans ce pays l'établissement du gouvernement constitutionnel, le fanatisme religieux ne fut pas oublié. Un jeune homme qui déjeunait avec nous, et qui n'avait encore rien dit, s'exprima sur cette matière avec une chaleur où je croyais remarquer quelques traces de jansénisme, que j'avais beaucoup de peine à accorder avec l'âge et les principes de ce nouvel interlocuteur.

« La colère de mon cousin Geoffroy, reprit le major, est presque de la piété filiale; vous en conviendrez quand vous saurez le tour qu'un jésuite a joué à son grand-oncle, l'abbé Boyer, dont tout le monde ici connaît l'histoire. Dans sa dernière maladie, le pauvre abbé avait envoyé chercher un curé. Celui-ci refusa d'abord de le confesser, parceque ayant été Oratorien il était accusé de jansénisme : il se décida enfin, mais il ne donna au malade qu'une absolution conditionnelle. Appelé quelques jours après pour administrer l'extrême-onction au grand-oncle janséniste, le disciple d'Escobar, au lieu de dire, *proficiscere anima christiana*, escamota les deux derniers mots, et se contenta de prononcer *proficiscere* (va-t-en), comme on dirait à un laquais insolent. Dieu sait, avec un congé pareil, ce qu'est devenue l'ame de notre grand-oncle. »

Le lendemain, le major vint me prendre de bonne heure pour faire un tour dans la ville. Les rues sont étroites, comme dans toutes les villes anciennes, à l'exception des rues de la *Calade* et de la *Carterie*, qui sont larges et belles; le marché aux fruits est couvert dans toute sa longueur par six rangs de jeunes provençales, aussi fraîches, aussi colorées que les beaux fruits qu'elles vendent. A cela près, mon attention ne fut arrêtée par aucun objet, jusqu'à ce que nous fussions arrivés sur la place irrégulière où le palais des papes fut bâti dans le quatorzième siècle. Quel amas confus de pierres entassées les unes sur les autres, de tours, de voûtes, de constructions de toute espèce! L'aspect des prisons, dont les fenêtres étroites sont garnies d'une triple *croisière* de barreaux, serra mon cœur de tristesse au souvenir de 1791, de l'an 5, et de 1816. Le major s'en aperçut: « Montons sur la plate-forme, me dit-il, votre cœur se dilatera. »

Parvenus au sommet d'un rocher taillé à pic, du côté du Rhône, un tableau magnifique s'offre à la vue; à l'horizon, entre le sud et l'est, une chaîne de monticules d'où sortent les eaux de la fontaine qui a donné son nom au département qu'elle arrose; à l'ouest, le mont *Ventoux*, première colonne des

Alpes. En parcourant des yeux les points intermédiaires de ce magnifique panorama, on suit la Durance dans son cours sinueux, du pied du *Luberon*, où elle commence à paraître, jusqu'à son embouchure dans le Rhône; on découvre l'antique *Aeria*, aujourd'hui *Châteauneuf-Lahornier*, où campa jadis Annibal après avoir traversé le fleuve : la ville est sous nos pieds; le département tout entier s'offre à nos regards. En s'orientant sur la montagne du *Luberon*, qui s'étend jusqu'au département des Basses-Alpes, le major m'indiqua l'endroit, au sein de la montagne, où se trouvent *Cabrières* et *Mérindal;* je lui demandai s'il y avait encore des protestants. « En les faisant massacrer, me dit-il, le procureur-général Guérin, d'abominable mémoire, en a doublé la population.

« — Un philosophe de mauvaise humeur, lui dis-je en l'interrompant, me disait un jour que la nature, par esprit de contradiction, se montrait presque toujours avare d'hommes de mérite dans les pays où elle était le plus prodigue de ses autres dons; cette belle contrée apporte, autant qu'il m'en souvient, d'assez bonnes preuves de la fausseté de ce paradoxe.

« — Oui, sans doute, le département de Vaucluse fournit un contingent très honorable dans la liste des hommes illustres dont la nation se glorifie : *Crillon*, ce brave Crillon, à qui le grand Béarnais écrivait de se *pendre* parcequ'il avait vaincu sans lui, est né dans ces murs, tout près de l'endroit où nous nous trouvons dans ce moment. Si vous passez quelques jours avec moi, je vous conduirai dans la retraite de la *Palud*, où le lieutenant-général *Julien*, ex-préfet du Morbihan, cultive à-la-fois son champ et les lettres. Vous voyez d'ici le mont Ventoux, au pied duquel est né le général *Robert*, qui mérita chacun des grades où il parvint sur un champ de victoire. Aussi modeste qu'intrépide, son nom, célèbre en Catalogne, est presque inconnu dans Avignon, où il fut mis en surveillance en 1815.

« L'homme qui vient de nous ouvrir une des cours du palais papal est le frère de cet adjudant-général *Laurent*, qui brûla son uniforme le jour où Bonaparte détruisit la république, et reprit sa profession de boulanger, dans l'exercice de laquelle il est mort il y a dix ou douze ans.

« Le général *Lagarde*, assassiné à Nîmes; les généraux *Chabran* et *Monnier*; ce brillant comte de *Grammont-Caderousse*, colonel des cuirassiers de la garde; ce jeune et brave *Forbin-Janson*, qui, dans le même grade, soutint avec éclat l'honneur du nom paternel: tous ces guerriers et tant d'autres dans des rangs moins élevés sont autant de titres de gloire pour le département de Vaucluse qui les a vus naître. Je n'ai pas besoin de rappeler à votre mémoire ce héros enfant, ce jeune *Viala*, dont l'histoire et le burin ont immortalisé le dévouement héroïque.

« Si de la carrière des armes nous passons dans celle des sciences et des lettres, nous trouvons dans le fils d'un artisan du village de *Pernes*, un de nos premiers orateurs chrétiens: j'ai nommé *Fléchier*. Vous connaissez sa réponse à un évêque qui lui disputait la présidence des états de Languedoc, parceque son père avait fait des chandelles: « Monseigneur, si le vôtre en eût fait vous en feriez encore. »

« L'abbé *Poule*, auteur de sermons estimés; le spirituel abbé *Arnaud*, de l'académie française; le cardinal *Maury;* l'abbé de *Boulogne*, et le respectable abbé de *Beaumont*, ex-évêque de Gand et de Plaisance, ont vu le jour dans le département de Vaucluse.

« *Balze*, auteur d'une tragédie de *Coriolan*, et d'une belle ode sur le sublime poétique, était d'Avignon; *Hyacinthe Morel*, connu par une épître contre les matérialistes, est né dans cette même ville, où il professe encore la rhétorique.

« Un pays qui peut se vanter d'avoir produit *Mignard* et *Vernet*, a, je pense, payé noblement sa dette aux beaux-arts.

« S'il m'était permis de fixer les rangs entre nos contemporains, j'assignerais le premier à l'ancien maire de notre ville, dont je vous ai déja parlé, à ce M. *Puy*, citoyen aussi courageux qu'administrateur habile et magistrat éclairé.

« Je vous nommerais ensuite ce docteur *Panard*, chirurgien en chef de l'hôpital d'Avignon, et l'un des plus habiles opérateurs de l'époque. Estimable par ses talents, il ne l'est pas moins par son caractère; on n'oubliera point ici qu'on lui est redevable de la propagation de la vaccine : son plus bel éloge est dans la bouche du pauvre.

« S'il est vrai qu'on n'appartient pas moins à un pays par le bien qu'on y a fait que par la naissance qu'on y a reçue, vous ne serez pas étonné de m'entendre citer M. *Stassart*, ancien préfet de Vaucluse, au nombre des citoyens de ce département. Chaque jour de son administration y a été marqué par un service ou un bienfait; il a prodigué des encouragements à l'instruction publique. Fondateur du collége d'Orange, il a fait don à cet établissement d'une bibliothèque de trois mille volumes. Il a érigé dans l'église cathédrale de cette ville un monument à la mémoire de son respectable évêque, M. *Dutillet*. Il a fondé un prix pour le meilleur éloge de Pétrarque, en l'honneur duquel il avait fait frapper une médaille. C'est à ses frais qu'a été construite, à Orange, la jolie promenade que l'on remarque autour de l'*arc de Marius*, ainsi que le cours qui conduit aux eaux minérales de *Vaqueyras*. »

Il était quatre heures quand nous revînmes de notre promenade; je retins le major à dîner avec moi. Entre autres observations que j'avais faites, et dont je lui demandai l'explication en causant à table, je le priai de me dire pourquoi les habitants des quartiers *Saint-Lazare* et de la *Ligne* nous avaient salués d'une manière affectueuse, tandis que ceux des environs de la porte du Rhône paraissaient nous regarder d'un très mauvais œil : « C'est que les uns et les autres, me dit-il, nous ont pris pour ce que nous sommes, pour des Français... » Le major allait achever de m'expliquer son idée, lorsque nous entendîmes du bruit dans la rue; il courut à la fenêtre : ce mouvement de curiosité me surprit; « Ce n'est pas de la curiosité, me dit-il, c'est de la peur. — De la peur ! — Elle est permise, même à un militaire français, ajouta-t-il en se rasseyant, dans la chambre et à la place même où fut assassiné le maréchal *Brune*. — Comment ! c'est ici !... — C'est là qu'il a reçu le premier coup de feu; c'est par cette croisée qu'il fut jeté aux cannibales qui attendaient leur proie. »

Je suis forcé de renvoyer à mon prochain discours le récit de cet horrible événement, dont le major m'a promis de me faire connaître les affreux détails.

n° L. [14 décembre 1818.]

MORT DU MARÉCHAL BRUNE.

Horresco referens
VIRGILE.
Je frémis en le racontant.

« Si le maréchal Brune vivait encore, continua le major Montéval, peut-être, tout en admirant sa campagne de Hollande, en 1799, balancerait-on à confirmer, sur tous les points, la capitulation qu'il accorda au duc d'York, après la victoire d'Alckmaër; peut-être...; mais le maréchal Brune a péri sous les coups des terroristes de 1815, victime de la plus infame calomnie : dès-lors on ne voit plus en lui que le vainqueur *d'Harlem* et de *Bakhum*, l'un des pacificateurs de la Vendée, l'un des généraux français qui conduisirent pendant vingt ans nos armées à la victoire.

« Vers la fin de juillet 1815, le maréchal Brune, après avoir fait sa soumission au gouvernement royal, remit le commandement de Marseille et de la huitième division militaire à M. le marquis de Rivière[1], qui lui délivra un passeport pour retourner à Paris.

« Un de ces pressentiments auxquels les hommes d'un grand caractère mettent peut-être trop d'orgueil à ne pas céder, avait déterminé le maréchal à s'embarquer à Toulon, pour gagner un port de la Bretagne, d'où il se serait rendu à Paris. Déjà ses effets étaient transportés à bord du navire, ainsi que ceux du chef de son état-major. Une fausse honte, la crainte de laisser un témoignage de faiblesse dans l'esprit de *ceux* qui s'efforçaient de prouver au maréchal que le chemin de terre ne présentait aucun danger, finit par changer sa résolution. Il prit sa route à travers la Provence, escorté par un escadron de chasseurs. Ses aides-de-camp le suivirent; le chef d'état-major s'embarqua seul : l'événement a trop justifié sa prévoyance.

« Arrivé sur les bords de la Durance, le maréchal, poussé par une fatalité, je n'ose dire aveugle, congédia son escorte; et le mardi 2 août 1815, vers les dix heures du matin, il entra dans Avignon pour n'en plus sortir vivant, et descendit à cette auberge du *Palais-Royal*, où on lui servit à déjeuner, avec ses aides-de-camp, dans cette même chambre où je vous raconte en ce moment sa fin déplorable.

[1] Maintenant ambassadeur près la Porte ottomane.

« Une heure, une heure fatale s'était écoulée; le maréchal en remontant en voiture fut reconnu et nommé par un militaire qui se trouvait avec quelques autres personnes sur la porte du café *du Midi*, situé en face de la poste aux chevaux. L'aspect du guerrier excita parmi les spectateurs le mouvement d'une curiosité respectueuse, à laquelle un seul mot fit changer de motif: « Admirez, s'écrie un homme en se mêlant au groupe du peuple assemblé plus près de la voiture, admirez l'assassin de la princesse de Lamballe. »

« On eût dit qu'à cet affreux mot d'ordre, des légions de bandits étaient sorties de dessous terre. Des huées se font entendre: la voiture part; mais elle est arrêtée, à la porte de l'*Oule*, par un poste de gardes nationaux tout fiers d'examiner le passeport d'un maréchal de France. L'officier de service exige que ce passe-port, écrit tout entier de la main de M. le marquis de Rivière, soit visé par le major Lambot, commandant provisoire du département de Vaucluse. Chaque minute de délai accroît le péril; une populace ivre de fureur ferme tous les passages; une grêle de pierres est lancée contre la voiture, qui avait franchi la porte, lorsque des forcenés saisissent la bride des chevaux, et ramènent le maréchal à l'hôtel qu'il venait de quitter: on en ferme aussitôt les portes.

« Le guerrier, inaccessible à la crainte, encourage ses aides-de-camp, qui ne tremblent que pour lui; on les sépare, et il remonte seul dans cette chambre où il attend avec une contenance héroïque l'événement dont il prévoit l'issue.

« La ville entière est réunie sur la place; l'atroce calomnie, consignée dans le libelle infame de Lewis Goldsmidt, vole de bouche en bouche, répétée, commentée par MM..., que l'on voit errer à travers les groupes.

« Déja s'élèvent contre un vieux guerrier, dont le sang a tant de fois coulé pour la France, des cris de mort, dont on n'entend que les horribles échos. Il est juste de dire qu'une partie des officiers de la garde nationale firent tous leurs efforts pour empêcher cette sanglante catastrophe.

« Dans les premiers moments de l'émeute, le maréchal écrivit, sur le chapeau d'un officier, un billet conçu en ces termes, au général autrichien Nugent, qui se trouvait en ce moment à Aix: « Vous savez « nos conventions; je suis arrêté à Avignon; je « compte que vous viendrez me délivrer. » Que devint cette lettre? c'est ce qu'on ignore.

« Le nouveau préfet de Vaucluse, M. de Saint-Chamans, arrivé pendant la nuit, se trouvait incognito dans cette même auberge; éveillé par cet affreux tumulte, il se présente au peuple; son autorité est méconnue, et l'un des chefs de l'émeute ne craint pas de déclarer qu'il est lui-même investi des fonctions de préfet. On bat la générale; le maire, le courageux et respectable M. Puy, à la tête d'une compagnie des gardes nationaux et de quelques gendarmes, écarte un moment ces furieux. Le préfet se rend auprès du maréchal, et cherche vainement à favoriser sa fuite; il harangue de nouveau une populace frénétique; elle répond en s'efforçant d'enfoncer la garde, qui lui résiste avec toute l'intrépidité que le maire lui communique. « Misérables, « leur crie ce digne magistrat du peuple, vous n'arri- « verez au maréchal qu'en passant sur mon corps! » et il se place au milieu des baïonnettes qu'il fait croiser devant la porte de l'hôtel.

« Pendant ce temps, d'autres bandits escaladent les murailles, et pénètrent par les derrières de l'hôtel. Le maréchal, qui les entend approcher, demande aux factionnaires placés à la porte de sa chambre, ses armes qu'on lui a enlevées; on les lui refuse: il offre vainement à l'un d'eux une bourse d'or pour son fusil.

« Quelques assassins ont pénétré dans la chambre; le maréchal, debout auprès de cette cheminée, découvre sa poitrine sans proférer un seul mot. Une voix abominable[1] répète en sa présence l'infame accusation qui sert de prétexte à la rage d'une odieuse canaille.

---

[1] Le procès qui s'instruit la fera connaître.

« Mon sang a coulé pour la patrie, répond-il à ses bourreaux ; j'ai vieilli sous les drapeaux de l'honneur, et j'étais à soixante lieues de Paris à l'époque où fut commis le crime affreux dont on ose m'accuser. — Tu mourras, interrompt un scélérat. — J'ai appris à braver la mort, reprit le général, et je puis vous épargner un crime ; donnez-moi une arme, et accordez-moi cinq minutes pour écrire mes dernières volontés. — La mort ! » s'écria l'assassin en tirant sur le guerrier un premier coup de pistolet qui effleura son front, et lui enleva une touffe de cheveux. L'intrépide Brune croise ses bras, et attend un second coup : le pistolet fait long feu.

« Tu l'as manqué, dit alors un autre brigand ; ôte-toi de là, c'est mon tour ; » et d'un coup de carabine, un portefaix étend à ses pieds un maréchal de France, fameux par vingt combats et couvert des lauriers du Mincio, de Vérone, et de Tavernelle.

« Il était deux heures... Les infames brigands se précipitent dans la chambre, et mettent au pillage les effets de leur victime, parmi lesquels se trouvait un sabre de grand prix, que le maréchal avait reçu en présent du grand-seigneur.

« Le meurtre consommé, un des assassins se montre au balcon, le front paré des plumes blanches qui décoraient le chapeau du général français.

« La meute des cannibales, assemblée sous les fenêtres, pousse des hurlements féroces et demande qu'on lui jette sa proie.

« Je crois vous avoir dit, en commençant cet horrible récit, que le corps inanimé du maréchal fut jeté par la fenêtre; ce fait n'est pas exact: les restes du héros furent placés sur un brancard pour être portés au cimetière; mais la rage des bourreaux n'était pas assouvie; à vingt-cinq pas de l'hôtel, les monstres s'en emparèrent, et le traînèrent par les pieds au bruit du tambour, qui battait la *farandole,* jusqu'à la neuvième arche du pont, d'où ils le précipitèrent dans le Rhône, après avoir déchargé toutes leurs armes sur un cadavre que de nouvelles horreurs attendaient au rivage où il fut jeté par les flots. On assure qu'au même moment, sur l'autre branche du Rhône, d'autres victimes, des invalides...; mais ce n'est pas assez de la notoriété publique pour donner crédit à de semblables forfaits.

« Les aides-de-camp du maréchal, décidés à mourir avec lui, étaient détenus dans une salle basse, où ils auraient infailliblement partagé le sort de leur général, si un jeune homme, de concert avec le maître de l'auberge, ne les eût soustraits à la rage des assassins et recueillis dans sa maison, où il les tint cachés pendant quelques jours. J'insiste d'autant plus volontiers sur ce fait incontestable, qu'il peut servir à détruire ou à confirmer une terrible inculpation.

« Les contemporains des hommes de la *Glacière* et du 2 *septembre* n'auront pas de peine à croire qu'à la suite de cette scène d'horreurs, dont j'ai passé sous silence les plus affreux détails, des femmes, qui toutes n'appartenaient pas à la dernière classe du peuple, dansèrent la *farandole* sur la place encore teinte d'un sang généreux; qu'un homme, au milieu de ces mégères, improvisa des couplets patois, qu'il fit imprimer depuis, et dans lesquels on disait :

> « Qu'un ange subtil
> « Avait placé dans le fusil
> « L'excellente prune
> « Qui tua le maréchal Brune. »

« Et cependant il est vrai qu'il existe un procès-verbal *constatant* que le maréchal Brune s'est tué lui-même.

« Si l'un des principaux meurtriers n'insultait pas encore à la douleur et à la justice publiques, on pourrait croire que la Providence s'est chargée de leur punition. En proie aux angoisses du remords, aux terreurs de sa conscience, le principal auteur du crime est mort peu de temps après dans les convulsions du désespoir.

« Le corps du héros, précipité dans le Rhône, fut poussé sur la grève entre Tarascon et Arles; et tel était l'effroi que les assassins d'Avignon avaient répandu dans la contrée, que personne n'osa recouvrir d'un peu de terre un cadavre informe, devenu un objet d'épouvante et d'horreur : ces restes déplorables étaient depuis plusieurs jours en proie aux animaux carnassiers, lorsqu'ils furent enlevés pendant la nuit par des mains pieuses, et déposés quelques heures dans la chaux vive. Un citoyen, qui avait entrepris un long et périlleux voyage pour arracher aux vautours les dépouilles sanglantes d'un des chefs de la vieille armée française, recueillit ses ossements avec un soin religieux, et revint à Paris en faire à sa famille un douloureux hommage.

« J'ai fini... Tant d'horreurs font presque autant de mal à retracer qu'à voir.

« Je ne me permettrai qu'une réflexion sur ce triste sujet; c'est que l'état des choses et des esprits dans ce département est tel encore, que j'aurais craint, en le nommant, de compromettre l'homme généreux qui rendit les derniers devoirs au maréchal, et de me compromettre moi-même en vous faisant connaître, par leurs noms, des misérables qui peut-être échapperaient par *la preuve légale* à la notoriété publique et à leurs propres aveux. »

Je ne puis quitter le département de Vaucluse sans visiter la fontaine célèbre qui lui donne son nom, et sans m'arrêter à Carpentras, où m'appellent des souvenirs de jeunesse. Cette excursion me forcera de repasser à Avignon pour reprendre la route de Marseille; ainsi j'aurai occasion, avant de quitter définitivement cette ville, d'ajouter quelques traits à l'esquisse imparfaite que j'en ai déja tracée.

N° LI. [28 DÉCEMBRE 1818.]

LA FONTAINE DE VAUCLUSE
ET LES DEUX AMANTS AVEUGLES.

> Je redemandais Laure à l'écho du vallon,
> Et l'écho n'avait point oublié ce doux nom
> DELILLE.
>
> Tout, le bien et le mal, le plaisir et les peines,
> Tout, entre deux amants, doit être partagé.
> REGNARD, *Ménechmes*

Il y a des associations de mots et d'idées contre lesquelles le cœur et l'esprit se révoltent; comment peindre à-la-fois la mort du maréchal Brune et les amours de Laure? Quels artifices de langage suffiraient à retracer, dans le même discours, les horreurs de la *Glacière* d'Avignon, et les beautés de la fontaine de Vaucluse? Il n'y a point de transition possible entre de pareils objets, et l'ame se refuse à recevoir à-la-fois des impressions si différentes. On n'aura point à me reprocher ces contrastes révoltants : dans le tableau que je vais esquisser, j'aurai soin d'éloigner jusqu'aux souvenirs des scènes cruelles dont ces belles contrées ont été le théâtre.

M. de Montéval ne m'a point accompagné à Vaucluse comme il me l'avait promis; une indisposition de sa femme, qui les comblait de joie tous les deux, ne lui a pas permis de s'éloigner d'elle; mais par ses soins je devais trouver à *Lille*, petite ville sur la route que j'allais parcourir, un jeune homme dont le major m'avait parlé avec un intérêt très vif, et qui devait me servir de guide à la fontaine.

En approchant de la maisonnette isolée où j'étais attendu, je m'arrêtai près d'une charmille, derrière laquelle un homme, que je ne voyais pas encore, chantait d'une voix agréable ce couplet d'une romance au premier mot de laquelle je crus pouvoir me reconnaître :

> Venez, ermite voyageur,
> Suivez la voix qui vous appelle;
> Dans la chaumière maternelle
> Entrez; et, sous un ciel trompeur,
> Où la croix, bienfaisant symbole,
> Devient l'arme de la fureur,
> Ermite, l'ami du malheur,
> Soyez l'ermite qui console¹.

Je ne pouvais méconnaître à cette aimable invita-

---

¹ Je suis fâché, pour l'auteur de cette romance, qu'une trop juste modestie ne me permette pas de citer les autres couplets; on y trouverait cet abandon plein de grace et de sensibilité qui fait tout le mérite de ce genre de poésie.

tion le jeune ami du major Montéval, et je fus accueilli dans sa famille avec la cordialité la plus touchante; ce serait un moyen pour moi de reconnaître l'hospitalité que j'ai reçue de M... et de son excellente mère, que de les faire connaître l'un et l'autre; mais il est tel pays où il faut savoir prendre son temps pour être publiquement un homme de bien; et c'est quelquefois mettre en danger la vertu, que de la signaler. Je ne dirai donc rien de mes hôtes, et je me mettrai discrètement en chemin avec le jeune Adrien, pour aller rendre un tardif hommage à la naïade de Vaucluse.

En sortant de la jolie petite ville dont les murs sont baignés par la Sorgue, nous suivîmes un sentier qui se resserre, à mesure qu'on avance, entre la rive droite de la rivière qu'il domine, et un rocher qui semble avoir été taillé sur ses bords. D'un côté des prairies, des allées de peupliers, le mouvement et le bruit lointain des papeteries; de l'autre, quelques huttes blanchies auxquelles la voûte du roc sert de toiture : en fixant ses regards sur cette partie du paysage, on croit reconnaître les premiers pas de l'homme vers la civilisation, lorsque dans sa sauvage méfiance il craignait encore de renoncer à ses antres et à ses rochers, pour se confier à la plaine.

Mais déja nous découvrons les deux arches rouges du petit pont en bois qui conduit au hameau de Vaucluse : je suis d'abord frappé du contraste d'élégance et de misère que je remarque entre cette foule de petit mendiants en haillons, ces masures en ruine, et l'aspect de ces bâtiments à façade, décorés de banquettes de fleurs où l'on croit voir des jardins suspendus.

Nous entrons à l'auberge que l'on nomme pompeusement *l'hôtel de Laure et de Pétrarque*. Un berceau de mûriers qui prête son ombre aux buveurs, une rigole qui sert de réservoir aux poissons de la rivière, une salle à manger ouverte à tous les vents, et dont on se garde bien de recrépir les murs de peur d'effacer les noms, les dates, les inscriptions dont ils sont couverts; tels sont les objets qui distinguent cet *hôtel* des autres auberges de village.

Je m'attendais, dans les lieux immortalisés par les chants de Pétrarque, par ceux de l'abbé Delille et de madame Verdier d'Uzès [1]; je m'attendais, dis-je, à trouver dans cet album des voyageurs, des vers, sinon dignes du sujet, du moins inspirés par de tendres et poétiques souvenirs; mais je dois le dire à la honte des amants et des troubadours qui ont séjourné à *l'hôtel de Laure et de Pétrarque*, aucun n'y a laissé signe d'amour ni de poésie.

Après un dîner succinct, dont les excellentes truites du réservoir ont fait seules tous les frais, nous nous sommes rendus au bassin de la fontaine,

[1] Cités dans les mémoires de Palissot.

à un petit quart de lieue de l'auberge. Les deux chaînes de rochers, qui encaissent en cet endroit le lit de la rivière, dérobent ce bassin aux regards jusqu'à ce qu'on arrive, par un chemin taillé dans le roc, à des plantations d'oliviers soutenues par des murs en pierres sèches, que l'on prendrait de loin pour les ruines d'un amphithéâtre. En avançant, quelques arbres isolés, quelques plantes rabougries sortent de ce torrent pierreux, qui n'offre bientôt plus que de grandes masses de rochers suspendus, pour ainsi dire, sur des couches de fragments près de céder à leur poids et de les entraîner dans l'abyme. La colline opposée est taillée à pic, et la rivière coule mollement au pied, sur un lit de mousse.

Jusque-là rien ne me donnait encore l'idée de cette fontaine magique dont je m'étais fait, en lisant Pétrarque, une si brillante image. Je commençais à croire que pour la millième fois dans ma vie j'avais été dupe des poëtes descriptifs; je jetais autour de moi des regards dédaigneux; mais tout-à-coup l'onde rugit, écume, se roule en torrents, s'élève en gerbes et retombe en cascades sur des rochers noirâtres, d'où elle rejaillit sous mille formes différentes. « Que c'est beau! m'écriai-je en battant des mains comme à un magnifique changement de décoration. — Je vous l'avais bien dit, » ajouta mon jeune guide, qui semblait jouir de mon admiration; et nous continuâmes à nous avancer, non sans éprouver une secrète terreur à l'aspect des flots qui venaient se briser à nos pieds sans pouvoir nous atteindre.

Nous voilà parvenus au pied d'un roc perpendiculaire qui se voûte à une hauteur prodigieuse au-dessus du bassin ; là les cascades ne se font plus entendre que dans le murmure prolongé de l'écho, qui n'a point oublié la moitié du nom de Laure, comme l'assure M. Dupaty dans ses *Lettres sur l'Italie*.

Après m'avoir conduit à la source même de la fontaine, vaste entonnoir, dont la sonde n'est jamais parvenue à déterminer la profondeur, Adrien m'a fait descendre, par un petit sentier demi-circulaire, dans cette grotte, discret témoin des soupirs de Laure et de Pétrarque. Je n'essaierai pas de ternir, après cinq siècles, la vertu de cette dame, célèbre par son amant, et je ne dirai pas aussi hardiment que madame Deshoulières ce qui s'est passé dans cet asile mystérieux entre la plus belle des femmes et le plus amoureux des poètes : mais je sais bien qu'à la place du seigneur de Saumane [1], mari de la charmante Avignonaise, j'aurais été beaucoup moins crédule que la postérité, et que j'aurais pris quelque ombrage de ces rendez-vous fréquents à la grotte de Vaucluse. Quoi qu'il en soit, tout s'y est passé pour le mieux, sans doute ; la réputation de

---

[1] Hugues de Sades, seigneur de Saumane, épousa Laure de Sades, connue sous le nom de *la belle Laure*.

Laure n'en a point souffert; celle de Pétrarque s'en est accrue, et le confiant époux ne s'en est jamais plaint; tous les trois ont vécu dans la plus douce intimité : ne semons pas la discorde entre leur paisibles ombres.

Je n'ai point été dupe de quelques chiffres des deux amants que l'on voit çà et là gravés sur la pierre, et dont la variété maladroite suffirait seule pour trahir une main moderne.

Adrien m'a appris que la fontaine, en ce moment au niveau du sol, s'élevait quelquefois à la hauteur du figuier qu'il me montra, et que la nature semble avoir planté comme un nilomètre dans la fente du rocher perpendiculaire. Rien de plus magnifique alors que ce tableau, continua-t-il; la grotte disparaît : une montagne d'eau s'élève en masse, et se déroule en voûte sur la tête du spectateur, qui tremble de s'égarer dans cet humide labyrinthe.

En présence de si grands objets, qu'elle me paraît misérable cette colonne élevée en l'honneur de Pétrarque, aux frais et par les soins de l'athénée de Vaucluse! un homme de goût en a fait justice par ces vers inscrits au crayon sur la partie la plus élevée du piédestal :

> Nymphe, sors en courroux de tes grottes profondes,
>   Viens renverser ce monument!
>   Laure en rougit pour son amant:
>   Tu dois en rougir pour tes ondes.

C'est une tradition du pays, que le château qui couronne ces monts a été bâti par Pétrarque; Adrien ne le croit pas, et je suis entièrement de son avis par les raisons qu'il en donne. « Si le poëte de Vaucluse, me disait mon aimable guide, avait eu à bâtir un château, n'en eût-il pas marqué la place au sein de ces belles prairies qu'il chanta[1], et dont les fleurs champêtres *tombaient en pluie d'or sur le sein de sa belle maîtresse?* sur le bord de cette onde *qui caressait si tendrement ses pieds délicats?* sous ces ombrages *où les oiseaux venaient l'entendre?* au milieu de ces bons villageois qui disaient, en passant sous ses fenêtres, *Son cœur s'est ouvert à l'amour, pourrait-il se fermer à la pitié et à la bienfaisance?* »

Le fait est que ce château appartint à un cardinal, évêque de Cavaillon, et ami de Pétrarque; c'est là son plus beau titre. Ces tourelles, ces créneaux attestent que ce donjon a été bâti dans un temps où chaque château était une citadelle, chaque terre un royaume, et chaque seigneur un tyran; mais Pétrarque n'était pas de son siècle; son modeste ermitage, c'est ainsi qu'il l'appelle lui-même, était situé sur le penchant de la colline du hameau; il n'en reste plus le moindre vestige.

Nous parcourions les ruines du château, où j'avais eu beaucoup de peine à parvenir; et tout en

---

[1] Dans son ode: *Onde fresche e chiare*, etc.

considérant ces murs crénelés que tapisse le lierre, ces cachots souterrains dont les ronces ferment l'entrée, ces tours du haut desquelles le baron épiscopal insultait aux charmes de la vallée et à l'esclavage de ses vassaux, je me reportais par la pensée à ces temps de barbarie féodale dont les plus ineptes ou les plus méchants des hommes se font aujourd'hui les apologistes.

Pour m'arracher à ces honteux souvenirs, Adrien m'avait conduit sur la plate-forme du château, d'où je découvrais un vaste horizon borné par de petites collines bleuâtres. Je comptais les granges éparses, les villages que je distinguais à la variété de leurs toits, à la flèche mystique de leurs clochers; les deux tours lointaines du palais des papes, d'où Jean XXII fulminait des bulles *contre les capuchons pointus des cordeliers*, et lançait des anathèmes contre les ennemis de la *vision béatifique;* je revoyais ce mont *Ventoux*, qui ne se détache de la voûte du ciel que par des veines de neige qui le sillonnent, et je me disais avec Delille : J'ai sous les yeux

Le plus riant vallon qu'éclaire l'œil du monde.

Nous retournions au village. En passant derrière le rocher de la fontaine, je m'arrêtai de surprise à la vue d'une femme assise sur une pierre, et dont la tête reposait sur ses deux mains, dans l'attitude de la douleur méditative. Adrien courut à elle, et lui baisa la main : je m'approchai, et je voulus m'excuser d'avoir troublé sa solitude : « Ce jeune homme vous a nommé, me dit-elle; votre rencontre ne m'est point désagréable. » Même avant de savoir quelle était cette dame, j'avais été frappé du son touchant de sa voix et de la grace mélancolique répandue sur toute sa personne : ses traits, privés de la fraîcheur de la première jeunesse, tiraient un nouveau charme du sentiment douloureux qui paraissait les avoir flétris; il était aisé de voir que la vivacité de ses yeux s'était éteinte dans les larmes, et qu'un chagrin profond était devenu l'aliment de sa vie. Je n'écris pas un épisode de roman ; je puis donc me dispenser de rapporter ici l'entretien préliminaire qui amena le récit qu'on va lire : quelque romanesque qu'il puisse paraître, je puis en garantir la vérité.

Je laisse parler madame Du***, qui ne m'a autorisé à la faire connaître que sous le nom de madame de Vanière.

« Mariée à seize ans avec un officier-général, frère du mari de ma sœur aînée, nous vivions depuis un an dans les douceurs de la plus tendre union, au fond d'une campagne charmante sur les bords du Rhône. Ma sœur, quelques jours avant le départ de son mari et du mien pour l'Égypte, où ils suivirent Bonaparte, mit au monde un fils aveugle : j'étais moi-même enceinte à cette époque; le cœur et l'imagination douloureusement frappés pendant plusieurs mois du spectacle que j'avais sous les yeux et des chagrins de ma sœur, j'accouchai d'une fille également privée de la vue. Que de soins, de pleurs, et d'anxiétés ces deux enfants coûtèrent à leurs mères! Notre amour pour eux s'accroissait de nos propres tourments, et plus nous étions effrayées du sort dont l'avenir les menaçait, plus nous sentions le besoin de rendre leur enfance heureuse.

« La nature, en les privant de la vue, les avait doués d'une beauté rare; et, ce qui importait bien plus à leur félicité, elle semblait leur avoir partagé la même vie. Dans leur berceau, sur le sein de leurs mères, Jules et Amélie étaient déjà inséparables: la même éducation, en éclairant leur esprit, acheva, pour ainsi dire, de confondre leur existence. C'est avec nos sensations et nos idées que nous avions d'abord apprécié, ma sœur et moi, l'infortune de nos enfants; mais nous ne tardâmes pas à nous convaincre que nous éprouvions pour eux des maux qu'ils ne pouvaient pas sentir, des regrets qu'ils ne pouvaient jamais connaître. Certaines qu'ils jouissaient de tout le bonheur attaché à leur condition, notre tendresse éclairée nous fit un devoir de ne point offrir à leur esprit des images qui pouvaient y faire naître des idées de privation.

« L'instinct d'amour qui les avait unis dès le berceau devint une passion dans leur jeunesse. Je me sers de ce mot de passion à défaut d'un autre qui puisse exprimer un sentiment où les affections du cœur humain se trouvaient confondues; ce doux lien n'avait point de modèle : Jules et Amélie s'aimaient pour exister, comme on aime l'air que l'on respire, comme on aime la source que l'on rencontre au milieu d'un désert.

« Constamment poursuivies par la même fatalité, ma sœur perdit son époux sous les murs de Saint-Jean-d'Acre, et le mien ne survécut que quelques mois à son retour en France. Je ne vous parle pas de nos douleurs ; quelque vives qu'elles fussent, nous étions trop nécessaires à nos enfants pour ne pas les supporter.

« Jules et Amélie étaient arrivés à l'âge où nous pouvions songer à réaliser le seul besoin de leur cœur et le dernier vœu du nôtre. Ma fille avait seize ans, Jules en avait près de dix-sept : nous avions fixé l'époque de leur mariage.

« Le hasard conduisit dans le château que nous habitions un médecin célèbre; il observa les yeux de nos deux jeunes aveugles, et nous donna l'assurance que leur cécité provenait d'une cataracte, et qu'ils pouvaient être rendus à la lumière. La joie extrême que nous causa cette nouvelle ne fut point partagée par ceux qui en étaient l'objet : ils ne concevaient dans le changement qu'on voulait opérer en eux qu'une autre manière de s'aimer; et, n'imaginant rien au-delà du sentiment dont leur cœur était rempli, un sens de plus ne leur paraissait qu'un moyen de distraction dont ils repoussaient l'idée.

« Les poètes, disait Jules en riant, se sont tous
« accordés pour représenter l'Amour aveugle : la
« nature a réalisé pour nous cette aimable fiction ;
« pourquoi renoncerions-nous à son bienfait ? — Je
« ne veux point voir Jules, disait Amélie ; je veux
« l'aimer. »

« Jusqu'ici nous nous étions abstenues de parler des plaisirs et des avantages attachés à la possession d'un sens dont nous ne pensions pas qu'ils dussent jamais jouir ; l'espérance dont on nous avait flattées nous prescrivit un autre langage. Nous essayâmes de leur donner une idée des beautés de la nature, pour leur susciter l'envie de percer le voile qui les leur dérobait ; mais ils continuaient à substituer le sentiment à l'image. « Amélie est plus belle que le
« jour, disait Jules ; je ne veux point les comparer.
« — Vous m'apprenez, continuait Amélie, que le
« soleil est plus brillant que Jules ; eh bien ! je ne
« veux pas voir le soleil, de peur de le hair. »

« Nos larmes firent sur le cœur de ces aimables enfants ce que nos raisonnements n'avaient pu faire sur leur esprit : l'idée de nous rendre plus heureuses les détermina au sacrifice que nous exigions de leur tendresse.

« Ils subirent ensemble l'opération : au moment

où on leva l'appareil, ma sœur se jeta dans les bras de son fils. « Ma mère, s'écria-t-il en l'embrassant « avec transport, je vous vois!... — Et moi? lui dit « Amélie avec un profond soupir. Me voilà, Jules; « me reconnaissez-vous? » Il la serra contre son cœur; mais elle avait déja compris que son premier regard n'avait pas été pour elle.

« L'instant où le bandeau tomba des yeux de ma fille ouvrit sous mes pas l'abyme de douleur où devait se consumer ma vie : un faible rayon de lumière vint mourir dans le regard qu'elle tourna vers son amant; elle retomba seule dans cette nuit profonde dont elle commençait à sentir toute l'horreur.

« Jules ne négligeait rien pour la consoler. « Je « devrais être heureuse de votre bonheur, lui disait-« elle en pleurant, mais je n'en ai pas la force; ma « vie était tout entière dans notre amour, et cet « amour était fondé sur une commune ignorance de « tout autre bien. Vous verrez des objets qui me « sont inconnus, vous aurez des idées nouvelles, « nous ne nous entendrons plus; je veux mourir, « mon ami; je veux mourir avant de craindre de « n'être plus aimée. — J'aurai cessé de vivre, répon-« dait Jules, avant que cette crainte entre dans ton « ame; cette lumière que je vois te rend plus chère « à mon cœur, en te montrant belle à mes yeux; le « bonheur de te voir ajoute au besoin de t'aimer.

« Non, mon Amélie, nous ne nous quitterons jamais;
« je serai ton appui, ton guide... — L'ordre de la
« nature est changé pour nous, interrompait-elle;
« il n'existe qu'un homme pour moi sur la terre, et
« vous avez des yeux pour toutes les femmes!... »
Dès ce moment la jalousie entra dans son cœur, et
s'y créa, dans l'ombre et dans le silence, un asile
impénétrable, où nul autre sentiment ne put l'atteindre. Jules s'étudia vainement à lui cacher les
vives impressions qu'il recevait de cette lumière à
laquelle il venait de naître; vainement contraignait-il en sa présence les transports qu'excitait dans son
ame le spectacle de la nature; Amélie l'interrogeait,
sous prétexte de s'instruire, et terminait chaque fois
l'entretien par cette réflexion cruelle : « Nous n'habitons plus le même monde. »

« Si jamais, continua madame de Vanière, je suis
assez maîtresse de ma douleur pour rassembler mes
souvenirs et pour en retracer l'histoire sans l'effacer
par mes larmes, peut-être révèlerai-je dans cet écrit
quelques secrets du cœur humain échappés aux
observations des plus profonds moralistes; mais
comment pourrais-je, après quatre ans, m'appesantir sur les détails de l'affreux événement qu'il
me reste à vous raconter ?

« La tendresse inaltérable de Jules, nos sollicitations, n'avaient pu ramener ma fille à l'idée d'un
mariage qui ne pouvait plus réunir leurs destinées;

mais nous espérions avec le temps vaincre sa résistance, et nous étions venus passer la belle saison à Vaucluse pour y voir un vieil oncle de mon époux, dont la philosophie aimable avait beaucoup d'empire sur l'esprit d'Amélie.

« La première fois qu'il nous conduisit à la fontaine, Jules ne put contenir le mouvement d'admiration dont il fut saisi, et sortit de l'extase où il resta quelques moments plongé au cri que nous jetâmes en voyant ma fille, qui lui donnait le bras, tomber évanouie. On la porta dans la grotte, où elle ne tarda pas à reprendre ses sens. « Jules, dit-elle en lui « serrant la main, il y a donc hors de moi quelque « chose qui peut vous plaire?... » Le coup mortel était porté: au bout d'un mois Amélie ne souffrait plus; elle dormait dans la tombe... »

Madame de Vanière ne put continuer; ses sanglots étouffaient sa voix. Elle accepta mon bras pour retourner chez son oncle, et ce fut d'Adrien que j'appris la fin de cette déplorable aventure.

L'infortuné Jules ne put survivre à la perte d'Amélie. Depuis trois mois, il allait chaque matin passer quelques heures dans la grotte; un jour il ne revint pas, et tout porte à croire qu'il a trouvé la mort dans cette même fontaine dont l'aspect lui avait causé un ravissement si funeste.

N° LII. [15 janvier 1819.]

CARPENTRAS.

> .... Il laisse dans Vaucluse
> Le pauvre sans besoin, l'ignorant sans excuse

Je témoignai le desir que l'aimable Adrieu m'accompagnât à Carpentras : « Vous vous y présenteriez sous de trop fâcheux auspices, me dit-il ; je suis Avignonais, et en cette qualité je n'ai point voix au chapitre de Carpentras. Les habitants de ces deux villes se détestent cordialement depuis qu'en 1790 mes concitoyens furent obligés de lever le siége qu'ils étaient venus mettre devant la capitale des *Méminiens*[2]. »

Je suis donc parti seul de Vaucluse; mais, à un quart de lieue de la fontaine, ma bonne étoile me fit rencontrer un brave M. Audrin, patriote à l'épreuve des deux terreurs, d'une probité sans tache, d'un courage sans reproche, et auquel il faut savoir d'autant plus de gré de sa modestie personnelle,

---

[1] M. Malachie d'Ingembert, évêque.
[2] Pline cite cette ville sous le nom de *Carpentoraste Meminorum*.

qu'à ses yeux Carpentras est la seconde ville de France.

J'aurais fait peu d'attention à la ville de *Perne*, si je n'eusse été averti que c'était la patrie de *Fléchier*, évêque de Nîmes, et de M. *Olivier de Gérente*, membre de toutes les assemblées nationales depuis vingt-cinq ans, et l'un des soixante-treize députés à la Convention que Roberspierre réservait dans les cachots pour un autre 31 mai. M. de Gérente, retiré sans fortune des hautes fonctions qu'il a remplies si long-temps, vit à la campagne, dans une modeste demeure où il exerce les vertus privées d'un excellent citoyen et d'un bon agriculteur.

En arrivant à Carpentras, je fus moins surpris de la petitesse et de la saleté des rues que de la foule qui les obstruait. « Hier, à pareille heure, me dit M. Audrin, vous auriez peut-être traversé Carpentras sans y rencontrer vingt personnes. Toute cette population est étrangère à la ville; c'est demain vendredi, jour du marché très considérable qui se tient ici toutes les semaines, et cette foule est celle des marchands des environs, qui apportent à cette foire hebdomadaire leur garance, leurs graines d'Avignon, leur safran, leurs cocons de soie, leurs truffes noires; en un mot, cette quantité de productions diverses d'une terre riche et féconde. Je ne sais pas, continua M. Audrin, si vos propres observations vous conduiront à dire de notre ville tout le bien que j'en pense ; mais du moins, en sa qualité de place commerciale, serez-vous forcé d'en faire un éloge exclusif, quand vous saurez que la probité dans les relations de négoce est telle, qu'on ne peut citer à Carpentras un seul exemple de banqueroute. »

M. Audrin a été ravi d'apprendre qu'il aurait occasion de me voir à Carpentras, chez un de ses amis, auquel m'a recommandé le major Montéval.

« Voilà ce qui s'appelle un prêtre et un philosophe! s'écria-t-il en m'entendant prononcer le nom de l'abbé *Eysserie*. Aussi, depuis l'âge de vingt-cinq ans, est-il en butte aux persécutions de la sottise, de l'ignorance, et de la superstition, qui l'ont constamment éloigné des hautes places dans l'instruction publique, où l'appelaient ces vastes connaissances. Croiriez-vous qu'un savant profond, à qui les langues orientales, le grec, l'hébreu, le syriaque, ne sont guère moins familiers que le latin, pour l'étude duquel il a créé une nouvelle méthode, approuvée par l'académie des inscriptions ; croiriez-vous, dis-je, qu'un professeur d'un mérite aussi généralement reconnu, non moins recommandable par ses vertus chrétiennes que par son savoir et ses lumières, soit réduit, pour exister, à tenir une école primaire, dont la jalousie et la haine lui envient encore le modeste succès. »

Quelque prévenu que soit M. Audrin en faveur

des savants de son pays, je l'avais été favorablement encore sur M. l'abbé Eysserie par un de ses plus dignes élèves, le jeune *Raspail*, que les persécutions de 1815 ont forcé de quitter sa ville natale et de chercher un asile dans la capitale, où l'université de Paris a cru devoir lui envoyer, sans qu'il le demandât, un diplôme de professeur de seconde.

L'histoire d'une ville est plus particulièrement pour moi l'histoire des hommes qui l'ont illustrée : à ce titre, le premier souvenir que réveille la vue de Carpentras est celui de *Malachie d'Ingembert*. Du petit nombre de ces hommes d'église dont s'honore l'humanité, fondateur d'une bibliothèque publique, d'un cabinet d'antiquités, d'un hôpital qu'il a richement doté, ce vertueux évêque de Carpentras a consacré ses revenus au soulagement de l'infortune. M. d'Ingembert est présent par ses bienfaits au milieu de la génération qui lui a survécu; la mémoire du pauvre n'est point ingrate. Il ne manque rien à sa gloire : il fut persécuté pendant sa vie; on le regrette, on le révère après sa mort.

Carpentras, jadis capitale du comtat Venaissin, était alors le point central d'un gouvernement ecclésiastique, dont la funeste influence s'y fait encore sentir. En 1815, des agents secrets entrèrent en correspondance avec la cour de Rome, sur les moyens de replacer l'ancien comtat sous un régime que repoussait la grande majorité de ses habitants. Cette intrigue était dirigée à Rome par un évêque d'Orthosia, qui voulait être archevêque d'Avignon, et, dans ce pays, par un ambitieux subalterne, qui voulait être gouverneur de Carpentras.

Ce principe d'action ne tarda pas à mettre en mouvement tout le système réactionnaire, où l'on vit aussitôt figurer ces hommes imbus de préjugés ultramontains, ces gothiques représentants de la noblesse féodale, et ces vieux artisans de terreur, réveillés au souvenir de la Glacière.

Ce fut sous l'inspiration de ces apôtres de haine et de discorde que l'on vit s'organiser des bandes de *gendarmes volontaires,* s'arrogeant, en présence de l'autorité silencieuse, le droit de désarmer et d'arrêter leurs paisibles concitoyens.

Me voici rejeté malgré moi sur le terrain sanglant des réactions de 1815 : le pillage, l'incendie, les assassinats, signalèrent dans cet arrondissement, comme à Nîmes, comme à Avignon, cette désastreuse époque. A Carpentras, le fermier d'un M. *Légier* est tué en plein jour; l'avoué *Sauve* expire d'un coup de fusil; le brave *Carle,* qu'on a vu dans un autre temps soutenir seul, dans sa maison de campagne, un siège contre deux mille brigands, qu'il força à la retraite, est assassiné dans un guet-apens : le sang a coulé à *Monteux,* au *Thor,* à *Lille,* à *Cavaillon;* mais la plus grande partie des victimes désignées au fer des égorgeurs échappent, par la fuite, au sort qui les menaçait dans leurs foyers : les meilleurs citoyens sont en butte à la fureur des réactionnaires.

Le modèle des magistrats, M. *Mézard*, nommé par le roi premier président de la cour royale de Corse, et destitué sous le gouvernement des cent jours, se voit persécuté avec un acharnement sans égal, pour avoir cherché à mettre un terme aux horreurs dont le département de Vaucluse était le théâtre, en demandant que les assises se tinssent dans une autre commune, où elles eussent été à l'abri de l'influence que les factieux exerçaient à Carpentras. Les dignes collégues de M. Mézard, MM. *Waton, Poule, Morard-Cartier;* MM. *Légier, Guigue,* riches propriétaires; MM. *Rosette, Liotard, Giraud,* avocats; M. *Gaspard de La Valette,* fils du marquis de ce nom; M. *de Vitalis,* son beau-père; une foule de citoyens de toutes les classes, de toutes les opinions même, sont menacés pour avoir voulu protéger leurs concitoyens, jetés dans les prisons ou forcés à l'exil : un grand nombre d'entre eux y languissent encore. Dans ce nombre, je citerai particulièrement l'avocat *Brunel,* dont le plus bel éloge est ici dans les bouches les moins suspectes, dans celles des accusés qui gémissent encore dans les prisons étroites et malsaines de Carpentras. Plusieurs m'ont écrit pour m'engager à presser de mon faible crédit le retour de celui qu'ils appellent leur providence; mais peuvent-ils espérer qu'il cède à leurs vœux aussi long-temps que le changement des autorités locales, sous les yeux desquelles tant de maux ont été commis, ne garantira pas aux défenseurs des opprimés toute l'indépendance qu'exige leur saint ministère.

Une hypocrite indulgence me reprochera de réveiller d'affligeants souvenirs; ce sont des crimes triomphants que je signale, des blessures saignantes que je découvre: je n'accuse personne, pas même sur la notoriété publique; mais j'entends et je répète les plaintes de l'innocence; je compte les victimes, et, sans désigner les bourreaux, j'assigne une origine commune aux monstres forcenés de 1793 et de 1815. Je dis aux fils, aux pères, aux veuves de tant d'infortunés: « N'écoutez pas ce conseil d'une implacable vengeance: *attendre et haïr*. Si les parents, si les amis que vous pleurez sont tombés sous les coups d'une main inconnue, gémissez en silence, et bornez-vous à détester les passions politiques qui produisent de semblables effets; mais, si vous connaissez vos assassins, si leur présence odieuse afflige vos regards et insulte à votre deuil, le jour de la justice a reparu; portez votre plainte sacrée au pied des tribunaux, invoquez la loi: c'est un devoir qu'elle-même vous impose, sous peine d'être reconnus indignes du nom et de l'héritage de celui qui vous a légué par sa mort le soin de sa vengeance. »

Je ne détourne pas mes regards de ces scènes déplorables sans remarquer avec peine combien il serait facile aux hommes de 1815 de renouveler ici les excès dont ils se sont déja rendus coupables. « Vous serez bien mieux convaincu de cette triste vérité, me dit M. *Auguste Leblanc*, un des plus estimables habitants de cette ville, à qui je communiquais cette réflexion, quand vous saurez que les autorités administratives, depuis le préfet jusqu'au directeur de la poste aux lettres inclusivement, sont ici composées de nobles; que dans une autre branche de pouvoir, dont la douce influence se fait encore sentir, le prevôt, l'inspecteur des gardes nationales, les sous-inspecteurs, les chefs de légions, les majors, les chefs de cohortes, étaient pour le moins aussi nobles; quand je vous dirai que le plus grand nombre des communes ont de nobles maires, disposition tellement rigoureuse, que beaucoup d'entre eux ne sont pas même domiciliés dans le pays, qu'ils administrent par procuration. Enfin il est de fait, ajoutait-il, qu'à-peu-près toutes les pensions, toutes les décorations, ont été données, dans ce département, aux privilégiés d'autrefois, qui sont encore, malgré la France et malgré la charte, les privilégiés d'aujourd'hui. Je ne serais pas embarrassé de vous nommer dix individus, dans cette ville, décorés d'une ou deux petites épaulettes, d'une ou deux croix, dotés de douze, quinze ou dix-huit cents francs de pension, et auxquels je défierais de prouver légalement un mois de grade et six mois de service pour ou même contre la France : il est vrai, par compensation, que je puis vous en nommer d'autres qui, après trente ans de service, dix-neuf campagnes, cinq ans de grade, n'ont obtenu, par faveur insigne, que trois ou quatre cents francs de retraite. »

L'époque historique la plus mémorable que présentent les annales de Carpentras est celle du conclave qui s'y tint au mois d'avril 1314, à la mort du pape Clément V, et qui n'eut cependant aucun résultat : les cardinaux qui s'étaient assemblés à Carpentras pour élire un autre pape ne purent s'entendre, et le saint-siége, qui resta vacant pendant tout le règne suivant, de Louis-le-Hutin, ne fut rempli qu'au commencement du règne de Philippe-le-Long, par le cardinal d'Ossa, vulgairement nommé Jacques d'Euse, fils d'un cordonnier de Cahors, qui mit les cardinaux d'accord en se nommant lui-même sous le nom de Jean XXII, dans le concile assemblé à Lyon.

Je viens de faire une promenade dans la ville avec M. Audrin : il m'a d'abord conduit à la bibliothèque, qui fut fondée, comme je l'ai déja dit, par le célèbre évêque d'Ingembert ; elle est composée de vingt-cinq mille volumes et de huit cents manuscrits, parmi lesquels on distingue ceux de Peyrèse d'Aix, qui vivait dans le dix-septième siècle. Deux *marines* originales du célèbre Vernet forment la plus belle décoration intérieure de cet édifice ; dans un des corridors se trouve un monument phénicien, auprès duquel j'aurais passé sans attention, si je ne m'étais souvenu de la dissertation de l'abbé Barthélemy, à laquelle ce monument a donné lieu, et que M. l'abbé Eysseric a savamment réfutée. J'ai trouvé dans cette bibliothèque cinq ou six Carpentraciens, et M. Audrin m'a assuré que la foule n'était jamais plus grande. « Un de ces habitants, me dit-il, est le bibliothécaire.

« Celui-ci est M. *Anrès*, poète aimable à qui l'on doit peut-être la conservation de la bibliothèque, par le soin qu'il a eu de dérober aux regards les livres les plus précieux, sur lesquels se trouvaient des aigles. A certaine époque, la vue de cette empreinte séditieuse suffisait pour faire naître à certaines gens l'idée d'un *auto-da-fé* dont les flammes épuratives auraient fort bien pu s'étendre à la bibliothèque entière. »

Ce monument est contigu à l'ancien évêché, où siégent aujourd'hui les tribunaux. Je ne crois pas qu'il existe ailleurs une plus belle salle d'audience; les frises en sont peintes par les meilleurs maîtres du temps.

J'avais entendu parler d'un arc de Marius, qui se trouve également dans l'enceinte du palais épiscopal. J'ai appris, avec plus d'indignation que de surprise, que le cardinal de Bussy en avait fait le mur d'appui d'une superbe cuisine. On a cru pendant long-temps que cet arc de triomphe avait été élevé à la gloire de Marius; mais M. de Fortia prétend avec quelque apparence de raison que ce monument triomphal, ainsi que ceux d'Orange et de Cavaillon, devait être consacré à César, puisque ces trois arcs de triomphe se trouvent sur la route que le vainqueur des Gaules avait tracée dans ce pays.

L'hôpital est un superbe édifice, à trois corps-de-logis, où tout est beau, où tout est grand, trop grand peut-être pour une aussi petite ville. C'est au sein de ce monument que reposent, sous un tombeau de marbre blanc, d'un assez beau style, les cendres révérées de ce vertueux évêque d'Ingembert, dont le nom s'est déja plusieurs fois reproduit sous ma plume. Je n'ai jamais vu de plus bel escalier que celui de cet hôpital.

Parmi les hommes célèbres que cette ville a vus naître, on cite le baron de *Sainte-Croix*, membre de l'Institut, auteur de l'*Examen critique des historiens d'Alexandre*;

L'abbé *Arnaud*, l'un des quarante de l'académie française, dont les œuvres ont été recueillies par M. Boudon;

M. de *Saint-Véran*, neveu de M. d'Ingembert, antiquaire d'une vaste érudition. Il a laissé à la bibliothèque de cette ville, dont il était conservateur, un manuscrit intitulé *Noctes captivæ*, recueil d'élégies qu'il a composées dans les prisons d'Avignon.

M. *Delasonne*, premier médecin de Louis XVI, et M. *Duplessis*, son premier peintre, dont on ne connaît guère que le nom, sont également nés dans ces murs.

Entre les vivants dignes de la réputation dont ils jouissent parmi leurs concitoyens, M. *Morel*, substitut du procureur du roi, distingué comme jurisconsulte, comme érudit, et comme littérateur, doit, je pense, occuper le premier rang : il a grand soin d'employer ses talents à leur place; il ne fait pas de poésie au barreau; il ne prend pas le parquet pour le Parnasse, ce qui fait qu'on ne rit pas en le lisant ou en l'écoutant.

Après ce magistrat homme de lettres, je me plais à citer M. *Auguste Leblanc*, officier en retraite, et auteur d'un *Voyage sans bouger de place*, prose et vers, qui mérite de figurer dans la jolie collection des Voyages de Chapelle et de Bachaumont, de Pompignan, de Bertin, etc. Cet officier, royaliste comme il faut l'être, avait cependant été choisi, en 1816, pour exercer les fonctions d'adjudant-major de la garde nationale; mais au mois de juin de l'année suivante il plut aux hommes qui dominent encore dans le département de Vaucluse de lui ôter une place qu'il remplissait avec zèle et fermeté, pour le punir de s'être tant soit peu moqué de la caste aux écussons, contre laquelle il s'était permis de publier deux petites brochures malheureusement très spirituelles.

Parmi les contemporains les plus distingués, je ne dois pas oublier le meilleur de nos paysagistes, M. *Bidault*, et le docteur *Audin-Rouvière*, qui a professé l'hygiène à l'Athénée de Paris, à côté des Cuvier et des Fourcroy. Ce médecin est auteur de la *Topographie médicale* de Paris, dont les hommes de l'art parlent avec beaucoup d'éloges.

L'éducation des vers à soie est la principale branche du commerce de Carpentras. On doit à M. *Waton*, médecin philosophe, le conseil mis en pratique par M. Eysserie, de saupoudrer, avec de la chaux vive, les vers à soie parvenus à l'état de chenilles, avant de leur donner à manger : les succès de cette méthode commencent à prévaloir sur la routine, au grand déplaisir des *immobiles*. C'est encore M. Eysserie qui a déterminé le degré de chaleur nécessaire à ces insectes : l'erreur où M. *des Sauvages* était tombé à ce sujet avait fait perdre la récolte entière d'une année.

En visitant les délicieux environs de Carpentras, l'aqueduc a fixé sur-tout mon attention : cette construction élégante et hardie, ouvrage de l'ingénieur d'Allemand, a quarante-huit arches de longueur: les deux dernières, à l'extrémité de la ville, s'appuient sur un pont sous lequel coule la rivière d'Auson.

J'ai poussé ma promenade jusqu'au pont sur l'Ouvèze[1], dont la construction fait honneur au talent de M. *Caristie*, ingénieur des ponts et chaussées, membre de l'institut d'Égypte. Je fus bien aise d'apprendre qu'on s'occupait d'un projet de canal qui doit amener sous ce pont les eaux de la Durance. Ailleurs, on aurait peut-être attendu pour construire le pont que le canal fût exécuté; mais j'ai déja eu l'occasion de remarquer que, dans ce pays, on s'occupait d'abord des moyens, sauf ensuite à délibérer sur le but.

Quoi qu'il en soit, on jouit d'une fort belle vue sur ce pont de prévoyance, qui sert de limite entre l'ancien comtat et la petite principauté d'Orange. Le château de *Beauregard*, que l'on remarque au bas de la rampe du pont sur l'Ouvèze, présente une masse de bâtiments assez régulière. « Le propriétaire de ce château, me dit M. Audrin, né dans cette classe où généralement on ne vit que d'exceptions, de regrets, et de souvenirs, s'était préparé de bonne heure une existence plus honorable, en se dévouant encore au service de sa patrie, avec les vertus et les talents d'un bon administrateur; ce qui

[1] L'Ouvèze, formée par un torrent, est à sec pendant une partie de l'année.

lui a valu, comme vous pouvez croire, l'honneur d'être persécuté... M. *de Biliotti* a pris le seul parti qui convient au sage dans les temps d'injustice et de haine; il vit dans la retraite, il cultive ses champs, et fait des vœux pour le bonheur de son pays. »

N° LIII. [30 janvier 1819.]

RETOUR A AVIGNON.

> . . . . Breve sit quod turpiter audes.
> Juv., sat VIII
> Le regne des passions est de courte durée.

J'ai été obligé, pour reprendre la route de Marseille, de revenir à Avignon.

Je n'ai pu m'assurer, en passant à *Vedènes*, lequel avait raison, de Scaliger, qui prétend que ce village fut jadis l'antique *Vindalium*, détruite par Domitius Ænobarbus, ou de M. Fortia-Durban, qui assure que c'est à *Bédarides* qu'il faut chercher les ruines de Vindalium.

Au bas du monticule où Vedènes est situé se trouve une jolie maison de campagne, appelée *Gromelle*: cette maison appartient à M. *Adeler*, ancien chambellan du roi de Danemarck, et, qui plus est, ami de M. *Lasteyrie*, l'un des membres les plus distingués de la société d'agriculture.

Je ne m'amuserai pas à décrire cette charmante habitation, où je fus accueilli avec une extrême bienveillance. Au lieu de parler de trente mille pieds d'arbres dont cet habile cultivateur a enrichi sa propriété, je dirai que M. Adeler est le bienfaiteur des deux communes qui l'avoisinent; que les pauvres le bénissent comme un père, et que le voyageur trouve en lui un homme d'une profonde instruction et d'une vaste littérature.

L'amitié d'un homme de bien est, selon moi, la meilleure réponse que l'on puisse faire à la calomnie : M. *Moureau*, de Vaucluse, a été en butte à ses traits les plus cruels; mais, pendant la terreur de 1793, il sauva la vie à plusieurs de ses concitoyens, et il fut proscrit par les hommes de 1815 : à toutes les époques, il resta fidèlement attaché au parti français; en un mot, il est l'ami de M. Adeler. Si de pareils témoignages ne peuvent désarmer la haine, du moins doivent-ils consoler la victime.

La réaction n'a point épargné *Gromelle* et ses paisibles habitants : la maison de M. Adeler fut pillée, sa famille proscrite, et le fer des assassins qui l'assaillirent est encore empreint sur son front.

J'ai parcouru la plus grande partie du comtat; par-tout j'ai trouvé des traces plus ou moins profondes des malheurs qu'entraînent les dissensions civiles; par-tout j'ai trouvé les partisans de la réunion à la France victimes d'une réaction tout à-la-fois ultra-royaliste et ultramontaine.

Peut-on nier cependant que ceux qui coopérèrent

à cette réunion n'aient bien mérité de la patrie et de leurs concitoyens? Avignon et le comtat, qui forment aujourd'hui un des plus riches départements de la France, se trouvaient jadis enclavés dans les provinces méridionales, qui les réclamaient depuis long-temps. Éloignés de trois cents lieues du chef-lieu du gouvernement, sans secours, sans protection; placés dans une position également fausse à l'égard de la France et de Rome, depuis que les principautés particulières avaient disparu; entourés de barrières; sans industrie, sans agriculture, sans commerce; pauvres au milieu de l'abondance, courbés sous le poids intolérable des abus; tourmentés par le despotisme de Rome; avilis par l'aristocratie des nobles, par le fanatisme des moines; entraînés violemment par le torrent de la révolution française, et précipités par le choc de tous ces éléments de destruction dans un abyme inévitable de malheurs, quel autre moyen de salut existait-il pour ce pays que de le réunir à l'état dont il avait été séparé jadis par une donation dont la validité n'avait jamais été reconnue? MM. *Tissot* et *Vinay* eurent la plus grande part à cette transaction politique. Le premier, nommé député près du roi et de l'assemblée constituante, leur porta le vœu de réunion, qui fut solennellement accueilli; le second, en qualité de substitut du procureur de la commune, remplissait alors les fonctions du ministère public. Tel est l'ascendant d'une conduite irréprochable, que l'esprit de parti lui-même s'est vu contraint de respecter la réputation de ces deux citoyens.

Les factions attendent, mais elles n'oublient jamais : proscrits en 1793 par les démagogues, ces mêmes patriotes le furent encore en 1815 par les hommes monarchiques; leurs maisons furent pillées et démolies par des rassemblements d'hommes constamment opposés à la réunion, et qui accouraient des diverses parties du comtat pour faire arborer le drapeau de la France à ceux qui avaient été obligés de les châtier plusieurs fois pour l'avoir abattu. Je le répète, à toutes les époques de la révolution, les partisans de la France ont été dans ce pays en butte aux fureurs de l'opposition ultramontaine. Veut-on mettre un terme à ces dissensions civiles, veut-on qu'il n'y ait ici que des Français; le moyen est simple et infaillible : que les ennemis de la France soient exclus des fonctions publiques. Je ne suis pas certain que cette mesure laissât plus de trois personnes en place; mais je suis sûr au moins qu'on ne serait pas obligé de chercher ailleurs des hommes dignes de la confiance du gouvernement et de leurs concitoyens.

En partant d'Avignon, je n'y avais laissé qu'un missionnaire; j'en ai trouvé quatorze à mon retour. J'ai été arrêté, en entrant dans la ville, le 22 février, par une de leurs processions. C'était véritablement un très joli coup d'œil que cette double file de quarante ou cinquante jeunes vierges, plus ou moins, dont la plupart avaient figuré avec la même grâce, avec la même ferveur, dans les bals du carnaval dernier, et quelques unes même aux farandoles de 1815: leur voix, familiarisée avec la tendre romance, répétait sans peine l'air des saints cantiques ; mais il leur arrivait quelquefois de se tromper de paroles, et telle jeune fille a été entendue chantant le plus innocemment du monde,

Oh! que l'amour est chose jolie!

au lieu de

Oh! qu'il est doux d'adorer Marie!

Après elles venaient les élèves des deux séminaires. Si j'avais été le maître des cérémonies à cette procession, je n'aurais pas mis ces jeunes gens immédiatement derrière ces demoiselles; on n'a pas toujours les yeux sur son livre; et les robes de nos vierges prennent si bien la taille!... J'ai d'ailleurs été enchanté du grand nombre et de la bonne tenue des prêtres de toutes les paroisses, et des pénitents gris, noirs, blancs, et bleus; mais ce qui m'a surtout édifié, ce sont les chasseurs de la garde nationale, servant d'escorte à toutes les autorités civiles et militaires, qui paraissaient décidées à se convertir. Dieu le veuille!

J'avais été frappé de l'air de malice et de mécontentement d'un homme qui regardait, comme moi, passer la procession : c'était le directeur du théâtre, à qui les missionnaires, pour éviter la concurrence, avaient voulu faire fermer son spectacle; mais celui-ci, muni d'une autorisation ministérielle, pouvait exiger une indemnité de huit cents francs par représentation : le maire avait donc été obligé de lui accorder l'autorisation de jouer le soir même, et c'était probablement pour en témoigner sa reconnaissance que le directeur avait fait afficher le *Tartufe* et les *Rêveries renouvelées des Grecs*.

J'ai été loger cette fois, pour des raisons de convenance particulière, à l'hôtel de l'Europe, chez madame *Pierron*, excellente femme que l'on a, dit-on, mise en scène, sous le nom de madame Legras, dans la comédie du *Sourd* ou *l'Auberge pleine*.

Je n'avais fait qu'entrevoir le palais papal[1]; j'y suis retourné avec mon ami, le major Montéval, qui demeure tout auprès. L'intérieur de cet édifice est presque entièrement écroulé; la partie restée intacte et la chapelle du pape ont été métamorphosées en prison et en caserne. A l'exception de la salle des gardes, dont *l'ami Pompignan* a fait une assez drôle de description dans son voyage de Provence, il est impossible de reconnaître l'ancienne destination des appartements. La chambre où siégeait l'in-

---

[1] L'ordre vient d'être donné pour réparer ce bel édifice.

quisition en faisait partie, et j'ai vu les cachots où l'on enfermait les victimes de ce tribunal théocratique. Il serait injuste néanmoins de ne pas convenir que l'inquisition a toujours été moins cruelle et moins intolérante dans les états du pape que partout ailleurs. Le saint-office se bornait ici à former l'*index* des livres défendus par le gouvernement romain, ce qui n'empêchait pas que les ouvrages brûlés à Paris par la main du bourreau ne s'imprimassent aussi publiquement à Avignon qu'en Hollande : c'était le casuel de la place du légat.

Je n'ai pas eu le courage d'entrer dans cette tour du palais *marquée* du nom de *Glacière;* mais à propos de ce monument d'exécrable mémoire, le major rectifia quelques unes de mes idées: « Les hommes d'un certain parti, me dit-il, pour essayer de justifier ici les actes sanglants dont ils sont les auteurs ou les complices, rapportent tout à l'impunité des misérables qu'ils appellent les *glaciaristes*, et qu'ils feignent de confondre avec les partisans de la réunion : il est de fait cependant que, sur soixante-trois personnes assassinées à la Glacière, on comptait soixante-un patriotes de 89. Vous savez que cet horrible massacre fut provoqué par le meurtre de M. *Lescuyer,* né à Amiens, notaire à Avignon, et chef des mouvements insurrectionnels qui amenèrent la réunion. Accusé devant le peuple d'avoir enlevé les effets déposés au Mont-de-Piété, il avait été amené dans l'église des cordeliers pour se disculper devant une assemblée nombreuse; il avait prouvé la fausseté de cette accusation, et se préparait à sortir aux acclamations du peuple, lorsqu'une femme s'écria : « Regardez, la Vierge rougit « d'entendre ces mensonges. » Tous les yeux se portent alors sur une madone de marbre, dont la figure se trouve en effet enluminée du plus beau vermillon; on crie au miracle, et l'on assomme Lescuyer. Ses partisans accourent avec du canon, se saisissent de la *coloriste* et de tous ceux qu'on leur désigne comme auteurs ou complices du meurtre : on les enferme dans la tour, d'où on les précipite dans la Glacière. Ce crime est abominable, l'amnistie dont on l'a couvert est un forfait nouveau; mais doit-on en rejeter la honte et l'horreur sur les amis de ceux qui en furent victimes?

Sur l'esplanade du rocher, dans la partie contiguë au palais, s'élève l'église métropolitaine de *Notre-Dame-de-Dons*: une espèce de conservateur de ruines s'est attaché à ce monument, qu'il explique aux étrangers avec une incroyable volubilité de langue. Ce temple, avant la révolution, était fameux pour les richesses que la libéralité de plusieurs papes y avait accumulées.

Je n'ai rien vu avec autant de plaisir à Avignon que la succursale de l'hôtel des Invalides, fondée dans le local de deux anciens couvents. C'est là que douze cents défenseurs de la patrie, presque tous mutilés, reçoivent d'elle un asile honorable et les soins dus à leur état. Des jardins spacieux leur offrent une promenade agréable. Un logement vient d'être récemment disposé dans cette maison pour y recevoir des sœurs de la charité, dont les pieux secours ne pourront qu'être infiniment précieux à ces vétérans de la gloire nationale. Cette succursale, digne en tout de l'hôtel de Paris, avait été fondée par le général *Fugière*, qui l'avait d'abord composée des braves revenus avec lui d'Égypte : c'est dans l'exercice de ses fonctions que ce général, invalide lui-même, avait terminé une carrière long-temps et justement honorée. Le commandant de cet établissement est maintenant M. le comte *de Lussac*, ex-capitaine-lieutenant des chevau-légers de la garde du roi, lequel, en 1815, a remplacé le général *Roland*, glorieusement mutilé au champ d'honneur.

Le major m'a conduit chez M. *Calvet de La Palun*, riche célibataire, et ami très éclairé des arts. Il a réuni, dans une galerie élégamment décorée, les modèles en plâtre des plus beaux monuments de la sculpture antique qui ornent ou qui ornaient jadis les musées de Paris. Par une préférence qui fait honneur à son patriotisme, il n'a admis dans son cabinet que des productions d'artistes français et vivants. On distingue dans sa collection deux morceaux de *Gauffier*, jeune peintre, enlevé trop tôt à un art où sans doute il eût pris rang parmi les maîtres de notre école.

Il y a dans cette ville *un cercle de noblesse* très peu nombreux, parceque ses membres sont très exclusifs, et qu'il faut treize quartiers au moins pour y être admis. Jouer au wisk, et rêver au bonheur du quatorzième siècle, sont heureusement les seules occupations de cette assemblée, depuis la dispersion des hommes qui travaillèrent si généreusement à la *conservation* de la France dans le dernier semestre de 1815.

On compte au *cercle du commerce* un assez grand nombre de membres franchement attachés aux libertés constitutionnelles; mais ils n'osent pas encore y prendre la parole: elle est presque exclusivement réservée à une espèce de Turcaret *versicolore*. Nos changements politiques, dont il s'est fait tour-à-tour l'apologiste et le détracteur, ont singulièrement grossi sa fortune. Ce petit homme déclame maintenant à outrance contre ce qu'il appelle *les détestables principes de la révolution;* il cite souvent avec emphase le vote émis par le conseil municipal en 1816 contre l'établissement des écoles d'enseignement mutuel. Pour l'intelligence des étrangers, après chaque phrase prononcée d'abord en patois, il en donne la traduction mot à mot en français. On lui accorde beaucoup de ridicules; il en jouit avec beaucoup d'orgueil. On se plaît à le mettre aux prises avec M. N***, qui ne manque ni d'esprit, ni de connaissances, mais dont les raisonnements vigoureux ne sont pas sans inconvénient pour ses interlocuteurs. Ce n'est qu'en tremblant qu'on s'engage dans une discussion avec ce dialecticien à poing fermé, que ses qualités physiques et morales ont fait nommer le *Crotoniate*.

Comme descendant d'un des plus anciens peuples du monde, les Israélites ont des droits à l'attention de l'observateur philosophe; et, comme anciennes victimes du fanatisme et de l'intolérance, ils sont dignes de l'intérêt de l'ami de la justice et de l'humanité : aussi n'ai-je pas voulu partir cette fois d'Avignon sans visiter la synagogue établie dans cette ville. Par un hasard assez singulier, le jour où je me rendis dans cette synagogue se trouvait un de ces jours de jeûne et d'expiation que les Juifs célèbrent solennellement, et que notre aimable Florian a décrits d'une manière si touchante dans la préface d'*Éliézer et Nephtali,* où il suppose que la belle Esther et son époux habitaient la ville même où je me trouvais en ce moment.

La synagogue, de peu d'étendue et d'apparence, contenait un assez grand nombre de fidèles; quelques chefs de famille paraissaient vivement pénétrés de l'objet de la cérémonie; les femmes pleuraient dans leur tribune, et la plupart des jeunes gens jouaient dans le parvis du temple. Après l'office, j'eus occasion de m'entretenir avec un Israélite très instruit, qui, pour se distraire par une lecture qui ne fût pas profane, tenait en main la traduction en hébreu du *Phédon* du célèbre Moses Mendelsohn de Berlin.

« Les Juifs, me dit-il, sont répandus en assez grand nombre dans l'ancien comtat d'Avignon et dans les provinces adjacentes. Ils portent le nom de Juifs avignonais, et sont pour la plupart originaires d'Italie. A l'exception des *Caraites,* qui n'admettent aucune des traditions modernes des Juifs, les autres classes d'Israélites allemands, portugais ou avignonais, ne se distinguent entre elles que par la différence du langage, et, tout au plus, de la liturgie.

« Les Juifs d'Avignon sont aujourd'hui la classe la moins distinguée de cette communion : on y remarque moins de civilisation, moins de lumières que parmi les Juifs allemands et portugais.

« Dans les derniers troubles civils et religieux qui ont agité le midi de la France, les Juifs d'Avignon ne paraissent pas avoir montré assez d'attachement à la dignité sociale pour obtenir l'honneur de la persécution.

« C'est une chose digne de remarque, continuat-il, que parmi les Israélites la croyance se conserve plus religieusement dans la classe instruite que dans celle où le bienfait de l'éducation est moins commun; tandis que dans le reste de la société, par une marche contraire et, selon moi, moins dangereuse, l'incrédulité descend lentement des classes supérieures à celle du peuple. »

Le livre que cet Israélite tenait entre les mains lui fournit l'occasion de me parler du traducteur, feu M. *Bing*, de Metz, qui s'était fait connaître aussi dans la littérature française par une apologie de ses co-religionnaires dont Mirabeau fit, en 1788, le plus brillant éloge, et par les notes du célèbre ouvrage en faveur des Juifs, publié à-peu-près à la même époque par le savant et vertueux évêque de Blois, M. Grégoire.

Mon Israélite d'Avignon, empressé de relever dans mon esprit la nation dispersée à laquelle il appartient, n'oublia pas de payer un juste tribut d'estime et d'admiration à la mémoire de M. *Furtado*, de la Gironde, aux vertus et aux lumières du chevalier *Cologna*, actuellement président du consistoire central; enfin, il me parla avec des sentiments particuliers d'estime et de reconnaissance du secrétaire du grand sanhédrin convoqué en 1807, de M. *Berr*, professeur de littérature allemande à l'athénée de Paris, et qu'honorent à-la-fois les suffrages de l'opinion publique, l'estime de ses co-religionnaires, et les persécutions de quelques Juifs qui ne connaissent d'autre voie que celle de la richesse pour arriver à la considération.

Dans les derniers moments que nous passâmes ensemble, le major Montéval ajouta quelques noms à la liste des hommes célèbres nés dans ce département, et dont j'avais oublié de faire mention.

« Sans doute, me dit-il, vous pouviez vous contenter de citer *Vernet:* un nom qui rappelle tant de chefs-d'œuvre, qui se perpétue avec tant de gloire, suffit à son éloge; mais il ne fallait pas l'accoler à celui de *Mignard*, peintre du second ordre, qui n'est pas même, comme vous paraissez le croire, ce Mignard dit *le Romain*, peintre de Louis XIV, lequel excella dans le portrait moins encore que dans la flatterie.

« Après Vernet, le plus grand peintre que cette ville ait vu naître est, sans contredit, *Pierre Parrocel:* ses tableaux de *Tobie* et de la *Vierge couronnant l'enfant Jésus* passent pour deux chefs-d'œuvre.

« Le chevalier *Folard*, auteur des *Commentaires sur Polybe*, est né dans cette ville. La municipalité d'Avignon vient de faire demander à sa famille le portrait de cet homme célèbre, pour en orner le lieu de ses séances.

« Un petit neveu de Folard, diplomate distingué, avait été nommé membre du sénat conservateur par le chef du gouvernement impérial: il refusa.

« Le baron d'*Oppède*[1], ambassadeur à Venise

---

[1] Il ne faut pas le confondre avec l'abominable président d'Oppède, si odieusement célèbre par le massacre de quatre mille Vaudois.

sous Charles VIII; le cardinal de *Cabassoles*, protecteur et ami de Pétrarque; *Saint-Geniet*, poëte latin du dix-septième siècle; *Joseph Meir*, savant rabbin; *Joseph-Saurin*, de l'académie française; madame *Favart*, actrice célèbre par les graces de son jeu et par l'esprit de l'abbé de Voisenon; *Mouret*, musicien distingué, et *Balchoux*, habile graveur, complètent, avec ceux que vous avez déja cités, la galerie des célèbres Avignonais, à laquelle il faut ajouter, si vous voulez y comprendre ceux qui vivent encore et dont vous n'avez pas parlé, le comte de *Forlia d'Urban*, auteur des *Considérations sur l'origine et l'histoire ancienne du globe*; M. *Dupuy*, poëte agréable et avocat distingué; *François Séguin* aîné, imprimeur, à qui l'on doit plusieurs éditions de classiques italiens, anglais et espagnols, remarquables par la beauté de l'impression et la correction du texte; le brave *Malet*, colonel du troisième régiment de l'ancienne garde, parti tambour au commencement de la révolution, l'un de ceux qui, à la voix de leur chef, du fidèle Cambrone, *sont morts* à Waterloo et *ne se sont pas rendus.* »

Je pars demain pour Marseille; je m'arrêterai quelques heures à Beaucaire pour voir le canal, dont on m'a parlé comme d'un des plus beaux monuments consacrés à l'utilité publique.

N° LIV. [12 FÉVRIER 1819.]

SÉJOUR A AIX.

> *It is in vain to take notice of things, if we take none of men.*
> BACON, *Essais.*
>
> C'est en vain que l'on prend note des choses,
> si l'on ne tient pas compte des hommes

Ma bibliothèque de voyage ne se compose guère que des différents mémoires sur la statistique des départements que je parcours ; la plupart sont faits avec beaucoup d'exactitude et de talent ; j'ai eu souvent occasion de les citer avec éloge.

J'étais déja bien loin de l'Aude lorsque mon libraire me fit passer *la Description générale et statistique de ce département.*

Je me rappelai que j'avais sur ce pays des notes inédites d'autant plus précieuses qu'elles ont été recueillies, sur les lieux mêmes, à trente ans de distance ; je fus bien aise de comparer mes observations avec celles de l'auteur de *la Description générale.*

Le nom de cet auteur, successivement rédacteur

du *Moniteur* en 1793, secrétaire-général et ensuite agent diplomatique de ce même directoire de la république française près de la cisalpine, ministre du gouvernement près de la cour de Naples, où il a laissé des monuments de son exquise politesse, préfet pendant douze ans dans le département de l'Aude, où il a concentré sur une seule famille, qui lui tenait de près, les regrets que sa perte a causés, le nom, dis-je, de M. le baron *Trouvé*, si connu dans la république des lettres par sa belle ode sur l'*Égalité*, présentée en 1793 à la convention nationale, et par la prose éloquente du *Conservateur*, dont il s'est déclaré rédacteur responsable, m'avait singulièrement prévenu en faveur de cet ouvrage.

Ainsi donc, sans m'arrêter aux réclamations de M. Julia, de Narbonne, qui offre de prouver que la description de M. l'ex-préfet n'est qu'une compilation des dissertations et des mémoires de plusieurs savants du pays[1], et des documents de toute espèce qu'il a lui-même fournis à l'auteur par l'intermédiaire du docteur *Alary*, je passe à l'examen d'un fait important qui m'est plus particulièrement connu, et dont M. le baron, dans le cours d'une ad-

---

[1] Mémoires imprimés de MM. Geogeat, Py, Julia, Lafont, sur les villes de Narbonne et de Carcassonne ; Mémoire du docteur Pech, sur les coquilles qui se trouvent depuis l'embouchure de l'Aude jusqu'au cap Leucate ; de la *Chloris narbonensis* de feu M. Pourret, etc., etc.

ministration de douze ans, ne paraît pas avoir eu le temps de s'instruire.

A mon premier voyage en Languedoc, il n'y a guère moins d'une trentaine d'années, je me souvenais d'avoir vu, entre Carcassonne et Narbonne, un vaste étang dont les exhalaisons délétères portaient la contagion dans la contrée environnante, à une distance considérable.

J'avais vu les rares habitants du hameau de cet étang de *Marseillette*, traînant dans la langueur d'une vieillesse prématurée leur rapide et fugitive existence.

J'avais appris sur les lieux mêmes que les rois de France et les états de la province, en compensation du fléau dont ces malheureux naissaient et mouraient victimes, leur accordaient des secours annuels, des exemptions de milice, et plusieurs autres priviléges.

J'avais su que les évêques de Carcassonne ne trouvaient qu'avec peine quelques prêtres courageux pour le service des paroisses limitrophes de cet étang, et que les agents de l'autorité civile, obligés de s'y montrer quelquefois, se hâtaient de remplir leur périlleuse mission, et ne croyaient jamais échapper assez vite à la contagion dont ils étaient parfois atteints : j'avais appris, enfin, que cet étang, d'une contenance de plus de six mille arpents, avait été depuis plusieurs siècles l'objet spécial du gouvernement, lequel avait en vain favorisé les nombreuses compagnies qui en avaient entrepris le dessèchement; tant d'efforts infructueux semblaient avoir démontré l'impossibilité du succès.

Qu'on juge de mon étonnement, lorsqu'il y a quelques mois, en m'arrêtant pour dîner à l'écluse Saint-Martin, au lieu de l'étang de Marseillette, je me trouve avoir sous les yeux une plaine immense où cent cinquante charrues, qui la traversent en tous sens, font naître les plus riches moissons. Quelle puissance miraculeuse a produit cette métamorphose, cette population nombreuse, ces plantations forestières, ces prairies verdoyantes, en un mot, cette nature nouvelle que je ne me lasse point d'admirer?

Je veux savoir quel génie propice à l'humanité, quelle association bienfaisante a pu opérer un pareil prodige; j'interroge.

Une femme, une Irlandaise, seule, sans secours du gouvernement, mais forte de son caractère, de son amour pour sa nouvelle patrie, est venue à bout de cette noble entreprise, au milieu des obstacles que les plus viles passions humaines, l'intérêt et l'envie, ne cessèrent de lui opposer. Et l'administrateur, qui aurait dû être si fier d'une telle conquête, a gardé le silence sur cette mémorable création!... Et mes yeux cherchèrent en vain un monument qui attestât la reconnaissance publique...

Puissent du moins ces lignes, que je trace à la hâte, consacrer à la postérité le nom de madame Lawless, auteur de ce miracle d'agriculture! Rien ne manque à la gloire de son entreprise, pas même l'ingratitude de ceux qui ont eu la plus grande part à son succès.

Cette dame est la belle-mère de M. le comte de Bausset, du très petit nombre des hommes de l'époque où nous vivons qui ont su concilier ce qu'on doit de soumission à la puissance avec ce qu'on doit de respect à une grande infortune.

M. de Bausset, libre des devoirs que la reconnaissance lui imposait, et qu'il a remplis dans toute leur étendue, vit retiré dans une de ses terres, à quelques lieues de Béziers, près des bords de la mer. J'ai bien regretté dans le temps de n'avoir pu me détourner de ma route pour rendre visite à un homme qui a su cultiver, au sein des cours, l'amitié, les vertus et les arts, qui font aujourd'hui le charme de son honorable retraite.

Après avoir demandé pardon à mes lecteurs de cette digression, je continue la relation de mon voyage. A mon départ d'Avignon, M. de Montéval m'a accompagné jusqu'au *neguechin* [1], sur lequel je me suis embarqué pour me rendre au coche d'eau

---

[1] Nom que l'on donne, en patois provençal, à une espèce de bateau très étroit.

qui m'a conduit en moins de deux heures à Beaucaire. Nous avons pleuré en nous séparant; il y a quelque chose de si sombre dans ces mots : Nous ne nous verrons plus !

En descendant le Rhône, j'ai remarqué à ma droite, du côté du Languedoc, *Villeneuve-lès-Avignon*, *Aramon* et *Saint-Roman*, château fort, sitré au haut d'une montagne, et qui appartenait anciennement à la famille des Brancas; du côté de la Provence, *Château-Renard* et *Barbentonne*.

J'ai mis pied à terre près du château de Tarascon, où sont maintenant les prisons de la ville : c'est dans ce château qu'en 1795 on renouvela si odieusement le crime épouvantable de la Glacière. Soixante-trois prisonniers pour opinions politiques, après avoir été massacrés par les égorgeurs qu'en ce pays la faction dominante a toujours à ses gages, furent jetés, du haut de la tour du château, sur un rocher d'où, en bondissant, les cadavres allaient se précipiter dans le Rhône.

De Tarascon à Beaucaire, j'ai passé sur deux ponts de bateaux assez grossièrement construits. En entrant dans cette dernière ville, on voit d'un côté la prairie sur laquelle, au temps de la foire, s'élève une ville nouvelle dont les baraques en bois sont occupées par les marchands qui affluent ici de tous les points commerçants de l'Europe; de l'autre, le port, où l'on compte alors un grand nombre de bâtiments de commerce, sous pavillons de toutes couleurs.

L'historiographe Valois croit fermement, d'après Strabon, que Beaucaire est l'ancien château d'*Argenum*. Je n'ai pas pris la peine de lire les vingt pages en mauvais latin où il s'efforce de le prouver.

Tout le monde sait que la foire de Beaucaire est une des plus considérables de l'Europe. Elle dut en partie sa célébrité à l'affranchissement de toute espèce de droits, dont elle jouissait par son institution et par le privilége spécial que lui accorda Raymond, comte de Toulouse, en 1217; privilége qui lui fut conservé par les rois de France, et particulièrement par Charles VIII, Louis XII et Louis XIII.

Le château de Beaucaire passa pour une des clefs du royaume jusqu'au moment de la réunion de la Provence à la couronne; il fut démoli, en 1632, par les habitants de la ville, qui cherchèrent par ce moyen à mettre un terme à la tyrannie de leurs seigneurs. De ce fait, et d'une foule d'autres, peut-être serait-on en droit de conclure que l'esprit d'indépendance est naturel aux méridionaux français, et que tant d'excès favorables au despotisme dont ils se sont rendus coupables aux diverses époques de leur histoire, ne sont que l'abus de ce noble sentiment, faussé dans sa direction par des hommes toujours prêts à profiter des passions du peuple pour l'asservir. Il est de tradition, dans le pays, que lors de la démolition du château les femmes de tous les âges et de toutes les conditions y travaillèrent avec une ardeur infatigable, et qu'elles se servaient de leurs ciseaux pour hâter sa destruction, en détachant le ciment qui liait ensemble les pierres de ce gothique édifice.

Il ne reste aujourd'hui de ce monument féodal que la tour, d'une admirable structure. On a d'autant plus de peine à se rendre compte du nom de *tour carrée* qu'on lui conserve, qu'elle est hexagone, et que de loin elle paraît triangulaire. C'est, dit-on, un roi qui le premier l'a désignée par cette épithète ; les courtisans se sont empressés, comme de raison, de répéter cette sottise royale, et le peuple, comme à l'ordinaire, l'a adoptée de confiance.

La ville de Beaucaire a jadis été le chef-lieu d'une des trois sénéchaussées qui divisaient la province du Languedoc ; le siège des deux autres était à Toulouse et à Carcassonne : de Carcassonne la sénéchaussée fut transférée à Nîmes.

Après avoir jeté un coup-d'œil sur l'église de Notre-Dame-de-Pommiers, seul monument de cette ville qui soit digne de quelque attention, j'ai longé le port du Rhône pour me rendre au canal, objet spécial de mon excursion. Je demande la permission à mes lecteurs d'entrer dans quelques détails sur un des plus beaux monuments que l'industrie ait consacrés, dans ce pays, à l'utilité publique.

Ce canal, qui s'embouche dans le Rhône sous les murs de Beaucaire, établit par ce moyen une communication continue entre l'*Océan*, la *Garonne*, le canal de *Languedoc*, la *Méditerranée*, par le port de *Cette* et le canal des *Étangs;* entre la *Saône*, la *Loire*, l'*Yonne*, et la *Seine,* liées entre elles par les canaux du *Charolais*, de *Briare*, de *Loing* et d'*Orléans*.

Cette grande et utile entreprise, projetée dès l'an 1644, n'a pu être exécutée qu'en 1801, par suite d'une concession faite à des capitalistes de Montpellier et de Paris.

Les travaux qu'il a fallu faire pour vaincre les obstacles d'un fleuve tel que le Rhône, sont dignes d'être comparés à ceux dont les Romains ont laissé dans ce pays d'admirables modèles.

J'ai particulièrement remarqué à Beaucaire l'écluse de prise d'eau, qui n'a pu être construite que sous la protection d'un batardeau tracé dans le Rhône avec des peines infinies.

C'est derrière ce rempart, plusieurs fois assailli et entr'ouvert par les inondations et par l'action d'un courant très rapide, que fut fondée, au commencement de 1809, cette écluse de prise d'eau, à dix pieds au-dessous des plus basses eaux du fleuve. Il ne fallut pas moins de deux ans du travail le plus opiniâtre et d'un million de dépense pour la terminer.

De Beaucaire à *Saint-Gilles*, en se dirigeant par le canal, on rencontre, à des distances inégales, trois écluses et plusieurs ponts d'une exécution parfaite.

Dans la partie du canal entre Saint-Gilles et *Aigues-Mortes*, le sol ne présente d'autre obstacle qu'un vaste marais d'où s'exhalent des miasmes putrides, qui sont le principe des fièvres endémiques auxquelles cette contrée est en proie. Un projet de desséchement général, médité par d'habiles ingénieurs, détruirait ce foyer d'infection; les travaux ont été commencés, mais leur activité s'est singulièrement ralentie par des contestations d'indemnités entre la compagnie chargée des frais de desséchement et les propriétaires du marais, qui veulent trafiquer trop avantageusement du droit qu'ils ont d'empêcher le bien qu'on veut faire.

Dans ces derniers temps, un préfet aussi sage qu'habile, et qui, par conséquent, n'est pas resté en place, M. *Rolland de Villarceaux*, était parvenu à aplanir bien des difficultés, en se rendant l'intermédiaire plutôt que l'arbitre entre les partis opposés. Il serait à desirer que les administrateurs actuels profitassent de l'exemple que leur prédécesseur leur a laissé.

Un des entrepreneurs du canal, avec lequel je me

suis long-temps entretenu, m'a appris que la compagnie du canal de Beaucaire avait outre-passé de plusieurs millions ses obligations envers le gouvernement : elle est donc en droit d'en attendre une protection spéciale, quand il s'agit de terminer cette utile et vaste entreprise.

Le grand canal se termine à Aigues-Mortes, où il se réunit au canal de la *Robine* et à celui de *la Rodelle*, lequel, après un cours d'environ quatre lieues, de l'est à l'ouest, débouche dans l'étang de *Mauguio*.

La navigation de cet étang, si je dois en croire les informations que j'ai prises, devient de jour en jour plus difficile, et finira par être impraticable, si l'on ne se hâte de remédier aux ensablements progressifs que les rivières et les torrents y amènent.

On assure que le gouvernement se propose de faire construire un canal à travers l'étang de Manguio, et de réparer les canaux environnants, au moyen d'un emprunt de deux millions. Si ce projet s'exécute, quatre ou cinq cents lieues de canaux ou de rivières navigables n'auront plus de lacune, le système de la navigation intérieure dans cette belle partie de la France se trouvera complet.

M. le conseiller d'état Becquey, dans les diverses tournées qu'il a faites dans les départements du Midi, paraît s'être occupé de cette branche importante de l'administration; il a jugé, en bon économiste, que la navigation intérieure était une des principales sources de la prospérité publique; que, pour atteindre ce but sans épuiser les finances de l'état, il fallait nécessairement avoir recours aux capitalistes, et déterminer ceux-ci par des encouragements dont le gouvernement, chez nous, s'est toujours montré trop avare. Le ministre de l'intérieur, autant par inclination que par devoir, ne laissera pas probablement échapper cette occasion de profiter de l'une des plus belles attributions de son ministère, celle de terminer en quelques années une vaste et patriotique entreprise, conçue il y a près de deux siècles, et dont l'achèvement assure au midi de la France d'innombrables avantages.

Je ne me suis arrêté qu'un moment à *Orgon*, pour prendre quelques informations sur les dangers que Bonaparte y courut en 1814 : la nouvelle de son arrivée avait été le signal d'une émeute où il aurait infailliblement perdu la vie, s'il ne se fût avisé de changer d'habits avec son postillon, en traversant une ville où, quelques mois auparavant et après, les mêmes hommes se seraient empressés de multiplier les arcs de triomphe sur son passage. Quel beau sujet d'épisode que le récit de cette anecdote! mais il déplairait aux uns et ne satisferait pas les autres; passons notre chemin.

C'est un bel aspect que celui de la ville d'Aix; du côté où j'y suis entré, elle se présente dans son plus grand développement; on distingue, aux deux extrémités opposées, la tour de la cathédrale, d'une belle construction, et le clocher de Saint-Jean, dont la flèche s'élance à près de deux cents pieds; dans cet intervalle, une infinité de tours et de clochers s'entremêlent aux antiques ormeaux dont la cime touffue dépasse de tous les côtés le faîte des édifices.

Le fond de ce tableau, à deux lieues environ dans l'est, présente un amas de rochers sous la forme d'une immense pyramide; de ce point élevé, quand l'horizon n'est point chargé de vapeurs, on découvre la mer, les étangs de *Berre*, couverts de barques de pêcheurs, les Alpes, et la tête blanche du mont *Ventoux*; la montagne de *Lure*, si souvent parcourue par les botanistes; et celle de *Léberon*, peuplée d'une race d'hommes tranquilles, laborieux, et dont les mœurs respirent la simplicité du culte qu'ils professent. On aperçoit aussi ce mont de *la Sainte-Baume*, où, selon la légende du pays, la belle pécheresse à laquelle *tant de choses furent remises parcequ'elle avait beaucoup aimé*, vint du fond de la Judée expier ses douces erreurs par trente-cinq ans de repentir.

Au pied de la montagne, du côté du nord, on voit sur un tertre, au milieu de la vallée, le château de *Vauvenargues*, berceau d'un de nos plus illustres moralistes.

Vers le midi s'étend une plaine immense et à jamais célèbre par la destruction des Teutons et des Cimbres, qui menaçaient l'empire romain : le plébéien Marius, en exterminant ces barbares, sauva sa patrie du joug de l'étranger [1] : ce service a presque fait oublier ses crimes. Le vainqueur donna à cette masse calcaire le nom, qu'elle a conservé, de *Montagne de la Victoire*, et bâtit un temple sur sa cime. Le temple fut remplacé, dans la suite, par une chapelle desservie par des moines, sous la même invocation de sainte Victoire. A l'époque de la révolution, la chapelle n'était plus qu'une cellule d'ermite, et maintenant l'orfraie habite seule ces ruines solitaires.

L'hôte aimable et savant chez lequel j'ai passé quelques jours à Aix, veut bien me permettre de me parer des connaissances que j'ai puisées dans ses doctes entretiens et dans une suite d'observations qu'il m'a communiquées avec une obligeance dont je conserve le souvenir.

La ville d'Aix, fondée par le proconsul *Caïus Sextius Calverius*, cent vingt-trois ans avant l'ère vulgaire, est la première colonie établie dans les Gaules par les Romains, qui la nommèrent *Aquæ Sextiæ*, du nom de son fondateur, et à cause de ses eaux thermales.

[1] Il reste encore, sur le bord de la grande route, la base du monument qui fut élevé, après la bataille, sur le lieu où les Cimbres, les Ambrons et les Teutons furent vaincus par Marius.

Des restes de maisons antiques, des bains, des statues, des marbres chargés d'inscriptions, des mosaïques, des ustensiles trouvés dans les fouilles qui ont été faites dans ces derniers temps, des tronçons de colonnes de granit placés à divers coins de rue, des débris d'aqueducs, des portions de la voie Aurélienne, qu'il faut chercher dans les caves de quelques maisons modernes, le mur latéral d'un temple d'Apollon, faisant partie de la cathédrale [1], le beau torse de la statue de Dieu, oublié pendant plusieurs siècles dans l'obscurité d'un cloître, d'où il a disparu depuis peu ; enfin, huit colonnes de granit, tirées du même temple, et qui soutiennent aujourd'hui le dôme du baptistaire, sont ici les seuls restes des monuments romains. A l'époque des démolitions que l'on fit pour élever le nouveau palais de justice, on abattit deux tours de l'ancien prétoire, et l'on eut la barbarie de porter la main sur un superbe mausolée de douze toises d'élévation, couronné d'une rotonde dont les douze colonnes de granit avaient douze pieds de proportion ; ces colonnes, qui sont restées pendant trente ans ensevelies sous le fumier des écuries de la gendarmerie, gisent obscurément, depuis l'année dernière, le long d'un mur, dans une ruelle. Les Turcs les auraient

---

[1] Cette église n'offre rien de plus curieux que la tapisserie à grands personnages qui en orne le chœur; elle a appartenu à l'église de Saint-Paul de Londres

sciées pour en faire des meules de moulin; nous montrons-nous beaucoup moins barbares?

Le président Debrosses, dans ses *Lettres sur l'Italie*, où il fait une longue énumération des objets d'art qu'il a eu occasion de voir à Aix, décrit à sa manière le bas-relief antique qui décore la salle de la mairie; il prend l'*accouchement de Léda* pour les noces d'une jeune fille *qui fait de son mieux la mijaurée*. M. Millin relève cette erreur; mais, à son tour, il voit dans le beau cygne une *tendre colombe*; et, presqu'à la même page, il dit que le cours est planté de *beaux tilleuls*, et que sa direction est du *nord au midi*. On s'est permis de rire à Aix d'un professeur d'histoire naturelle, membre de l'Institut, qui prend un cygne pour une tourterelle, des ormeaux pour des tilleuls, le levant pour le nord, et le couchant pour le sud.

Rien ne contribue autant que les fontaines publiques à la salubrité et à l'agrément des villes. La plupart de celles d'Aix sont entourées d'arbres; les deux plus belles, à tous égards, sont, celle que l'on a construite sur la place de l'Hôtel-de-Ville, et celle qui décore la place de la Madeleine. Sur la première s'élève une colonne de granit; sur le massif de la seconde quatre lions soutiennent une pyramide, surmontée d'un globe au-dessus duquel un aigle déploie ses ailes. Comment cet aigle-là a-t-il échappé aux chasseurs de 1815?

Je ne parlerais pas de l'Hôtel-Dieu d'Aix, où je n'ai rien vu de remarquable, si l'on ne m'avait fait connaître deux clauses du testament de son fondateur, très dignes d'être citées.

Jacques de la Roques a voulu que l'on admît à l'hospice qu'il fondait *tout homme souffrant, quelle que fût sa croyance,* ETIAM DIABOLUS (même le diable) : ce sont ses expressions.

Il a déclaré, en outre, qu'il voulait que l'on n'admît au nombre des administrateurs dudit hospice *aucun ecclésiastique, quelque rang qu'il eût dans l'église,* ETIAM PAPA (fût-il pape) : cet homme-là connaissait son monde. De nos jours, il serait infailliblement privé des honneurs du cimetière; mais il vivait en 1515.

Nous avons assez de descriptions effrayantes et malheureusement trop vraies du régime des prisons; je ne me priverai pas du plaisir d'en tracer un tableau plus consolant dont je trouve ici le modèle.

Le bâtiment qui sert de prison est exposé au midi, hors des murs de la ville, sur un terrain élevé et bien découvert. Il est formé d'un seul corps-de-logis, traversé, au rez-de-chaussée et à ses deux étages, par de vastes corridors sur lesquels s'ouvrent des chambres spacieuses, percées, au nord et au midi, de larges fenêtres, d'où la vue s'étend sur la campagne. L'aspect de la nature est, pour des hommes coupables, un sujet de repentir et d'espérance dont on a jusqu'ici méconnu les avantages. Dans chacune des deux cours, entourées d'une muraille qui ne s'élève pas à la hauteur du premier étage, et dont la plus grande reste pendant le jour ouverte aux prisonniers, se trouve une fontaine à leur usage. Ici, point de cachots infects et humides; les plus obscurs sont ceux du rez-de-chaussée; à Paris, l'habitation du pauvre est plus triste et plus malsaine.

Telle est la construction de cette maison de force; examinons son régime intérieur. Le concierge fait une première exception : c'est un homme humain; s'il ne l'était pas, il serait contenu dans les seuls droits que lui donne sa responsabilité par la surveillance qu'exercent *journellement* dans cette maison les administrateurs d'un bureau de bienfaisance, établi en 1746 par lettres-patentes : institution admirable, et que l'on devrait retrouver par-tout où l'intérêt de la société motive la réclusion de quelques uns de ses membres. Ce bureau a le droit de faire quêter dans les paroisses, églises et chapelles de l'arrondissement; ses bienfaits ne se bornent pas à fournir des secours aux détenus, il en surveille l'emploi : chaque jour un commissaire spécial assiste à la distribution de la soupe, examine la qualité du pain, en vérifie le poids, visite les chambres, écoute les plaintes et reçoit les réclamations; son active bienfaisance devance toujours les démarches que le bureau ne manque jamais de faire avec succès en faveur de l'infortuné dont la plainte est fondée.

Des dames qu'inspirent un zèle sans ostentation, une charité sans préférence, partagent avec dévouement des fonctions qui ne sont pas toujours exemptes de dangers: elles sont les dignes émules de cette dame *Durel*, dont le nom sera vénéré aussi longtemps que la vertu aura un culte. Cet ange de bonté, que le Ciel, dans un jour de miséricorde, plaça auprès de l'infortune, consacra ses jours à secourir les prisonniers, dans la demeure desquels elle contracta une fièvre pernicieuse qui termina une si sainte vie.

J'ajoute un seul mot: ici, point de *secret;* car, dans le sens odieux que l'on a été forcé d'attacher à cette expression, je ne puis appeler ainsi la précaution quelquefois nécessaire d'isoler un prisonnier dans un lieu sain, pendant un court espace de temps, lorsque la découverte de la vérité et l'intérêt de la justice commandent de concert une semblable mesure.

On a dit que le beau côté d'une prison était le dehors; à Aix, je serais tenté de dire le contraire.

Aucune ville en France, Paris excepté, ne possède, je crois, une bibliothèque publique pareille à celle qu'un particulier, M. de *Méjanes*, a léguée à cette ancienne province de France, sous la condition qu'elle serait ouverte au public et placée à Aix; cette clause expresse a rendu vains les efforts que Marseille a faits pour la posséder. Cette bibliothèque, placée à la mairie, ne contient pas moins de quatre mille volumes, sans compter un grand nombre de manuscrits; c'est un dépôt de ce qu'il y a de plus précieux dans toutes les branches de la littérature. Le gouvernement vient encore de l'enrichir par le don du magnifique ouvrage composé pendant l'immortelle expédition d'Égypte.

On doit la conservation de ce précieux dépôt littéraire au docteur *Gibelin,* traducteur d'une grande partie des *Transactions philosophiques,* et dont l'érudition ne peut être comparée qu'à son extrême complaisance : l'homme studieux, qui passe de la bibliothèque royale de Paris à la bibliothèque publique d'Aix, retrouve auprès de M. Gibelin les lumières et l'obligeance infatigable qu'il a eu si souvent occasion d'admirer dans ses rapports avec MM. Langlès et Vanpraet.

En allant visiter cet établissement, je me suis arrêté devant la statue en marbre du maréchal de Villars, élevée sur le repos du grand escalier. Honneur au vainqueur de Denain! Qu'ils semblent beaux les traits de l'homme qui a sauvé son pays!

On voyait aussi naguère dans une niche, sur la tour de la grande horloge, une urne cinéraire avec cette inscription : *Aux mânes des défenseurs de la patrie;* l'urne a été enlevée et l'inscription effacée : ce n'était qu'en 1816 que l'on pouvait trouver des mains pour exécuter cet ordre sacrilége. C'est encore à cette époque de honte que l'on a fait disparaître une plaque en marbre où on lisait ces mots sur une des portes de la ville : *Porte d'Italie.* On a jugé, sans doute, qu'il était désormais inutile de nous indiquer la route d'un pays où nous avons laissé de si glorieux souvenirs.

N° LV. [28 février 1819.]

MOEURS ET PERSONNAGES.

Minuti semper et infirmi est animi exiguique voluptas ultio.
                                    JUVÉNAL.

La vengeance est le plaisir d'un esprit faible et malade.

Mes propres observations, d'accord avec les précieux renseignements que m'a procurés l'un des hommes les plus éclairés et les plus spirituels de la ville que j'habite en ce moment, m'ont convaincu qu'il y avait à Aix deux publics bien distincts; l'un qui voudrait regagner ce qu'il a perdu, l'autre qui ne consentira pas à perdre ce qu'il a gagné; l'un composé de quelques centaines de têtes ultra-monarchiques, l'autre de la foule des royalistes constitutionnels, sur laquelle le premier n'exerce aucune influence.

Cette indépendance d'opinion vient de ce que, malgré l'inégalité d'état et de fortune, aucune classe ne vit ici dans la dépendance d'une autre; on n'y connaît ni patronage, ni clientelle; presqu'aucun habitant n'est réduit aux ressources de sa seule industrie; tous sont propriétaires, et l'artisan, dans sa *bastide*, s'estime, et conséquemment est l'égal de l'homme opulent dans son château. Ce caractère est prononcé plus fortement encore parmi les cultivateurs, hommes indociles et méfiants, qu'on ne parviendra jamais à intéresser à une cause qu'ils ne croiront pas la leur.

Ce n'est guère que dans les cafés et autres lieux publics qu'un voyageur peut se faire promptement une idée de l'opinion; à Aix, elle s'y prononce hautement en faveur des institutions constitutionnelles; j'en excepte pourtant le *café d'Apollon*, rendez-vous habituel d'une douzaine de vieux radoteurs, que l'on nomme assez gaiement le sénat *conservateur*, et envers lesquels une jeunesse irrévérente se montre peut-être un peu trop prodigue de plaisanteries et de ridicules. L'accueil que l'on a fait ici à quelques hommes qui n'ont pas craint, en différentes circonstances, de se montrer en public avec une couleur qui n'était pas celle de Henri IV, l'indignation avec laquelle on a fait justice d'un pamphlet intitulé *Lettres d'un royaliste vendéen à un royaliste provençal*, doivent avoir désabusé les plus ardents amateurs de discordes sur la possibilité de donner le change à l'opinion vraiment constitutionnelle de la grande majorité des habitants de cette ville.

En 1815 même, lorsqu'une sorte de délire sem-

blait s'être emparé de toutes les têtes, l'exaltation
ne fut jamais ici portée jusqu'à la fureur. Placés
entre les deux volcans de Marseille et d'Avignon,
les citoyens d'Aix ne partagèrent pas les criminelles
exagérations de leurs voisins; cependant on ne peut
nier qu'à cette époque, sans avoir été complices,
ils n'aient du moins été dupes des complots qui
s'ourdissaient autour d'eux : le tocsin de la nuit du
18 juillet fut évidemment une manœuvre inique
imaginée pour soutenir le mouvement de révolte
imprimé aux esprits, en supposant des projets de
dévastation et de pillage à ce brave et infortuné
maréchal Brune, au moment où il employait, pour
contenir les troupes, tout l'ascendant que lui donnaient sur elle son grand caractère et l'autorité dont
il était revêtu : il est si vrai que ce n'était là qu'un prétexte pour armer les citoyens contre un guerrier
dont on avait juré la perte, que plusieurs personnes,
dignes de foi, m'ont assuré qu'elles étaient instruites
que le tocsin sonnerait six heures avant qu'on en eût
donné l'ordre. Quoi qu'il en soit, l'agitation fut de
courte durée, et aucun excès grave ne l'accompagna; mais ici, comme en tant d'autres lieux, l'institution la plus sainte parmi les hommes, la seule
qui dans des temps de discordes puisse offrir un
refuge au malheureux en butte à l'esprit de parti,
la justice, s'écarta trop souvent du chemin que lui
traçait l'équité.

« Le caractère des habitants d'Aix, me disait mon sage et spirituel interlocuteur, repousse tout esprit de haine et de discorde; et si, dans nos dissentions civiles, des désordres ont été commis, ils ont toujours été excités par les visites de nos voisins; sans eux, nous eussions traversé, sans dériver beaucoup, le fleuve orageux de la révolution. Je ne prétends pas nier, cependant, qu'on ne puisse nous porter en compte et à notre charge une poignée d'individus obscurs toujours prêts à troubler la tranquillité publique, si l'excellent esprit de notre garde nationale ne les avait maintenus, sinon dans le devoir, du moins dans l'inaction.

« J'ignore, continua-t-il, ce qui s'est passé lorsque, profitant de nos funestes divisions, l'étranger eut envahi la France; à cette époque, *les chants avaient cessé;* je cherchai la solitude, je n'ai donc pas vu la cocarde noire recouvrant en grande partie la cocarde blanche; je n'ai pas vu le casque des enfants du Nord paré de la dépouille de nos bocages, et les cris de quelques forcenés n'ont pas contristé mon ame: je m'éloignai. Mais le jour où la terre natale fut libre, les amis de la patrie se réunirent pour le consacrer; je courus m'asseoir au banquet civique: tout s'y passa avec une décence digne de la fête et des convives; on but *à la patrie, au roi et à la charte,* que nous ne séparons jamais, et *à l'union des enfants de la France.*

La *société des amis des lettres*, établie dans cette ville, y cultivait en paix et sans beaucoup d'éclat les diverses branches des connaissances humaines, lorsqu'il a plu à M. le marquis, son président actuel, de l'associer à la plaisante célébrité qu'il s'est faite en prononçant et, qui pis est, en faisant imprimer le plus burlesque discours dont les voûtes académiques aient jamais retenti: si Apollon vivait encore, je tremblerais pour la peau du nouveau Midas.

La cour royale et deux séminaires ont fixé à Aix la faculté de droit et celle de théologie. L'école de droit compte environ deux cents élèves, et les bonnes études qu'on y fait en accroissent le nombre chaque année. L'esprit qui anime cette jeunesse studieuse est celui du siècle: c'est assez dire que les partisans des vieilles doctrines n'exercent aucune influence sur cette école.

La pépinière des séminaristes n'empêche pas que les bancs de la faculté de théologie ne restent couverts de poussière; le spirituel est en révolte ouverte contre le temporel, et le supérieur du séminaire, ardent ultramontain, ne veut à aucun prix se soumettre au règlement de l'université.

Aix est situé à peu de distance de la petite rivière de l'Arc, à laquelle, malgré son embouchure dans la mer, le bon Plutarque a fait trop d'honneur en lui donnant le titre pompeux de fleuve. Marius embellit cette ville pendant les trois ans de séjour qu'il y fit en attendant les barbares qui menaçaient l'Italie. L'habile capitaine avait jugé qu'accompagnés de leurs femmes, de leurs enfants, et suivis de leurs bagages, ils franchiraient les Alpes par la partie de cette barrière qui présentait le moins d'obstacles : l'évènement justifia ses calculs, et le succès les couronna.

Le territoire d'Aix ressemblait autrefois à une forêt d'oliviers, et aucun pays ne fournissait une huile aussi pure; depuis l'hiver désastreux de 1789, l'arbre de Minerve y languit, et son produit ne suffit plus au besoin du commerce.

Cette ville possède des tanneries, des imprimeries de toiles : les fabriques d'esprit-de-vin y prospèrent et s'y multiplient. Le principal établissement manufacturier est la filature de MM. *Paillasson*, de Marseille. Elle occupe six cents ouvriers, et ses produits en fil de coton, dont un quart est teint en rouge éclatant, et un quart en beau bleu, sont employés par les manufactures de Languedoc, ou vont dans le Levant rivaliser avec les plus beaux cotons d'Angleterre. Cette riche manufacture est placée dans un superbe couvent qui jadis appartenait à des religieuses de l'ordre de Saint-Benoît.

Il s'est formé à Aix, sous la dénomination d'*agathophiles*, une société d'encouragement pour le commerce des objets d'arts : cette société vend, achète, échange des statues, des bustes, des fragments, des médailles antiques, des curiosités du moyen âge, et même des objets rares et curieux d'histoire naturelle. C'est ainsi que dans l'escalier de la maison du plus riche de ces amateurs, M. *Bourguignon,* j'ai vu la peau de l'énorme reptile, appelé serpent *boa :* c'est un véritable musée que cette maison; le vestibule, la cage de l'escalier, les antichambres, les salons, les chambres à coucher, les cabinets, les boudoirs, sont ornés de peintures du haut jusqu'en bas, et dans plusieurs autres pièces on trouve des piles de tableaux qui attendent leur tour d'exposition.

J'ai vu, chez M. *Sallier,* une très belle collection de médailles, des statues, des inscriptions, des antiquités égyptiennes, et un cabinet de tableaux des meilleurs maîtres; je me suis arrêté, avec un petit mouvement d'orgueil national, devant un chef-d'œuvre de notre compatriote *Grasset.* C'est du jardin de M. Sallier que sort la belle statue égyptienne dont M. Forbin, directeur du Musée royal, a fait l'acquisition pour le compte du gouvernement.

M. *de Lagoy,* député des Bouches-du-Rhône, possède une collection de dessins originaux, l'une des plus riches et des plus complètes qui existent: les connaisseurs savent avec quel rare talent cet amateur reproduit par la gravure les trésors qu'il possède.

Enfin M. le président de *Saint-Vincent*, correspondant de l'Institut, a l'extrême obligeance d'ouvrir son cabinet à tous les curieux qui se présentent chez lui pour y visiter sa précieuse collection de médailles, d'inscriptions grecques, romaines et arabes, et les objets rares, soit antiques, soit du moyen âge, dont ce savant a fait une étude approfondie ; ils sont décrits, pour la plupart, dans le Voyage de Millin.

Examinons maintenant la ville d'Aix sous le point de vue le plus intéressant, c'est-à-dire comme berceau des hommes célèbres qu'elle a produits.

Après le démembrement de l'empire, elle fut saccagée plusieurs fois par les Sarrasins, qui s'établirent et se maintinrent en Provence.

Devenue le séjour habituel des comtes de Provence, Alphonse II, Raymond, Bérenger IV et sa charmante épouse Béatrix, attirèrent dans cette ville ces galants troubadours dont l'esprit, la grace et la politesse firent donner à la Provence le nom caractéristique du pays du *gay saber* (de la gaie science).

En passant à la maison d'Anjou, cette belle Provence eut beaucoup à souffrir des prétentions de cette famille au trône de Naples, qu'elle posséda pendant deux siècles. Sous le bon roi René, mort en 1480, ce pays respira un moment, et la protection éclairée que ce prince débonnaire accorda aux lettres et aux arts, qu'il cultiva lui-même avec quelque succès, lui mérite une place honorable parmi le petit nombre des souverains de cette époque qui préparèrent la renaissance des lettres en Europe. La ville d'Aix vient de lui voter une statue en marbre qui sera placée à la tête du cours de cette ville : si le marbre manque, ne pourrait-on pas lui consacrer celui que l'on destine à la statue de Louis XIII? Les Parisiens ne s'en plaindraient pas.

A la tête des hommes illustres dont cette ville s'honore, il faut placer le fameux *Peiresc,* conseiller au parlement d'Aix. Peu de princes ont autant fait que ce simple particulier pour l'encouragement des sciences; non seulement il entretint des correspondances avec tous les savants de l'Europe, mais il envoya à ses frais des voyageurs en Asie, dans la Palestine, en Égypte, en Amérique, pour s'y procurer des manuscrits, des plantes, des animaux inconnus jusqu'alors : on lui doit les chats d'Angora et les lauriers rose. Le feu président de *Saint-Vincent,* mort en 1798, lui avait fait élever un monument que la révolution a détruit; son fils, digne héritier des talents et des vertus de son père, l'a fait replacer dans la métropole de Saint-Sauveur : l'un et l'autre, membres de l'académie royale des inscriptions, étaient dignes de payer à Peiresc la dette de l'Europe savante.

Aix a eu la gloire de donner le jour au célèbre botaniste *Tournefort,* au naturaliste *Adanson,* au sage *Vauvenargues*, à l'illustre philosophe *Gassendi*, et à *Bruéys*[1], auteur des comédies du *Grondeur* et de l'*Avocat patelin*; je dois aussi faire mention du redoutable adversaire des jésuites, *Monclar*, procureur-général au parlement de Provence, et même de son émule, *Leblanc de Castillon*.

Le marquis d'*Argens*, l'ami du grand Frédéric qui lui fit élever un monument, avait également vu le jour à Aix.

Esménard, auteur du beau poëme de *la Navigation*, et mort si malheureusement en 1811, était né à *Pélisanne*, village à quelques lieues d'Aix.

Parmi les hommes de guerre, le comte de *Forbin*, chef d'escadre sous Louis XIV, ami et rival de *Jean Bart*, tient un rang distingué. *Palamède de Forbin*, un de ses aieux, contribua puissamment, sous Louis XI, à la réunion de la Provence à la couronne.

Il ne me serait pas permis d'oublier l'illustre navigateur d'*Entrecasteaux*, envoyé à la recherche de l'infortuné *la Peyrouse*, et que j'ai eu le bonheur de connaître dans un de ses voyages dans les mers de l'Inde.

Aix est la patrie de plusieurs artistes dont les plus célèbres appartiennent à l'époque où nous vivons;

---

[1] C'est par erreur que, dans un autre discours, j'ai fait naître Bruéys à Montpellier; il y mourut en 1723.

ceux de leurs prédécesseurs dont la mémoire mérite d'être conservée sont:

Les *Vanloo*, peintres, d'une famille originaire de Flandre;

Campra, dont les compositions musicales ont eu plus de réputation qu'elles n'en ont conservé;

Les *Floquet*, l'un ingénieur, l'autre musicien.

Il me reste à parler de nos contemporains. L'éloge doit être dans le nom seul des hommes qui vivent encore; l'appréciation de leur mérite appartient à la postérité; je me contenterai donc de citer:

Le lieutenant-général *Miollis*, défenseur de Mantoue, où il a fait élever un obélisque en l'honneur de Virgile;

Le lieutenant-général *Félix du Muy*, qui a combattu pour la liberté américaine, et commandé une division de cette armée d'Orient aux prodiges de laquelle l'avenir aura peine à croire;

Le baron *Siméon*, conseiller d'état;

Le comte *de Forbin*, directeur du Musée royal, dont le nom, illustré par ses aïeux, par ses talents comme peintre et comme littérateur, l'est peut-être davantage encore par la noble infortune du colonel *Forbin-Janson*, dont l'histoire a déjà recueilli la lettre adressée à un ministre, monument de la fierté la plus courageuse et du plus beau caractère;

Émeric David, membre de l'Institut, auteur d'un bel ouvrage sur l'art statuaire;

Granet, le premier de nos peintres de genre, et élève de *Constantin,* dont les dessins à l'encre de la Chine sont répandus en France et chez l'étranger : son élève, qui n'en parle qu'avec vénération, l'a peint dans son délicieux tableau du *Poussin;* c'est cette figure du moine, sur le front chauve duquel la reconnaissance a inspiré au peintre l'heureuse idée de faire tomber un rayon de lumière ;

Le peintre *Peyron,* mort directeur de la manufacture des Gobelins ;

Gibelin, frère du bibliothécaire, désigné par l'académie des beaux-arts pour être directeur de l'école française à Rome ;

Le graveur *Beisson;* enfin le statuaire *Giraud,* qui était parvenu à réunir à Paris les plâtres des plus belles statues antiques, qu'il s'était procurés à grands frais avant que la victoire nous eût acquis ces chefs-d'œuvre que l'invasion étrangère nous a fait perdre.

Le barreau d'Aix était célèbre avant la révolution : les *Siméon,* les *Portalis,* illustrés depuis sur un plus grand théâtre, pouvaient être cités avec orgueil; mais ces noms, en nous rappelant la tribune nationale, proclament à-la-fois celui du Démosthène français, de ce grand *Mirabeau,* au souvenir duquel s'éveillent toutes les idées de liberté, de patrie, et d'éloquence. Nommé en 1789 représentant du *tiers état* par les villes de Marseille et d'Aix, Mirabeau préféra la députation de cette dernière ville, qui le compte au nombre de ses enfants.

A cette époque d'enthousiasme patriotique, cette ville n'aurait pas cédé au département de la Vendée l'honneur de nommer à la Chambre des Députés M. *Manuel*, qui a soutenu si dignement la célébrité du barreau d'Aix, et qui marche aujourd'hui avec tant d'éclat sur les traces de son illustre compatriote.

n° LVI. [14 mars 1819.]

LA POLITIQUE EN DILIGENCE.

> Il y a des hommes qui n'échappent à l'horreur qu'ils inspirent que par le ridicule dont ils se couvrent.
> VOLTAIRE, *Corresp.*

Des fenêtres de l'hôtel où j'étais logé à Aix, je jouissais du coup d'œil de cette superbe rue du Cours, bordée d'arbres, et, en seconde ligne, de brillants hôtels habités jadis par des nobles, et maintenant occupés en grande partie par des marchands.

Chaque fois que je paraissais sur la porte de l'hôtel, j'étais assailli par des courtiers obséquieux ou par des voituriers brutaux qui voulaient s'assurer du transport de ma personne et de mon petit bagage. Ces hommes ont une tournure et une physionomie toutes particulières : leurs cheveux repliés en une énorme queue, des favoris touffus, des guêtres de peau, liées avec des jarretières rouges, les distinguent des autres classes du peuple. En passant devant moi, le cigarre ou la pipe à la bouche, ils me regardaient avec une sorte d'affectation, et m'offraient une place pour Marseille ou pour Antibes du ton dont ils m'auraient demandé la bourse ou la vie.

Madame *Gaillard,* mon obligeante hôtesse, fit arrêter ma place à la diligence de Marseille, et le lendemain, à trois heures, je montai avec cinq compagnons ou compagnes de voyage dans la voiture qui devait nous mener à la métropole du Midi.

Nous sortîmes par la grille de fer; et, laissant à droite la route de Paris, nous prîmes à gauche celle de Marseille, dont l'entrée, bordée d'arbres, forme une assez belle promenade.

Les questions et les réponses réciproques m'apprirent bientôt le nom et l'état des personnages avec qui je me trouvais. Un vieux négociant sombre et chagrin qui venait de perdre un procès à la cour royale; un avocat vif et spirituel qui plaidait gaiement sa cause auprès de ses deux voisines; deux dames, l'une jeune et jolie, l'autre, veuve, en grand deuil, appétissante encore, et se disant cousine de la première; enfin un chevalier obligé de tous les ordres du monde, tels étaient mes co-voyageurs.

Le grand chemin que nous parcourions était bordé de beaux peupliers d'Italie. A gauche, une prairie, ornée de grands arbres, montait insensiblement vers un village groupé d'une manière très pittoresque autour d'un rocher à pic; à droite, on voyait une jolie maison entourée de bosquets et d'une fontaine, derrière laquelle une prairie plus verte allait se perdre dans la vallée.

Ce spectacle était ravissant pour des voyageurs accablés de chaleur et de poussière; je demandai où nous nous trouvions. « Ce village, que l'on appelle *Bouc*, me répondit l'avocat, avait autrefois pour seigneur le marquis *d'Albertas*, aujourd'hui pair de France : ses prédécesseurs ont abandonné le vieux donjon que vous apercevez là-haut, et ont bâti cette agréable demeure, à laquelle le propriétaire actuel préfère avec raison sa terre de *Géménos*, à quatre lieues de Marseille, sur la route de Toulon. »

Nous arrivâmes au relais. Tandis que l'on attelait d'autres chevaux, nous descendîmes et avançâmes à pied sur la route, où notre voiturier devait nous reprendre; l'avocat accompagnait nos dames; le chevalier marchait tout seul; le négociant m'offrit obligeamment son bras, et nous cheminâmes ensemble; je profitai de l'occasion pour le questionner. « Quel est donc, lui dis-je, ce chevalier de la triste figure avec lequel nous voyageons ? — Un original plus fou que méchant, s'il est possible; qui vous dira, quand vous voudrez, que le roi n'a rien de mieux à faire, pour son bonheur et celui de la France, que de faire fusiller une centaine de vilains par département, de jeter la charte au feu, et de gouverner selon son bon plaisir. Entiché d'une noblesse qui prend sa source au *Parc-aux-Cerfs*, où madame sa mère a été élevée, il parle sans cesse de la religion de ses pères, la conseille aux autres, et croit la remplir lui-même en envoyant tous les mois sa servante à confesse. Champion de l'autel sans croire en Dieu, et défenseur du trône en blasphémant le nom du roi, il date de l'ordonnance du 5 septembre l'abomination de la désolation, et ne jure que par la chambre *introuvable :* ce qu'il admire sur-tout en elle, c'est le courage qu'elle déploya dans la journée célèbre où elle répondit par des huées à cet intrus d'Argenson qui osait avancer que le sang coulait à grands flots à Nimes, et qu'il se commettait quelques petits désordres semblables dans plusieurs autres villes du Midi. Enfin, monsieur, vous voyez dans le chevalier de M*** un de ces hommes tourmentés d'inutiles souvenirs, de coupables espérances, ennemis irréconciliables de leur siècle et de leur pays, qui se constituent en état de conspiration permanente contre la nation et le monarque; qui jugent de l'Europe par leur coterie, et de la France par leur salon. C'est ainsi qu'un prince, enveloppé d'un petit nombre de courtisans bien d'accord, pourrait être complétement abusé par eux sur les sentiments du peuple ; qu'il pourrait dormir paisiblement sur le bord d'un abyme, et, à son réveil, se trouver seul au milieu des dangers... »

Les dames étaient déja dans la voiture; le postillon nous appelait, il fallut remonter, et bientôt après nous arrivâmes aux gorges de *Septèmes*, où, dans un des cantons les plus arides de l'aride Provence, on a construit plusieurs fabriques d'oxide et de soude factice. Les vapeurs qui s'exhalent de ces laboratoires noircissent et brûlent tout aux environs; on croirait être au bord d'un volcan. J'interrogeai le négociant sur les résultats de cette découverte remarquable : « Belle demande ! s'écria le porte-croix; brûler et détruire, voilà le but et le moyen de toutes vos innovations; » et, partant de là pour fulminer un burlesque anathème contre toute amélioration qui ne remonte pas à plus d'un demi-siècle, il se déchaîna contre la soude factice, la vaccine, et sur-tout contre l'enseignement mutuel : « La voilà, continua-t-il en appuyant ses mains sur ses genoux, la voilà introduite à Marseille, cette peste de l'enseignement mutuel! Elle est ouverte, cette boîte de Pandore, d'où vont s'échapper tous les fléaux! et comme si ce n'était pas assez de ce foyer de corruption, on nous menace d'en établir un autre sous le nom de chaire de chimie! mais les hommes sages et religieux sont là; ils ont repoussé cette proposition insidieuse et refusé l'argent que l'on demandait pour un usage aussi pervers. Ils triompheront comme ils ont triomphé dans la construction du *couvent des Petites-Maries.* » Je demandai l'histoire de ce couvent : « Ces saintes filles, continua le chevalier, ayant racheté une partie du terrain qui avait appartenu à leurs devancières, se mirent à bâtir; elles trouvèrent qu'un corps-de-logis d'une quinzaine de toises, qu'elles construisaient, serait plus agréable et plus commode si elles l'alongeaient de quelques pieds sur la rue; on les y autorisa sans la moindre difficulté. Jamais la religion n'obtint un plus beau triomphe! Comme vous vous en doutez bien, messieurs les ingénieurs réclamèrent l'alignement; messieurs les voisins se plaignirent qu'on obstruait le passage et la lumière; le public bavard et contrôleur, comme à son ordinaire, demandait la conservation d'une rue tracée, et cela sur le motif mondain de l'embellissement de la ville; cette fois du moins la municipalité a senti tout ce qu'il y aurait d'irrégulier à exiger qu'un couvent s'arrêtât, comme les autres édifices, sur le trait de la rue, et que le sacré se nivelât sur le profane. — En effet, reprit l'avocat, si la sainte cuisine ou le bienheureux dortoir eût perdu quelques pouces de ses dimensions, un pareil malheur aurait diverti les hérétiques et contristé les ames dévotes. Dieu soit loué! la municipalité de Marseille n'a pas donné au monde un pareil scandale. La construction des Petites-Maries a été prise sur la voie publique; le cénotaphe de Desaix a disparu; l'inscription de la halle de Charles de Lacroix est effacée; ce sont autant de victoires : le reste viendra...

« — Monsieur, répondis-je au chevalier, je ne

m'intéresse pas autrement à Charles de Lacroix, que je ne connais guère, et, dans le fait, il me semble que pour attacher son nom à un édifice il faudrait en avoir fait les frais et n'avoir pas été simplement le dispensateur de l'argent qu'il a coûté. — Fort bien! reprit l'avocat; mais Charles de Lacroix a tant fait de choses à Marseille et les a faites en si peu de temps, et avec si peu de dépense, que les habitants ne peuvent l'oublier sans ingratitude. Quant à Desaix, la destruction de son cénotaphe est un acte plus difficile encore à justifier; et si ceux qui l'ont ordonné me chargeaient de plaider leur cause, je ne saurais, ma foi, par où commencer mon oraison. — En effet, continuai-je, on pourrait excuser les Marseillais d'avoir aboli les honneurs d'un général qui aurait souillé l'éclat de ses victoires par des excès ou des vices; mais Desaix se couronna de toutes les vertus; son nom est encore dans la bouche des Égyptiens, des Allemands et des Lombards, comme dans celle de ses compatriotes : comment a-t-on pu insulter à la cendre d'un homme qui honore son pays, qui honore la nature humaine? — Monsieur, me dit brusquement le chevalier, vous n'y entendez rien, permettez-moi de vous le dire. Nous sommes convenus qu'il fallait effacer les souvenirs de la révolution; or donc, il est plus important de faire oublier ce qui peut l'honorer que ce qui la rend odieuse; il faut se hâter de couvrir des plus épaisses ténèbres ce qui brille d'un faux éclat. Un de mes bons amis a juré, foi de gentilhomme, et j'ai fait le même serment, que si vos libéraux parvenaient à faire rétablir le monument de Desaix, il voterait pour qu'on en élevât un à Bertrand de Soutenville, qui vendit son bien pour faire le voyage d'outre-mer, comme chacun sait.—Monsieur le chevalier, répondis-je, j'ai infiniment de vénération pour la mémoire de Bertrand de Soutenville; mais je ne vous cache pas que je me sens quelque chose de plus pour le général Desaix : les grands caractères sont si rares qu'on ne saurait leur rendre trop d'hommages; et c'est être aussi par trop ennemi de la gloire de sa patrie, que d'outrager chez soi ce qu'on admire dans Plutarque. — Votre Plutarque était un jacobin et un bonapartiste! « On rit aux éclats...» Riez, messieurs; je l'ai lu votre Plutarque, et il m'a fort ennuyé; il est rempli de mauvais exemples et de détestables leçons : aussi M. Éli... m'a-t-il bien promis qu'il serait banni des écoles. Je conviens néanmoins qu'on y trouve l'histoire d'un brave gentilhomme qui m'a beaucoup intéressé: il s'appelait, je crois, *Coriolan*; j'étais tenté de déchirer le livre quand j'en étais aux persécutions que lui fit éprouver la canaille romaine; mais mon cœur sautait de joie quand je le voyais revenir à la tête des Volsques et prêt à s'emparer de Rome : malheureusement il manqua de courage. A sa place, je serais entré dans la ville à la tête ou à la suite des étrangers, j'aurais repris mes biens, j'aurais fait pendre les acheteurs, j'aurais fait pendre les tribuns, j'aurais fait pendre les augures, j'aurais fait pendre les trois quarts des sénateurs, et quant aux plébéiens, vous pensez bien que j'aurais voulu marcher dans leur sang jusqu'à la cheville... » On rit encore plus fort; et, sans répondre à cet extravagant énergumène, je repris la parole :

« Messieurs, dis-je à mes compagnons de voyage, je ne vous cacherai pas que votre conversation me fournit d'excellents mémoires; permettez-moi donc une question qui peut en éclaircir beaucoup d'autres: Est-on bien royaliste à Marseille?—Il y a longtemps que vous êtes sorti du collége, me répondit l'avocat; peut-être ne vous souvient-il plus de vos degrés de comparaison, des trois termes de progression de l'adjectif?—Si fait, monsieur, comme si je sortais de l'école.—Eh bien! ces trois termes ou degrés peuvent vous donner une idée des royalistes marseillais: nous avons les *royalistes positifs* ou constitutionnels, qui veulent le roi et la charte, qui ne les séparent jamais dans leur dévouement; ceux-ci, quoi qu'on puisse vous dire, forment le grand, le très grand nombre; viennent ensuite les royalistes du second degré, qui veulent le roi et qui tolèrent la charte, parcequ'ils n'y voient qu'une ordonnance; puis, enfin, les royalistes au superlatif, comme monsieur le chevalier, qui ne veulent ni du roi, ni de la charte, qui n'aiment pas plus l'un que l'autre, et qui ne se feront pas presser pour vous le dire. »

Le chevalier avait entrepris de nous prouver que ces royalistes étaient les meilleurs, que la charte était une concession de la faiblesse, que les Français avaient besoin d'être gouvernés avec une verge de fer; et l'on riait encore de sa verge de fer, lorsque nous arrivâmes à *Saint-Louis*.

C'était un jour de fête; des paysans et des paysannes dansaient au son du tambourin et du galoubet, mais d'une manière si roide, d'un air si taciturne, que j'en fis la remarque à mes compagnons de voyage. « Où donc est cette gaieté provençale dont on m'a tant parlé? demandai-je. — Dans nos vieilles chroniques, me répondit le négociant. — Où voulez-vous qu'elle soit? demanda le chevalier d'un air de triomphe. — Cette question n'est pas assez importante pour l'approfondir, permettez-moi, continuai-je, de vous en proposer une autre sur laquelle il m'importe davantage d'asseoir ou de rectifier mes idées : les rapports que l'on a publiés sur les malheurs arrivés à Marseille, en juin 1815, sont-ils exacts? y a-t-il eu beaucoup de mal? — Prodigieusement, dit l'avocat. — Beaucoup, dit le négociant. — Très peu, dit le chevalier, presque rien; cent soixante-huit personnes en tout et pour tout, y compris hommes, femmes, enfants, Français, Arabes, etc., etc.—Quoi! monsieur, il a péri des femmes? quoi! des malheureux Orientaux, ignorant nos mœurs, nos opinions, notre langue?... —Il n'est que trop vrai, reprit le négociant, pour l'honneur de l'humanité, pour celui de nos concitoyens, que l'on accuserait pourtant à tort des excès criminels d'une poignée d'assassins : je ne vous dirai ni quelles étaient les victimes, ni quelles furent les circonstances atroces de ces exécutions; les honnêtes gens en gémissent, l'opinion se prononce, et les sicaires eux-mêmes commencent à rougir. — Rougir! de quoi? interrompit le chevalier; d'avoir servi la bonne cause? L'occasion était belle, il fallait la saisir; les formes *acerbes* sont les moins lentes, nous donnions la main au Languedoc, aux départements de l'Ouest... Patience!... Quant à ces coquins d'Arabes, ils méritaient leur sort; je n'en ai pas vu un seul qui sût crier *vive le roi!* d'une manière intelligible. D'ailleurs ne savez-vous pas que l'un d'eux, pendant les cent jours, avait assassiné un royaliste?... (L'avocat voulut l'interrompre.) Je sais tout ce que vous allez me dire, monsieur, continua-t-il, et j'y réponds : les révolutionnaires ont tué, on les traite comme ils ont traité les autres; de quoi se plaignent-ils? C'est un point de doctrine, parmi nous, qu'il faut combattre les coquins avec leurs propres armes; qu'il faut employer, pour renverser cette abominable révolution, les moyens qu'on employa pour la faire. Je vous avoue ma faiblesse : je n'aurais pas, dans ces circonstances, le courage d'exécution. Je me trouvais à Marseille le 26 juin; le hasard me rendit témoin de quelques unes des scènes cruelles qui s'y passèrent. Je suis forcé d'en convenir, l'aspect de ces terribles champions du bon parti, ces cris, ce sang, ces cadavres, me pénétrèrent d'une secrète horreur; mais, lors même qu'on se croit forcé par sa conscience d'approuver, d'encourager même de pareilles mesures, on peut, sans y prendre une part directe, leur donner une direction convenable : les gens de bien gémissent, on gémit avec eux; la multitude laisse faire, on imite son indifférence. Quant aux gens de main, comme le courage dont ils sont doués est d'une espèce toute particulière, il faut bien les convaincre que le parti pour lequel on les emploie restera le plus fort, afin qu'ils puissent espérer des récompenses, ou tout au moins qu'ils soient sûrs d'une bonne amnistie qui les mette à l'abri de poursuites, et, au besoin, dans le cas de recommencer.

« — Monsieur, s'écria le négociant en sautant sur son siége, j'ai combattu par des plaisanteries vos fausses idées, vos absurdes calculs; mais je n'ai pas, en ce moment, assez de toute la force de ma pensée, de toute la chaleur de mon indignation, pour repousser les maximes épouvantables que vous osez mettre au jour. Quoi! vous êtes de ceux qui, profanant une cause respectable, osent donner au trône des forcenés pour appuis, des assassins pour auxiliaires? Quoi! monsieur, un chrétien prêche le meurtre, un royaliste rappelle la terreur, un Français voit sans frémir couler le sang français? Parceque vous avez été victime, vous voulez devenir bourreau? Ne voyez-vous pas que vos excès justifient, en quelque sorte, les excès qui causent vos plaintes? Hommes de 1815, oserez-vous accuser les brigands de 93, quand vous ne craignez pas de vous souiller des mêmes horreurs? Ne vous y trompez pas cependant, la parité du crime est la seule que vous puissiez établir entre eux et vous : leurs égaux sous cet affreux rapport, vous resteriez au-dessous d'eux dans tout le reste ; vous n'auriez ni leur force, ni leurs ressources, ni même leurs talents. Pensez-vous que la nation, qui a tant souffert pour la liberté qu'on lui avait promise, consentît à souffrir autant pour rentrer dans son ancien esclavage? Désabusez-vous, messieurs; vos imprudents écarts ont détruit jusqu'à la pitié qu'inspiraient vos malheurs : désormais vous êtes seuls, avec vos cruels essais et vos absurdes espérances. »

Le chevalier frappa deux ou trois coups sur sa tabatière, rabattit son chapeau sur ses yeux, et ne proféra plus une parole pendant tout le reste de la route.

La porte d'Aix, par laquelle nous entrâmes, se lie à une file d'arcades, assez basses, qui supportent un aqueduc : arrivés à celle du milieu, nous vîmes s'étendre devant nous la rue de Rome, une des plus belles de l'Europe.

J'avais fait retenir mon appartement à l'hôtel Beauveau, du côté du port. « Monsieur l'Ermite, me dit le vieux négociant lorsque nous nous séparâmes, voici mon adresse ; quand mon dîner et ma conversation pourront vous plaire, venez sans façon ; je connais bien le pays, je pourrai vous donner des renseignements utiles : un homme de ma profession n'a guère le temps de courir ; mais j'ai un neveu qui vous conduira par-tout. Ce drôle-là s'amuse souvent à croquer une caricature ou à rimer un couplet quand il faudrait dresser un compte ou calculer un arbitrage : je souffre ses travers parcequ'il m'amuse et qu'il est bon Français ; je lui pardonne de négliger sa fortune, parcequ'il s'habitue à s'en passer. »

Je serrai la main à cet homme respectable ; nous prîmes congé les uns des autres, et nous nous séparâmes. Un petit garçon, chargé de ma valise, me conduisit par *la Canebière* à la rue de Beauveau, qui donne son nom à l'hôtel que j'habite.

N° LVII. [30 mars 1819.]

MARSEILLE.

LA VISTE.

*Gaudere novis rebus debere videtur,
Cui vetares obsunt.*
                    LUCRÈCE.

Les choses nouvelles doivent plaire, quand il y a danger à reprendre les anciennes.

Le premier aspect du territoire de Marseille n'offre pas l'image de la fertilité: la plaine cultivée est ceinte d'un cercle de rochers arides, dont la masse et le développement prédominent, alourdissent le paysage et en déterminent le caractère. Pour jouir de ce tableau dans toute son étendue, je me reporte à une lieue et demie de le ville, sur une hauteur que l'on nomme la *Viste* (la vue) dans la langue du pays: de là j'aperçois le bassin de Marseille, couvert de *bastides*; la rade, un grand nombre d'îlots, des montagnes d'une belle coupe, dont quelques mamelons sont garnis de pins toujours verts: des clochers qui dominent les hauteurs indiquent la vieille ville, derrière laquelle le port est caché; au-delà, sur une colline pelée, le fort de *Notre-Dame de la Garde*, derrière lequel s'élèvent les grands rochers de *Montredon*. Ce spectacle est grand, il est beau, mais non d'une beauté pittoresque. Là, comme sur toutes les hauteurs de cette circonférence, l'artiste, qui veut fixer sur la toile la perspective qu'il a sous les yeux, cherche en vain ce qu'il appelle des devants, c'est-à-dire des détails assez riches pour garnir les premiers plans de son tableau et détacher les parties plus étendues, où les innombrables maisons de campagne appelées *bastides* sont éparpillées et brillent comme des points blancs dans l'espace. Sous ce rapport, du moins, on doit convenir que le bassin de Marseille est bien au-dessous de celui de Naples, auquel on est d'abord tenté de le comparer.

Il y a cependant, au fond des vallons, le long des faibles ruisseaux qui les arrosent, des sites où se développe une belle végétation; mais ils sont trop rares, trop resserrés, pour être aperçus de loin et produire dans l'ensemble des accidents remarquables.

La ville est régulièrement bâtie et d'un aspect admirable: la rue par laquelle j'y suis entré a une demi-lieue de longueur; elle finit à une place au centre de laquelle s'élève un obélisque en pierres blanches qui termine agréablement la perspective. La partie nord de cette rue s'appelle *rue d'Aix*, et l'autre extrémité *rue de Rome;* la partie moyenne, beaucoup plus large que les deux autres, est ornée de deux rangs d'arbres: c'est le *Cours;* il est coupé à angles droits par une autre rue qui, d'un côté, monte à une belle promenade nommée *allées de Meilhan*, et, de l'autre, descend au port: le point d'intersection de ces deux lignes est une position à laquelle peu de villes en Europe ont quelque chose à comparer.

Je perds, sans doute, la plus belle occasion que j'aurai jamais de discourir sur la fondation de la plus ancienne ville de l'Europe et sur sa triple étymologie grecque : mais nous sommes aussi pressés de lire que de vivre, et nous n'aimons plus que l'histoire que nous faisons nous-mêmes. Disons donc en quelques mots que Marseille fut la sœur de Rome, la rivale de Carthage et l'Athènes des Gaules; que de ses murs sortirent les deux plus fameux navigateurs des temps antiques, *Pythéas* et *Anthimènes,* auxquels la moderne Marseille a érigé un simple et noble monument : disons que *Roscius* le tragique, *Pétrone* l'épicurien, l'historien *Érathostènes* et l'orateur *Critias* y reçurent la naissance; qu'elle fut tour-à-tour subjuguée par les Sarrasins, les Goths et les Gaulois; qu'elle essaya vainement, à diverses reprises, de se constituer en république; qu'elle passa sous la domination des *Bérenger,* conserva sous tous ses maîtres ses lois municipales, lutta contre le génie de César, repoussa Charles V, et subit volontairement le joug des rois de France.

L'origine de Marseille, son ancienne existence, donnent au voyageur l'espoir d'y rencontrer des antiquités remarquables : cet espoir est complètement déçu. Un mur compris dans la partie occidentale de l'église de la *Major* est le seul reste d'architecture antique reconnaissable aujourd'hui. On a pris pour une construction romaine la porte de la *Juliette*, qui se trouve un peu plus loin, et quelques personnes ont même voulu rattacher son nom à celui des Jules; mais cette porte est évidemment un ouvrage du seizième siècle. L'état de dégradation où le souffle du nord et l'action corrosive des vapeurs marines l'ont réduite peut en imposer au premier coup d'œil sur l'époque de sa construction; mais il est aisé de prévenir cette erreur en observant combien ont souffert par les mêmes causes d'autres édifices dont l'origine antique est mieux constatée : il est d'ailleurs très vraisemblable, d'après la description que César, dans ses *Commentaires*, fait de la ville de Marseille, que son enceinte alors s'étendait beaucoup plus loin du côté de la porte Juliette.

Ce que possède Marseille en monuments de l'antiquité se borne à quelques sarcophages déposés au Musée, et trop longuement décrits par Millin dans son *Voyage du midi de la France:* celui qui se trouve dans l'église de la Major, où il sert de fonts baptismaux, est le plus remarquable.

Dans cette même église, autrefois la cathédrale, se trouve sous la nef, à gauche du chœur, une construction en marbre blanc, composée de deux arcades liées et surmontées chacune d'un couronnement : l'ensemble peut avoir vingt pieds de haut. Les montants des extrémités sont des pilastres; le centre est soutenu par une colonne. Ce monument, qui paraît consacré à saint Lazare et à sa famille, est orné d'arabesques et de figures ; la colonne et les pilastres particulièrement sont enrichis de sculptures très élégantes, composées de feuillages et d'un grand nombre de petits génies. Les connaisseurs rapportent cette décoration au seizième siècle, et y reconnaissent le ciseau de l'école florentine.

La Major est une lourde construction du treizième siècle, qui ne supplée pas par la majesté à ce qui lui manque en élégance. La maison-de-ville, bâtie sur les dessins *du Puget*, mérite les mêmes reproches, et ne recommande pas comme architecte cet artiste, si fameux comme sculpteur. Les bas-reliefs incrustés dans la façade ne sont pas de lui, et ne méritent pas de lui être attribués. L'écusson aux armes de France, placé au-dessous de la porte principale, était son ouvrage ; mais il n'y reste de son ciseau que les deux enfants terminés en rinceau qui servent de support. Les emblèmes de la royauté ont subi depuis trente ans des transformations si multipliées que ce morceau n'est plus reconnaissable.

Un changement plus heureux que Marseille doit à la révolution, c'est la destruction de ses remparts, remplacés par des allées d'arbres et par des fontaines où il serait à desirer que l'eau fût plus abondante. On se plaint de la monotonie de leur décoration, à laquelle on a fait servir des colonnes de granit noir que possédait la ville : telles qu'elles sont, on ne peut nier que ces fontaines ne contribuent beaucoup à l'embellissement de Marseille. L'une d'elles, située dans la rue de Rome, porte le buste *du Puget;* elle est voisine de la maison que ce célèbre statuaire habitait, et qu'il a construite lui-même. Ce petit édifice est d'un bon style; il a de l'élégance, et son architecture est fort supérieure à celle de l'hôtel-de-ville. Pendant la révolution, on avait donné le nom de *Puget* à la rue dans laquelle il a reçu le jour; mais depuis que l'administration municipale a jugé convenable de rétablir et de redire les sottises de nos pères, cette rue a perdu le nom d'un grand homme pour reprendre celui de rue *Fougate.* Aucun autre monument, dans l'enceinte de la ville, ne mérite l'attention des curieux.

Marseille posséde un muséum où se trouvaient, avant 1815, quelques tableaux d'un grand prix. Il est question, au moment où j'écris, de transformer ce vaste local en église sous l'invocation de saint Roch, aux frais de l'administration de santé, attendu que c'est évidemment à ce grand saint qu'on dut la cessation de la peste de 1720, qui fit de si épouvantables ravages, et non aux mesures sanitaires et à la triple enceinte du lazareth, auxquelles certaines gens attribuent l'extinction de ce fléau. Quoi que ces gens-là puissent dire, trente mille francs seront déboursés pour loger convenablement saint Roch et son chien; quant aux tableaux, on les transportera, ainsi que l'école de dessin, dans un local hors de la ville, pour la plus grande commodité des élèves et des amateurs.

L'académie de Marseille embrasse dans sa composition les sciences, les arts, et la littérature; mais ce corps, cherchant à donner à ses travaux un grand objet d'utilité, les dirige spécialement sur le perfectionnement de l'agriculture et des arts, qui font la richesse du pays. Quelques médecins ont établi une académie de leur profession, qui se réunit sous le nom de *Société de Médecine;* d'autres docteurs s'assemblent à part et forment une société semblable sous un nom différent; il en résulte une rivalité qui n'est pas sans avantage pour la santé publique : quand les médecins se disputent, leurs malades ne s'en portent que mieux.

N° LVIII. [15 avril 1819]

SOUVENIRS.

O passi graviora, dabit deus his quoque finem.
Virg.

Vous avez souffert des maux plus grands; le ciel mettra fin à ceux qui vous accablent.

Dès le lendemain de mon arrivée à Marseille, le négociant avec qui j'avais fait route en diligence vint me faire visite et me présenter son neveu, comme il me l'avait promis : avant de nous mettre en course, et tout en déjeunant, l'homme respectable dont je n'avais encore apprécié qu'imparfaitement les grandes qualités et les lumières supérieures me fit avec autant d'esprit que de précision l'histoire de ses plus célèbres compatriotes.

« Notre Marseille moderne, me dit-il, n'a rien qui réponde à la grandeur de ses premiers souvenirs. L'inscription pompeuse qu'on lit sur les murs de l'hôtel-de-ville ne sert qu'à rappeler combien cette cité célèbre est déchue de son antique gloire. Ce n'est plus cette Marseille dont Cicéron et Tacite parlaient avec tant d'éloges, et l'empereur Auguste n'y ferait plus élever son petit-fils. Notre académie actuelle, qui refuse de souscrire pour l'enseignement mutuel, n'a certainement rien de commun avec cette réunion imposante de grammairiens, d'orateurs, de philosophes, qui valut jadis à Marseille l'honneur d'être appelée l'*émule* d'Athènes. Je ne connais, sous le rapport historique, que deux faits dans les temps modernes qui méritent d'être rappelés : la résistance à Charles-Quint, et l'action héroïque de *Liberat*, ce Brutus marseillais, qui mit à mort le traître Casaux, méditant de livrer la ville aux étrangers.

« Il n'y a pas un Français, continua-t-il, qui ne connaisse Jean Bart, et presque tous ignorent qu'il a existé un chevalier *Paul*, dont les exploits et la fortune ne sont pas moins extraordinaires : fils d'une lavandière de Marseille, et né dans un bateau, il mourut vice-amiral. Les deux voyageurs qui ont mmortalisé *le gouvernement commode et beau de Notre-Dame de la Garde* ne font mention que de sa *mine magnifique* et de sa *cassine*, qu'ils qualifient de palais enchanté. Cette cassine était sous les murs de Toulon, où Paul commandait alors : c'est là qu'en 1660 il reçut Louis XIV, et lui fit trouver sur ses orangers des fruits confits sur place.

« Je me contente de vous citer les noms de *Mascaron*, d'*Arvieux*, de *Vincent le Blanc*, d'*Antoine de la Roque*, et du père *Plennier*, botaniste aussi savant que Tournefort, et que Linnée se plaisait à citer comme un oracle infaillible : je pourrais me dispenser de vous parler de *Bellin*, auteur d'une tragédie de *Mustapha*, et du trop fameux abbé *Pellegrin*, qui dînait de l'autel et soupait du théâtre.

« Vous vous souvenez que Voltaire, dans son histoire édifiante et véritable de l'*Ingénu*, immédiatement après la catastrophe de la belle Sainte-Yves, cite les *Méditations* reliées en maroquin du R. P. *Croizet*; je suis donc obligé de vous apprendre que ce révérend père jésuite était de Marseille, aussi bien que le consul *Bonnecorse*, moins connu par son consulat que par l'épigramme de Boileau.

« Le fils d'un boucher de Marseille était mousse à bord d'un navire ; pris par un vaisseau turc, il embrassa l'islamisme, et sous le nom d'*Adraman* devint successivement pacha de Rhodes et grand-amiral de l'empire ottoman ; un cordon serré par des muets termina, comme de raison, sa brillante carrière en 1706.

« Le premier, le plus grand titre de gloire de notre ville réside dans la mémoire et dans les œuvres du célèbre *Pierre Puget*: comme Michel-Ange, il fut à-la-fois sculpteur, peintre et architecte, et, comme lui, il doit à son ciseau la plus belle partie de sa renommée ; ses principaux ouvrages sont à Paris et à Gênes ; il ne reste à Marseille que l'écusson défiguré de la maison-de-ville, le bas-relief de la peste au bureau de santé, et quelques modèles chez des particuliers.

« *Dumarsais*, connu par son *Traité des Tropes; Barthe*, auteur de la jolie comédie des *Fausses infidélités; Dorange* et *Della-Maria*, morts tous deux avant leur cinquième lustre, et destinés à donner un successeur, l'un à Parny, l'autre à Daleyrac, achèvent la liste des enfants de Marseille dont il ne nous reste plus que le souvenir.

« Peut-être trouverez-vous, en comparant sous ce rapport Marseille avec Genève, Dijon, Toulouse, et même avec d'autres villes d'un ordre inférieur, que nous comptons parmi nos morts bien peu de réputations du premier rang : mais nous pouvons, en compensation du passé et même du présent, vous offrir nos richesses à venir, que vous ne révoquerez pas en doute quand vous saurez que nous possédons ici, que nous avons pour concitoyen le docteur *Robert*[1], auteur de la *Mégalanthropogénésie*, ce qui veut dire, comme vous savez, l'*Art de procréer des enfants d'esprit, propres à devenir de grands hommes*. D'après cette belle découverte, qui n'est pas un secret de famille, comme on l'a déjà remarqué, vous sentez bien que Marseille ne peut manquer de devenir une pépinière de génies; nous en aurons à foi-

---

[1] Il est né à Tulle, département des Basses-Alpes.

son, et nous comptons bien en fournir au reste de la France. Si vous en doutez, ajouta-t-il en riant, voilà mon neveu, le docteur prétend qu'il est né suivant sa méthode : *ab uno disce omnes.* »

Mon vieil ami, car M. N*** m'a déja permis de lui donner ce nom, allait achever de satisfaire ma curiosité, en me faisant passer de l'empire des morts au royaume des vivants, lorsqu'il s'aperçut que l'heure du courrier était venue; il me quitta en me promettant qu'à notre première entrevue il me parlerait des hommes sur qui se fonde aujourd'hui la gloire contemporaine.

Nous sortîmes ensemble; le vieillard regagna son logis, et sous la conduite du jeune Auguste, son neveu, je me mis à parcourir la ville.

Après avoir salué la patrie des troubadours, de ces vieux pères de la littérature européenne, je fis ma première station au pied de la statue d'Homère, érigée entre la rue d'*Aubagne* et la première *Calade*; j'admirai cette inscription laconique : LES DESCENDANTS DES PHOCÉENS A HOMÈRE. Passant ensuite de la rue de *Rome* à celle *du jeune Anarcharsis*, nous traversâmes l'innombrable foule des négociants rassemblés devant le café *Casali*, et nous allâmes nous reposer un instant au cabinet littéraire de MM. *Camoins* frères, où l'on m'avait prévenu que se rendaient tous les bons esprits de Marseille : à ma grande surprise, j'y trouvai beaucoup de monde. Après avoir jeté un coup d'œil sur *la Minerve, la Bibliothèque historique*, et même sur *le Conservateur*, je m'approchai d'un vieillard avec lequel Auguste s'entretenait en m'attendant, et ce ne fut pas sans une agréable surprise que je reconnus dans ce vénérable octogénaire le spirituel auteur des *Voyages du jeune Anténor*, dont l'âge n'a refroidi ni l'esprit ni la gaieté. Pendant que M. Lantier me parlait de l'académie de Marseille, dont il est membre, et de l'académie française, dont il devrait être, nous fûmes accostés par un secrétaire vraiment perpétuel, qui nous força d'essuyer une longue dissertation sur les tombeaux de la porte d'Aix : fort heureusement pour nous il aperçut dans un coin un petit homme voûté qu'il s'empressa de joindre, ce qui nous offrit l'occasion, que nous ne perdîmes pas, de le quitter poliment.

Le lendemain, j'allai visiter seul non plus le monument, mais la place où fut le monument que les habitants de Marseille avaient élevé à la mémoire du général Desaix : en songeant que le conseil municipal qui l'a fait disparaître se refuse à élever un autre cénotaphe à cet illustre général, je me rappelai, en rougissant, que les Allemands ont laissé subsister au-delà du Rhin les monuments élevés au général Marceau et au *premier grenadier de France*.

Un homme, vêtu d'une longue polonaise bleue, que j'avais remarqué à quelque distance de moi,

crut deviner le motif qui m'amenait dans cet endroit solitaire, et continuant tout haut la lecture d'une feuille qu'il tenait à la main : « Cet antique « sarcophage, consacré aux mânes d'un grand hom- « me, redisait les glorieux combats de l'armée du « Rhin et cette retraite comparable à celle des *dix* « *mille*, les drapeaux français flottant sur les cata- « ractes du Nil, au-delà des limites de l'empire ro- « main, et cette mort héroïque, ce généreux dé- « vouement qui, aux champs de Marengo, sauva « l'armée française et nous donna la victoire [1]; » et ils l'ont renversé! ajouta l'inconnu en me regardant.
— Les barbares! — Cette exclamation, par laquelle je répondis à sa pensée, devint l'occasion d'un entretien sur la réaction de 1815, dont je n'écoutai pas sans frémir les horribles détails.

« S'il est vrai, me dit-il, que la superstition et l'ignorance soient les instruments les plus dociles d'une faction que les malheurs de la France ont ressuscitée, comment s'étonnerait-on des affreux succès qu'elle a obtenus dans la ville de France où la dernière classe du peuple est la plus ignorante, la plus superstitieuse et la plus corrompue dans ses mœurs? c'est la seule réflexion que je me permettrai dans le cours de ce récit: la douleur et l'indi-

---

[1] Lettre de M. Dubois Aymé, insérée dans le *Journal de Marseille*.

gnation se taisent quand les faits parlent plus haut qu'elles.

« Dès le matin de *ce 25 juin*, d'exécrable mémoire, les troupes de la garnison de Marseille avaient été rassemblées avec armes et bagages sur la place de la rue d'Aix, qui domine la ville.

« Une pareille mesure, prise deux jours après la nouvelle reçue de nos premiers succès sur la frontière du Nord, répand dans les esprits une sorte d'étonnement confus; on s'aborde avec embarras, on s'interroge à voix basse : un bruit vague annonce que l'armée française a été battue sous les murs de Bruxelles. Accréditée bientôt par ceux dont elle flatte les coupables espérances, cette rumeur échauffe les têtes; le peuple se porte en foule sur le Cours, la Canebière et les autres places publiques. Des fédérés, convaincus que, si cette nouvelle avait quelque vraisemblance, ils en eussent été instruits par les autorités, se rassemblent dans un café du Cours, où ils se disposent à célébrer la victoire de Fleurus : un buste est promené dans la ville, au milieu des chants de triomphe et des cris de malédiction d'une foule immense, divisée de vœux et d'intérêts.

« Le commandant de la place se présente et ordonne aux fédérés de se dissoudre, en les prévenant que le cri de *Vive la nation* est le seul qui leur soit encore permis. A ces mots, le buste est brisé en morceaux, et les *castagniers*[1], réduits tout-à-coup à un très petit nombre, sont dispersés et poursuivis de rue en rue.

« Les officiers à demi-solde convoqués sur la place de la Canebière s'y rendent en armes, et sont conduits dans le fort Saint-Nicolas : au même moment, l'abdication de l'empereur est proclamée, le drapeau blanc est substitué au pavillon tricolore, des farandoles se forment de toutes parts....

« Mais, pour arriver au but sanglant qu'on se propose, il faut forcer les troupes à quitter la ville : on insulte les soldats ; des pierres sont lancées, le fer brille, et déjà le sang coule....

« Dans ces premiers moments, la garde urbaine déploya beaucoup de courage et d'activité pour rétablir l'ordre; sans doute elle y fût parvenue, si des misérables ne s'étaient glissés dans ses rangs et n'eussent paralysé ses efforts.

« Vers deux heures, les rassemblements qui s'étaient formés dans les campagnes, et auxquels on avait envoyé des députations dès le matin, entrent dans la ville : le meurtre succède au meurtre, le pillage au pillage. Deux événements de cette affreuse journée ont servi de prétexte et servent encore aujourd'hui d'excuse aux assassins : je ne dois

---

[1] C'est le nom que la populace et ceux qui la mettaient en mouvement donnaient aux partisans du gouvernement impérial.

pas les passer sous silence. Quelques cavaliers d'un régiment de chasseurs, voulant se frayer un passage pour rejoindre leur corps, traversaient la ville le pistolet au poing; dans ce moment M. *Spanet*, garde national, fut blessé mortellement, sans qu'on puisse dire d'où le coup était parti.

« Tous les postes qu'occupait la troupe de ligne avaient été relevés dès le matin par la garde urbaine; un seul avait été oublié, celui de la porte du palais: un détachement de la garde urbaine, qui vint en prendre possession au déclin du jour, crut devoir accompagner les militaires qu'il relevait, jusqu'au fort *Saint-Jean*, où ceux-ci étaient casernés, dans l'intention très généreuse, sans doute, de les soustraire à la fureur de la populace. Arrivés au fort, les soldats entrent, le pont-levis se lève, et, dans le même moment, un coup de fusil est tiré par un soldat, du haut du parapet: la foule y répond par des cris de fureur; le siége du fort est résolu, la mort de la garnison est jurée; mais les officiers renfermés dans le fort et ceux de la garde nationale parviennent à faire cesser le feu, et les assaillants se retirent.

« Dans la crainte des malheurs qui pouvaient survenir le lendemain, on prit le seul parti qui pût les réaliser: la force militaire, quelque peu nombreuse qu'elle fût, retranchée dans des forts, armée de plusieurs pièces de canon, pouvait imposer aux assassins; on la fit sortir de la ville pendant la nuit.

« Cette mesure, dictée par la faiblesse, avait été prévue par des hordes composées en grande partie, on doit le dire pour l'honneur de la ville de Marseille, de cette écume, de ce ramas d'étrangers que les orages politiques ont jetés sur la plage marseillaise à toutes les époques de la révolution. Embusqués derrière les maisons et derrière les murs qui bordent la route de Toulon, ils firent feu sur les militaires, qui marchaient sans défiance, en tuèrent et en blessèrent un grand nombre. Après cette lâche expédition, ils rentrent dans la ville au point du jour, et, libres de toute crainte, s'y livrent aux plus épouvantables excès. Des citoyens sont arrachés des bras de leurs femmes et de leurs enfants, attachés aux arbres du Cours, et massacrés de la manière la plus horrible; on promène dans la ville des drapeaux ensanglantés, autour desquels se pressent une foule de mégères, qui ne craignent pas de mêler les noms les plus augustes aux hurlements dont elles remplissent la ville épouvantée.

« Je n'ai point le courage de me traîner douloureusement sur les détails de cette affreuse journée, de vous offrir, l'une après l'autre, les scènes horribles dont j'ai été le témoin après avoir failli d'en être victime; je me contenterai de vous dire que le sang ruisselait dans la ville, que des bourreaux y promenaient en triomphe des tombereaux chargés des cadavres des mameloucks égorgés dans les bastides où ils s'étaient réfugiés ; que de la place *Castellane* au village de *la Peine* la route était couverte de soldats morts ou expirants.

« Je ne vous retracerai pas la mort des deux frères *Verse*, assommés ensemble, en plein jour, entre les deux fontaines du grand cours, et au milieu d'une population nombreuse, sans que personne ait fait le moindre mouvement pour les sauver.

« Je supprimerai les détails plus affreux encore du massacre d'*Ollivier-Lange*, et de son jeune fils, embrassant son père pour lui servir de bouclier, et périssant avec lui sous les coups de ces cannibales.

« Je détournerai vos regards d'une troupe d'enfants foulant aux pieds les cadavres qu'ils avaient dépouillés : mais l'amitié qui me liait à M. *Anglès Capefigue* me fait un pénible devoir de vous parler plus particulièrement du meurtre épouvantable de cet excellent citoyen, auquel il n'est peut-être pas une seule famille, à Marseille, qui n'eût quelque obligation. Il se dirigeait vers le *quartier de Saint-Julien* avec sa mère, sa femme, et ses enfants : la voiture qui les portait fut arrêtée sur le chemin de *la Madeleine*, à trois cents pas de sa maison, par le sieur S***, escorté d'une troupe de paysans ; on le fit descendre dans un chemin creux, où on le retint jusqu'à onze heures du soir, sous les yeux de sa famille, dont les gémissements ne purent attendrir les monstres qui avaient résolu sa mort. Le chef de la bande, supposant alors qu'il recevait un ordre pour le conduire en prison, le fit traîner derrière *le Chapitre*, près les allées de *Meilhan,* où ces hommes féroces le frappèrent l'un après l'autre de sept coups de poignard. Un homme seul, armé d'une carabine, accourt aux cris de la victime, et force les misérables à prendre la fuite; mais le forfait était consommé, et M. Anglès expira deux heures après, dans une maison voisine où son défenseur l'avait transporté. »

L'irrécusable témoin de qui je tiens les faits que l'on vient de lire m'a nommé les trois principaux assassins de M. Anglès, dont l'un, étranger à cette ville et à la France, a figuré dans presque toutes les scènes d'horreur dont elle a été le théâtre[1] : tous les habitants de Marseille les connaissent, les accusent, et frémissent chaque jour à leur aspect.

« J'aurais pu, j'aurais dû, peut-être, après avoir signalé les faits, en chercher les causes et examiner quelle fut, dans ces jours de crime, la conduite des

---

[1] Blessé par un de ses complices, qui destinait ce coup à M. Anglès, il voudrait faire croire aujourd'hui que cette blessure a été reçue au champ d'honneur; mais on connaît le nom de celui qui l'a blessé, le nom de celui qui l'a pansé, le nom de tous les témoins, et même celui de l'enfant qu'il a voulu forcer de participer à cette scène effroyable.

autorités civiles; mais la censure publique s'arrête en présence d'un si grand attentat, et se borne à former des vœux pour que les coupables ne restent pas impunis.

« Après avoir esquissé ce douloureux tableau, je dois reposer mon ame et la vôtre en vous citant quelques actes de courage et de générosité que ces journées de deuil virent éclater au milieu de tant d'horreurs.

« J'ai été témoin du dévouement de M. *Darot*, portant, à travers mille dangers, des habits bourgeois et de l'argent à des officiers enfermés dans le fort Saint-Nicolas, pour faciliter leur sortie;

« De la fermeté de MM. *Achard* et *Bernard*, officiers de la garde nationale, de service au poste de la place Monthion, dans la nuit du 25. Ils s'opposèrent avec énergie à quelques forcenés qui voulaient tirer à mitraille sur les militaires au moment où ils passaient devant ce poste : j'ai vu ces deux citoyens, à l'exemple du jeune Desille à Nancy, se placer à la bouche du canon, et s'offrir ainsi pour première victime afin d'empêcher l'exécution de cet horrible dessein.

« Ce même M. Bernard, aujourd'hui capitaine dans la légion des Bouches-du-Rhône, déploya dans ces fatales journées un courage et une activité au-dessus de tout éloge : le 26 au matin, on le vit arriver au Cours, où il semblait se multiplier pour arrêter la dévastation et le meurtre dans les maisons des réfugiés égyptiens.

« On doit des remerciements publics à M. *Chaix*, chef de bataillon, pour son empressement à recevoir dans les rangs du détachement qu'il commandait les militaires qui y vinrent chercher un refuge; et il serait injuste de ne pas tenir compte à MM. *Rabaud, Fraissinet, Corréard, Borel,* et à quelques autres dont les noms ne se présentent pas à ma mémoire, des efforts généreux qu'ils déployèrent dans ces moments d'anarchie.

« Mais ce que je voudrais pouvoir vous peindre avec des couleurs dignes de la postérité, à laquelle un si beau trait doit parvenir, c'est le dévouement filial de ce jeune OLLIVIER-LANGE, dont je vous ai déjà parlé. Cet admirable jeune homme voit son père entouré d'égorgeurs et se précipite au milieu d'eux; il les supplie, il les conjure à genoux, il baise leurs mains sanglantes; mais ses prières, ses instances, ses sanglots déchirants n'arrivent point au cœur de ces monstres, qui semblent se méprendre à l'expression de son désespoir, et lui donnent l'ordre de se retirer, en l'assurant qu'il n'a rien à craindre pour lui-même : au même instant, ce jeune héros de l'amour filial s'élance sur son père, s'y attache avec une sorte de rage, et, pour étouffer dans l'ame de ces bêtes féroces un reste de pitié dont il était l'objet, il leur prodigue tous les noms odieux que la douleur et le mépris lui suggèrent; les misérables répondent à ses cris sublimes par cent coups de poignard, et ce fils vertueux, modèle et victime du plus beau sentiment dont puisse s'honorer la nature humaine, tombe en embrassant son père, qui le bénit avant d'expirer dans ses bras. »

N° LIX. [29 AVRIL 1819.]

ÉVÉNEMENTS ET PERSONNAGES.

> .... *Malus bonum malum*
> *Esse vult, ut sit sui similis.*
> PLAUT.
>
> Les scélérats souhaitent que les honnêtes gens
> se corrompent pour avoir des complices.

Je ne connais pas de meilleure table d'hôte que celle de madame *Jean*, chez laquelle je suis logé à l'hôtel Beauveau ; j'y ai fait, il y a quelques jours, un de ces dîners qui font époque dans la vie par une réunion de personnes et de circonstances que le hasard seul peut rassembler. La modestie ne me permet pas d'en citer la partie anecdotique, où je serais obligé de me mettre en scène entouré d'une bienveillance sur laquelle j'étais loin de compter à Marseille. Je dois me borner à dire qu'un empressement bien honorable pour moi a été l'objet de ce dîner, dont les propos, recueillis avec exactitude, compléteront le tableau moral de cette cité célèbre.

Au nombre des convives se trouvaient M. *Thomas*, homme d'un mérite transcendant; M. *Martin* fils, distingué par sa vaste érudition, par l'étendue et la variété de ses connaissances, par les agréments de son esprit, formé dans les voyages et dans les habitudes de la bonne société; et les deux jeunes avocats, MM. *Arnaud* et *Lecourt*, connus par leur enthousiasme pour la littérature et les arts.

On reprit l'entretien où je l'ai laissé dans mon dernier discours.

« Laissons, interrompit un des convives, des hommes qui sont la honte de notre pays, et parlons de ceux qui en sont l'ornement et la gloire; mais avant de nous occuper des vivants, permettez-moi de vous raconter une anecdote de famille, où Champfort paraît avoir puisé le sujet de son *Marchand de Smyrne*, lequel n'est, après tout, qu'une bien pâle copie d'un bel original.

« Un de mes ancêtres, car nous autres roturiers nous nous avisons aussi d'avoir des ancêtres, *Vincent Arniaud*, de Marseille, était capitaine de port à Malte en 1698, à l'époque où *Topal Osman*, l'un des plus habiles ministres et des plus grands capitaines dont l'empire ottoman puisse se glorifier, fut chargé de porter en Égypte un ordre du grand-seigneur: il alla par terre jusqu'à Séide, et de là s'embarqua pour Damiette: la saique qui le portait fut attaquée et prise, après un combat opiniâtre, par un corsaire de Mayorque. Osman, qui n'avait alors que vingt-deux ans, fit des prodiges de valeur, et reçut plusieurs blessures, dont une très profonde à la cuisse, qui le rendit boiteux et lui valut le surnom de *Topal*. (Vous savez que chez les Turcs, qui n'ont pas de noms de famille, les plus grands personnages reçoivent des sobriquets tirés de leurs défauts corporels ou de leur profession primitive.)

« La barque mayorquine ayant été obligée de relâcher à Malte, *Arniaud* vint à bord, suivant le devoir de sa charge; comme il s'arrêtait un moment auprès de ce jeune Turc, chargé de chaînes et couvert de blessures: « Chrétien, lui dit Osman, achète-moi, tu ne t'en repentiras pas. » C'était un homme sensible et généreux que mon aïeul; mais le capitaine corsaire, qui à la bravoure et à quelques autres indices avait reconnu que son captif était un homme d'importance, demandait mille sequins pour sa rançon : Arniaud n'en peut offrir que six cents, ils sont acceptés; il fait guérir Osman, et poussant la confiance et la générosité jusqu'au bout, il lui donne un bâtiment pour le conduire en Égypte.

« Le lendemain de son arrivée, Topal fit compter au capitaine mille sequins pour Arniaud, et lui donna à lui-même cinq cents écus; mais il ne borna pas là sa reconnaissance.

« Nommé pacha en Morée, il chargea le consul

de faire venir un des fils d'Arniaud, qu'il mit bientôt à portée de faire une grande fortune.

« Devenu béglierbey de Romélie, il fit venir à Nysse Arniaud lui-même, et lui prodigua les marques de son attachement.

« Enfin, nommé grand-visir en 1731, il pria l'ambassadeur de France d'inviter son ancien patron à le venir voir.

« Pressez-vous, lui écrivait-il, car il est rare que la faveur d'un grand-visir ait un lendemain.

« Le vieux Arniaud, alors âgé de soixante-douze ans, arriva à Constantinople avec son fils en janvier 1732, et se présenta au palais du grand-visir avec des cadeaux de fruits et de fleurs portés par douze Turcs rachetés par lui de l'esclavage à Malte. Le grand-visir le reçut en présence des grands de l'empire : « Voilà mon libérateur, leur dit-il, je lui « dois ma liberté, ma gloire et ma fortune ; il n'a « point semé le bienfait dans un cœur ingrat : j'ai « juré qu'il ne se repentirait pas du service qu'il m'a « rendu, et je passerai ma vie à remplir ma pro- « messe. »

« Osman, visir, retint plusieurs mois les Arniaud près de lui, et ne consentit à les renvoyer à Malte qu'après les avoir comblés d'honneurs et de biens. »

Je ne sais si je me trompe, mais il me semble qu'il y a dans toute cette aventure quelque chose de sublime et de naïf où respire la sainteté des mœurs antiques, et qui rappelle, avec moins d'intérêt cependant, la touchante histoire de Joseph.

Un des convives nous cita un autre trait historique consigné dans *la Chronique marseillaise,* et dont Nicolas COMPIAN est le héros. Ce marchand obscur fit, par simple probité, ce que Régulus ne fit peut-être que par le sentiment de la haute dignité dont il était revêtu.

Mon vieil ami le négociant, à la recommandation duquel je suis en grande partie redevable de l'accueil que j'ai reçu dans ce pays, fit tomber adroitement la conversation sur les hommes vivants dont les noms sont des titres honorables pour la ville qui les possède ou qui les a vus naître.

Je les rappellerai dans l'ordre où ils se présenteront à ma mémoire.

M. *Dubois-Aymé,* directeur des douanes, correspondant de l'Institut de France, membre de celui d'Égypte, et l'un des principaux collaborateurs du magnifique ouvrage qui doit faire connaître si parfaitement cette antique patrie de la civilisation, est apprécié en Europe comme savant et comme littérateur. On vante ici la pureté de ses principes et cette élévation de sentiments qui devrait être le partage des hommes voués à la culture des sciences. Dans la vie privée, on l'aime pour la simplicité de ses mœurs et la douceur de son caractère; dans l'exercice de ses fonctions, on le représente comme occupé sans cesse à consoler les négociants, autant qu'il est en lui, des vexations d'un régime vicieux. Loin d'ajouter des rigueurs gratuites aux sévérités nécessaires d'un système essentiellement oppressif, il accorde avec empressement toutes les facilités qui peuvent être permises, et ce ne sera pas à lui du moins qu'il faudra s'en prendre si la sottise des hommes parvient jamais à bannir les commerçants et les navigateurs d'un port où la nature a tout fait pour les appeler.

J'ai entendu citer avec beaucoup d'éloges M. *Casimir Rostan*, distingué par la variété de ses études et de ses connaissances. Il a passé dans le Levant plusieurs années de sa première jeunesse, et il en a rapporté une riche collection de médailles, dont quelques unes ont passé depuis au cabinet du roi. Après avoir professé la botanique au Jardin des Plantes, il a quitté la chaire pour retourner au commerce; il y a, dit-on, adopté la maxime de ne le faire que par échange. Je ne sais si cette idée bizarre ne dépose pas un peu contre la justesse de son esprit; mais elle annonce au moins l'indépendance et l'originalité de son caractère. Les voyages de M. Rostan rappellent ceux de M. *Domeny de Rienzi*, son ami. Ce jeune homme, ancien capitaine, unique et digne rejeton de ce célèbre tribun Rienzi qui rétablit un moment l'antique liberté romaine sous le gouvernement des papes, se livrait dernièrement à Marseille à la culture des lettres, après avoir terminé de longs voyages entrepris, dans l'intérêt des sciences, en Italie, en Grèce, en Asie, et en Afrique. Sa tragédie de *Philippe II et l'Inquisition*, ou *les Deux tyrannies*, dont j'avais entendu la lecture dans mon dernier voyage à Vaucluse, sa patrie, offre des scènes d'un haut intérêt, et se distingue par l'élévation du style et l'énergie de la pensée.

M. *Alexis Rostan*, qui est à la tête de la plus importante de nos manufactures de bonnets, est un négociant très éclairé: il a présidé le tribunal de commerce avec un rare talent; c'est lui qui, dans la discussion relative à la franchise du port, a clairement démontré que l'ancien système de franchise, auquel plusieurs négociants paraissaient tenir uniquement parcequ'il existait avant la révolution, était bien moins avantageux que le régime actuel des douanes. Le commerce de Marseille lui a, sous ce rapport, d'importantes obligations.

Parmi les notables de Marseille, M. *Tardieu* (*Rouchon*) tient un des premiers rangs: également distingué par ses qualités morales et son profond savoir, les sociétés savantes de l'Europe comptent bien peu de membres qu'on puisse comparer à ce négociant pour l'étendue et la variété des connaissances. M. Tardieu s'est vu forcé, ainsi qu'un grand nombre de ses concitoyens, de s'expatrier en 1793, après avoir lutté sans succès, mais avec courage, contre l'odieuse et sanglante tyrannie qui pesait alors sur la France. Ce nom honorable doit être ici l'occasion d'une remarque générale; c'est que les exilés de cette époque, rentrés depuis dans leur patrie, y ont tous rapporté l'ordre, l'amour du repos, celui d'une sage liberté, et l'horreur des excès de tout genre, quel que soit le parti qui les ait commis, quel que soit le prétexte dont on essaierait de les colorer; tandis qu'on a vu presque tous les hommes de 1793 figurer dans les rangs de ces prétendus royalistes qui, en 1815, couvrirent une seconde fois la France de deuil, de sang, et de dévastation.

M. *Rigordy*, président du tribunal, est un magistrat aussi intègre qu'éclairé; il possède une vaste érudition, et est le seul à douter de son mérite.

M. *Dessolliers* père, avocat du premier mérite, a vainement opiné dans le conseil général, dont il est membre, en faveur de l'enseignement mutuel.

On parle avec éloge de MM. *Borelly*, colonel de la garde nationale, *Romagnac*, négociant, et *Casimir Rostan*, qui, à une époque désastreuse, arrêtèrent l'effusion du sang en s'emparant momentanément de l'autorité, que les premiers fonctionnaires avaient abandonnée, et en rendant responsable de tout nouveau meurtre un des hommes les plus influents parmi ceux qui dirigeaient les massacres. Peut-être doit-on reprocher à nos trois concitoyens d'avoir retenu trop long-temps une autorité que le salut commun avait pu seul rendre légale pour quelques instants; mais on peut oublier leur tort en songeant au mal qu'ils ont empêché.

Si le général *Pascalis* n'avait pas été prevôt à Gap, peut-être en croirais-je plus volontiers sur parole ceux qui m'ont assuré que sa tragédie de *Dion*, qu'il se propose de faire jouer aux Français, est un chef-d'œuvre, et que son poëme de *Fontainebleau*, qui n'a pas encore vu le jour, peut être mis à côté des *Jardins* de Delille pour la fraîcheur du coloris poétique et l'élégance des détails.

L'étude approfondie qu'a faite M. *Penchaud*, directeur des travaux publics dans ce département, des nombreux et magnifiques restes d'architecture antique dont le midi de la France est couvert, lui a valu l'honneur d'être chargé par le gouvernement d'un rapport sur la Maison carrée de Nîmes, et d'un projet de restauration pour ce beau monument. Son Mémoire est un modèle, et les nombreux dessins qui l'accompagnent pourront faire connaître à nos neveux cet admirable édifice, si jamais on les retrouve dans la poussière de quelque carton de bureau, où l'on a eu le soin de les ensevelir.

Quoiqu'à peine âgé de trente-six ans, M. *Cauvière*, docteur en médecine, est déja placé dans l'opinion générale au premier rang des hommes de sa profession. Appliqué dès son enfance à un état qui fut toujours son unique passion, doué d'une grande capacité naturelle, d'un jugement imperturbable, il n'est pas permis de douter qu'il n'atteigne un jour à la réputation des plus grands maîtres de la science.

Le talent modeste dans une situation obscure ne fut pas oublié dans cet entretien: on y parla de M. *Pons,* concierge de l'Observatoire, devenu, par le seul fait de sa position, astronome pratique, et l'un des plus subtils et des plus heureux observateurs. Il a reconnu le premier un grand nombre de comètes, et a gagné plusieurs fois le prix fondé par Lalande pour ce genre de découvertes.

On s'entretint de M. *Daumier,* auteur d'une tragédie de *Philippe II,* à laquelle les journaux parisiens ont donné des éloges, et qui naquit poëte dans une boutique, vis-à-vis l'église Saint-Martin, où il exerça pendant quinze ans la profession de vitrier.

On donna des regrets à M. *Desmarest,* ancien élève de l'école polytechnique, et conséquemment ex-professeur de mathématiques spéciales au collège de Marseille. On me fit voir l'eau-forte de la première feuille d'une carte topographique de Marseille qu'il doit incessamment publier: je ne doute pas qu'il ne trouve dans le succès de ce bel ouvrage le dédommagement des injustices qu'on lui a fait éprouver.

Le chapitre des sciences, des lettres, et des arts

est bientôt épuisé à Marseille: on parla de commerce, et chacun s'empressa de donner la parole à mon vieux négociant, en me confirmant dans l'opinion où j'étais qu'il n'existe peut-être pas en Europe un homme de cette profession qui réunisse au même degré l'étendue de l'esprit, la rectitude du jugement, et la variété des connaissances.

« La révolution, nous dit-il, a cruellement pesé sur le commerce de Marseille: les plus notables négociants ont péri, et leur fortune avec eux; des causes trop connues s'opposent à ce que ces pertes puissent être réparées; nous avons langui, nous languirons long-temps encore. La diminution des capitaux, l'incertitude des événements, une vague inquiétude, ne permettent pas qu'on se livre aux grandes entreprises: je ne puis me dispenser d'en rappeler une mémorable qui fut en quelque sorte le dernier soupir du commerce marseillais; je parle de l'expédition que fit autour du monde en 1790, 1791 et 1792, le navire *le Solide,* armé par la maison *Baux* et commandé par *Étienne Marchand.* Ruineuse pour les propriétaires, elle fut glorieuse pour les navigateurs. L'objet du voyage était le commerce des pelleteries: son unique résultat fut la découverte d'un groupe d'îles dépendant de l'archipel des *Marquises,* et la reconnaissance de quelques points encore mal déterminés du nord-ouest de l'Amérique. Les officiers y déployèrent beaucoup d'habileté et d'intelligence : la relation de leur voyage fut rendue publique, et le savant *Fleurieu* n'a pas dédaigné d'en être le rédacteur. Il donne les plus grands éloges au capitaine *Marchand*, à son second, le capitaine *Chanal*, et au chirurgien *Roblet* : c'est sur les journaux de ces deux derniers que la relation a été dressée.

« Le malheur général n'est jamais sans exceptions : au milieu des tribulations et des calamités de toute espèce que nous avons éprouvées, quelques anciennes fortunes ont été conservées, et il s'en est élevé quelques autres. Au nombre et en tête des premières et des plus honorables je dois citer M. *Anthoine*, baron de Saint-Joseph, et longtemps maire de cette ville : il a publié un ouvrage d'un grand intérêt sur le commerce de la mer Noire, qu'il a, pour ainsi dire, ouverte à ses compatriotes, et ne s'est pas moins signalé par son activité et par son intégrité pendant sa longue administration.

« L'épouse de ce digne magistrat est sœur de la reine actuelle de Suède et de la ci-devant reine d'Espagne. Toutes ces grandeurs n'ont jamais altéré sa touchante modestie : à peine madame Anthoine s'est-elle aperçue que le grand nombre d'amis qu'elle avait eus jusqu'en 1814 est singulièrement diminué. Les personnes qui se plaisent à bien juger du cœur humain estiment que cette désertion n'est que passagère, et que les fuyards n'attendent pour revenir qu'une honnête occasion, qu'un prétexte léger, tel que serait, par exemple, la promotion au ministère du maréchal Suchet, l'un des gendres de cette dame. »

En passant à Aix, j'ai eu l'occasion de citer M. *Paillasson*, chef de la plus riche maison de commerce de Marseille, à propos d'un très bel établissement qu'il a fondé dans cette dernière ville.

La principale branche de l'industrie de Marseille est la fabrication du savon : elle en approvisionne la France et les colonies. Autrefois, les matières premières du savon se tiraient de l'étranger : l'Italie fournissait les huiles, et les soudes venaient de la Sicile et de l'Espagne. Depuis quelques années, nous nous sommes à-peu-près affranchis de ce tribut payé aux nations voisines : les oliviers se sont multipliés en Provence, et son sol fournit la très grande partie des huiles qu'emploient les savonniers. D'un autre côté, l'invention du procédé chimique au moyen duquel on compose la soude factice a donné lieu à l'établissement de plusieurs fabriques de ce genre, dont les produits suffisent pour alimenter les savonneries.

J'indiquerai encore les manufactures de corail comme une branche d'industrie qui tient plus particulièrement aux localités : les produits en sont connus et recherchés à Paris, où ils sont mis en œuvre avec beaucoup d'art.

Le rétablissement des maîtrises est ici, comme à Paris, le vœu de quelques hommes à vieux préjugés. En attendant mieux, on a organisé le corps privilégié des portefaix : ceux qui n'appartiennent pas à la compagnie ne peuvent travailler sur les quais. Un voyageur n'est pas le maître de débarquer sa propre valise : les portefaix la lui enlèvent, et mettent à ce service forcé le prix qu'ils veulent. Les capitaines de navire ne peuvent faire travailler leurs matelots au débarquement, et le réglement des portefaix est le titre qu'ils opposent à toutes les réclamations.

J'avais été trop frappé de l'air de contrainte et de tristesse qui règne ici sur tous les visages pour n'en pas faire l'objet d'une observation qui devint le texte d'un entretien sur les mœurs privées et politiques, par lequel je terminerai mes discours sur Marseille.

Je l'ai déja dit, la gaieté provençale n'est plus qu'un souvenir historique[1]. Exilée des places et des carrefours, elle ne s'est point réfugiée dans les salons : les réunions d'apparat sont rares et silencieuses; dans les cercles les plus restreints, la confiance et la familiarité ne parviennent pas à l'établir; en causant, en jouant, en dansant même, on a

---

[1] Il faut en excepter les fêtes de campagne, où elle s'est conservée dans toute son originalité primitive, quoi que l'Ermite en puisse dire. Ces fêtes rappellent celles de la Grèce antique.

(*Note de l'éditeur.*)

plutôt l'air de remplir une fonction que de goûter un plaisir.

Il est commun d'entendre dire ici que les mœurs des femmes sont exemplaires, et que celles des hommes le sont très peu: ces deux propositions paraissent se contredire; mais heureusement la classe très nombreuse et très jolie des grisettes est là pour sauver la contradiction.

Les gens du peuple sont durs et grossiers, et ce défaut n'est pas compensé chez eux par la franchise dont ils se vantent. Si l'on trouve dans quelques individus une exquise politesse de langage et de manières, on peut dire néanmoins que ces qualités françaises ne distinguent pas suffisamment les classes supérieures.

Un des convives, en nous annonçant, comme un fait incontestable, qu'un grand attachement à la royauté était à Marseille la base de l'opinion publique, en trouvait la raison dans le petit nombre de familles nobles que cette ville renferme. « Elles ont ici, disait-il, si peu de fortune et d'influence, que l'état de guerre où l'on vit par-tout ailleurs avec les nobles ne peut altérer parmi nous l'attachement que l'on porte au souverain. » Cette explication parut surprendre quelques personnes. « Comment ne pas convenir, ajouta-t-il, que les aristocrates, car il faut bien rendre à ces hommes leur nom véritable, sont aujourd'hui ce qu'ils ont été de tout temps, le fléau de la royauté, et qu'ils n'empruntent les couleurs du royalisme que pour nuire plus efficacement à sa cause. Le peuple et nos rois eux-mêmes s'y sont trompés plus d'une fois; c'est ainsi que le trône s'est vu souvent enveloppé dans la haine que l'on portait à l'aristocratie, et que le prince a cru voir ses défenseurs dans ses ennemis les plus dangereux.

« En partant de ce principe, on est facilement amené à croire que les malheurs et les crimes de 1815 ont été la suite du nouveau système d'administration. On a confié l'exécution de la charte aux hommes intéressés à la détruire; on a mis le pouvoir aux mains de ceux qui ne respiraient que la vengeance; on a chargé les amis des priviléges de l'établissement d'un régime constitutionnel, et l'on a éloigné des emplois politiques, civils, et militaires, tout Français coupable d'avoir versé son sang ou consacré sa jeunesse au service de sa patrie : telle est la source des maux auxquels la France et plus particulièrement le Midi sont en proie depuis cinq ans. Le remède unique est dans l'adoption d'un système directement contraire: pour l'établir à Marseille, il suffit d'un préfet, d'un maire, et d'un général, dévoués à la constitution et au gouvernement. Le peuple marseillais est extrême en tout, il passe en un jour de l'amour à la haine : on a vu la plus grande partie des habitants, qui avaient arboré la cocarde anglaise en 1815, insulter les Anglais l'année suivante, et saisir au spectacle toutes les allusions qui pouvaient les offenser.

« L'anniversaire des massacres de 1815 a été célébré en 1816 comme un jour de fête : les boutiques ont été fermées, et les drapeaux flottaient à toutes les fenêtres. En 1817, on s'est borné à quelques banquets ; en 1818, cette joie féroce s'est concentrée dans une seule coterie ; et le moment n'est pas éloigné où la population de Marseille tout entière demandera justice elle-même des crimes que quelques brigands étrangers ont commis en son nom. »

N° LX. [15 mai 1819.]

RENCONTRE.

En racontant ses maux souvent on les soulage.
CORNEILLE, *Polyeucte*.

Le détail des horreurs commises à Marseille en 1815 avait laissé dans mon ame une impression si profonde et si douloureuse, que j'étais décidé à ne point aller à Toulon[1], théâtre plus sanglant encore des fureurs et des crimes d'une autre époque. Une rencontre inattendue a changé mes résolutions, et m'impose l'obligation de suivre mes premiers desseins. Ce n'est plus une vaine curiosité que j'ai à satisfaire, c'est un devoir rigoureux qu'il me faut remplir : le malheur et l'amitié me l'imposent.

J'avais quitté mes convives, embrassé mon vieux négociant, et remercié son aimable fils d'avoir bien voulu, dans les courses où il me servait de guide, ralentir la vivacité de son pas de vingt ans pour le mesurer au pas d'un ermite chargé de soixante-douze hivers. Pendant que la complaisante

[1] On verra que l'Ermite a eu grand tort de changer de résolution. (*Note de l'éditeur.*)

madame Jean me donnait d'utiles renseignements
sur la nouvelle route que je me proposais de prendre, un homme, brûlé par le soleil du tropique, et
dont le malheur, plus que les années, semblait avoir
altéré les traits, me regardait avec beaucoup d'attention et une émotion communicative à laquelle
je cédais sans pouvoir m'en expliquer la cause. Il
parle, et sa voix cassée ne m'est ni plus étrangère,
ni plus connue que son visage; enfin, après avoir
hésité un moment, il s'avance vers moi, et me tendant la main : « Ne me trompé-je pas? me dit-il;
est-ce bien vous, mon cher chevalier de Pageville? »
Madame Jean voulut répondre la première; car,
en Provence, les femmes sont un peu pressées de
parler : elle se disposait donc à apprendre à l'inconnu, le moins brièvement possible, qui j'étais,
où j'allais, lorsqu'à sa grande surprise je répondis
qu'en effet Pageville était mon nom.

« Comment peut-on être ermite et chevalier? »
répéta plusieurs fois madame Jean. Au lieu de m'amuser à lui expliquer ce mystère, j'interrogeais
tous mes souvenirs, et je m'efforçais de faire cesser
un oubli toujours pénible, quelquefois désobligeant,
pour celui qui en est l'objet. « Je le vois, dit l'inconnu, les distances des temps sont plus longues
que celles des lieux, et il y a moins loin des côtes
d'Orixa à celles de la Provence que de l'époque où
nous nous sommes quittés à celle où nous nous retrouvons. Brillants alors de santé et de jeunesse,

vous et moi nous étions au printemps de la vie : nous en avons traversé l'été et l'automne sans nous revoir. Il est permis de ne plus reconnaître sous une écorce ridée et tout chargé de frimas l'arbre qu'on a laissé paré de fleurs et de verdure : l'ombre que vous voyez a été le comte de Mérens. » A ces mots il se précipita dans mes bras; nos étreintes furent longues, et pleines d'un charme douloureux. Je cherchais dans ces yeux éteints les éclairs que j'y avais vus briller jadis; dans ces membres roidis et décharnés la vigueur et la souplesse d'un autre âge.

Le temps, avant de frapper le dernier coup, écrase de sa main de fer et flétrit tous ces dons extérieurs que la nature prodigue à la jeunesse : les cœurs seuls lui résistent. Le comte avait été mon premier compagnon d'armes. C'est sous le ciel de l'Inde, dans des champs rougis de son sang et du mien, que se formèrent les liens d'une étroite amitié; mais séparés depuis quarante ans, je ne doutais pas que mon ami n'eût péri dans les tempêtes politiques qui ont submergé des générations entières.

Mérens n'était descendu dans la cour de l'auberge que pour attendre la voiture qui devait le porter à Toulon; il y avait une place, je la pris, et une heure après nous roulions vers ce port.

Les dernières lueurs du jour s'éteignaient lorsque nous sortions des murs de Marseille : la brise du soir rafraîchissait l'air; une poussière blanchâtre couvrait la route, mais la rosée l'empêchait de s'élever, et son épaisseur, en rendant plus doux le mouvement de la voiture, assourdissait le bruit et permettait aux voyageurs de charmer l'ennui de la route par le charme des entretiens particuliers. Que de récits j'attendais de Mérens! à combien de questions je devais me préparer à lui répondre! Il voulait d'abord savoir par quel miracle j'avais échappé au tribunal de sang dont l'arrêt qui me condamnait à la mort lui avait été annoncé par des gazettes révolutionnaires que le hasard avait fait tomber entre ses mains. Je le lui appris en peu de mots.

« Mon récit sera plus long, me dit-il, et pourtant je me tairai sur tout ce qui ne regarde que moi. Par suite d'événements dont l'importance disparaît devant celle des grands bouleversements dont vous avez été le témoin, je me trouvais au service d'Espagne, et montais un des vaisseaux de cette puissance, qui, réunis à ceux de l'amiral Hood, entrèrent dans Toulon, livré par les commandants de la ville et de la flotte française, en vertu d'une convention antérieure et secrète dont les conditions furent presque aussitôt éludées que consenties. Vous et moi, nous avions appris dans l'Inde à connaître la foi britannique. S'emparer d'un port qui pût devenir le point de réunion de tous les royalistes de France et de tous les auxiliaires que devaient leur donner les innombrables ennemis de l'affreux système qui cou-

vrait notre malheureuse patrie de ruines et d'échafauds, tel fut le prétexte de l'expédition et le motif de la conduite de l'amiral Trogolf: détruire un des plus beaux ports de France, s'emparer des vaisseaux et des approvisionnements qui s'y trouvaient, tel fut le but des Anglais. L'amiral Trogolf devait le prévoir, il devait sur-tout se dispenser d'écrire au ministre de la marine, le 21 juillet 1793, au moment de livrer le port : « Qu'un parlementaire anglais s'é-
« tant présenté avec le pavillon blanc, il avait été
« forcé de le quitter, et de reprendre le pavillon tri-
« colore; les équipages n'entendant pas plaisanterie
« sur l'article du pavillon. » Je ne fais ici, reprit Mérens, ni l'éloge de la prévoyance de M. Trogolf, ni celui des moyens qu'il a employés; mon dessein n'est que de vous montrer les Anglais à Toulon tels que vous les avez vus dans l'Indoustan, et tels que les habitants de Copenhague, de Saint-Domingue, de Cadix, de Naples, de Washington, et de tant d'autres lieux, les ont vus, destructeurs de toutes les prospérités qui portent ombrage à la leur.

« Aussitôt que la ville fut occupée par les Anglais et les Espagnols, les Toulonnais demandèrent l'autorisation de rappeler leur évêque, leurs émigrés, et de reconnaître Monsieur, comte de Provence, pour régent du royaume. L'amiral Hood, dans sa proclamation aux Toulonnais, les avait engagés à se fier à la franchise et à la loyauté de sa nation : il n'osa pas rejeter ouvertement une demande qui n'était que l'exécution du traité fait avec eux, mais il répondit que la régence de France intéressant l'Europe entière, et sur-tout les puissances coalisées, il n'appartenait qu'à ces puissances de statuer sur une question si importante; que la place de Toulon, quelque respectable qu'elle fût, était isolée, et que ses habitants ne pouvaient être considérés comme exprimant le vœu général des Français : « Que cette « ville venait de contracter des obligations récentes « envers une autre puissance, et qu'appeler le comte « de Provence serait destituer S. M. britannique de « l'autorité qui lui avait été confiée dans Toulon. » Ces mots dessillèrent tous les yeux, remplirent tous les cœurs d'indignation et d'impuissants desirs de vengeance. Je présentai les chefs des sections au commandant de la flotte espagnole : les intentions du général n'étaient pas équivoques, mais il n'était pas assez fort pour résister ouvertement à la perfidie britannique.

« Cependant le léopard anglais ne dévora pas entièrement une proie que la trahison avait fait tomber entre ses impitoyables griffes. L'attaque de Toulon par les troupes françaises fut rapide et vive. C'est là que jaillirent les premières étincelles du génie de ce titan qui devait ébranler le monde: l'artillerie, que commandait Bonaparte, habilement placée, dirigée avec intelligence, servie avec ardeur, allait nous écraser; il fallut fuir, et fuir si vite, que l'avidité anglaise se vit forcée d'abandonner ces trésors d'agrès, de cordages, de mâtures, et de vaisseaux dont elle croyait déjà enrichir les arsenaux de la Tamise : mais *détruire ce qu'on ne peut enlever* est le principe du droit politique de la Grande-Bretagne, et il fut résolu que le port de Toulon et tout ce qu'il renfermait serait livré aux flammes. On consentit cependant à recevoir sur les vaisseaux les malheureux que le fer de la vengeance attendait. Les flottes espagnole et anglaise avaient concouru à l'occupation de Toulon : il fut convenu que les deux nations participeraient à sa destruction. J'allai trouver l'amiral espagnol, et je lui demandai le commandement des hommes destinés à brûler les vaisseaux. Il me connaissait : ma demande l'étonna; mais bientôt il lut dans mes regards, et me dit : « Allez, les Espagnols « et les Français comptent sur vous. » Je désignai les officiers que je voulais pour me seconder; ils me furent accordés. Les mèches et les matières incendiaires furent fournies par les Anglais. Déjà la flotte était hors du port, où nous pénétrâmes sur les embarcations propres à la terrible mission qui nous était confiée et dont personne n'ignorait le secret.

« Environ six cents galériens, qui avaient brisé leurs chaînes, se trouvaient sur le port lorsque nous y entrâmes. Ces hommes, dégradés par le crime, flétris par la main de la justice, humiliés par les fers et l'esclavage, semblaient cependant avoir encore conservé quelque chose de français. Jugeant à nos préparatifs quel dessein nous amenait, ils regardaient les Anglais d'un air sombre et menaçant qui indiquait assez l'intention de s'opposer à l'exécution de ce dessein. Le sentiment de la patrie se retrouve donc même au fond des cœurs les plus corrompus ! car quel autre intérêt que celui de la France, quel autre sentiment que cet impérissable amour de la patrie pouvait porter des hommes qu'elle avait frappés à prendre cette attitude menaçante et périlleuse? La contenance des forçats intimida les Anglais, et appela souvent leur attention, déja distraite par le poste de *la Boulangerie*, d'où les Français, qui s'en étaient emparés, faisaient sur eux un feu très vif. Chacun songea à remplir sa terrible mission. Un homme que de vastes incendies ont rendu célèbre, et qui débutait alors dans cette effroyable carrière, Sydney-Smith, se réserva la destruction des chantiers, des magasins, et des arsenaux : c'était le mal le plus grand, le plus difficile à réparer que cette ville française pût éprouver ; il était naturel que les Anglais s'en chargeassent. Je vous ai dit que je m'étais offert pour brûler la flotte. Sir Sydney me confia, en outre, le soin de couler deux bâtiments qui se trouvaient dans la rade intérieure, afin d'y rendre l'ancrage plus dangereux. L'attaque du dehors redoublait ; des redoutes que les Français

avaient établies sur les hauteurs de la redoute anglaise, et des forts de *l'Aiguillette* et de *Balaguier*, dont ils s'étaient emparés, ils faisaient pleuvoir sur nous une grêle de bombes et de boulets : dans le désordre, inséparable de la position périlleuse où nous nous trouvions, il était facile d'enfreindre les ordres ou de supposer à leur exécution des obstacles insurmontables. J'étais impatient de me trouver seul avec mes Espagnols. Aussitôt que ce moment fut arrrivé : « Ainsi, leur dis-je, c'est pour la vieille en-
« nemie du continent, et non pour la famille des
« Bourbons ou pour l'intérêt de votre pays et du
« mien que le démon de la Tamise promène ici ses
« brandons destructeurs! Dès le premier jour, l'a-
« miral Hood n'a point dissimulé son intention, il a
« formellement déclaré que lui seul commanderait,
« que lui seul ordonnerait à Toulon, et ne vous a
« plus reconnus comme alliés, mais comme auxi-
« liaires. Si vous êtes venus pour servir l'Angleterre,
« allez brûler les vaisseaux français, mais choisissez
« un autre chef. Si vous aimez votre pays comme
« j'aime le mien, nous n'avons que deux bâtiments à
« incendier, les deux frégates qu'on veut couler dans
« la rade intérieure. » — *Aux frégates! aux frégates!*
répétèrent tous mes compagnons, car tous éprouvaient le même sentiment que moi, et voyaient avec horreur les torches anglaises propager la flamme d'établissement en établissement. Au moment où

nous nous dirigions vers la rade, le lieutenant Gore m'envoya demander quelques hommes pour l'aider à manœuvrer le brûlot *le Vulcain*, destiné à opérer les plus grands ravages. Le lieutenant Hare me fit la même demande pour son brûlot, qu'il avait, dit-il, admirablement placé. Deux des officiers qui m'accompagnaient s'offrirent si vivement d'y aller que je devinai leur intention. Ils s'exposaient à périr, mais, grace à leur intrépide adresse, l'amorce brûla seule, et les brûlots ne sautèrent point.

« Je tairai les noms de ces braves Espagnols; il y a des temps et des pays où les actions généreuses sont punies comme des crimes. Arrivés aux bâtiments que nous devions couler, je pris toutes les précautions nécessaires, non seulement pour que le feu prît de toutes parts, mais j'y déposai une quantité de poudre assez considérable pour les faire sauter, afin que leur carcasse, même en allant au fond, ne gâtât pas la rade. Cet excès de précaution faillit nous devenir funeste: le feu se manifesta si rapidement sur tous les points, que les bâtiments sautèrent avec un épouvantable fracas; et nous descendions à peine de la frégate *l'Iris*, que nos embarcations furent couvertes de ses débris enflammés: le vaisseau *le Terrible* s'en trouvait si près qu'il fut mis en pièces, et ce ne fut pas sans péril que nous parvînmes à en sauver l'équipage.

« Nous revenions lentement vers la ville: j'espérais que les Français y pénétreraient, et que se portant vers le bassin ils protégeraient assez les vaisseaux pour colorer de quelque vraisemblance le prétexte que je me proposais de donner à l'inexécution de l'ordre d'incendier la flotte; en effet, lorsque nous en approchâmes, une fusillade partie des batteries du fort *Royal*, dont les canons étaient encloués, nous décida à la retraite.

« Je dirigeai mes embarcations vers *le Thémistocle*, d'où partaient les cris les plus lamentables. Pendant notre séjour à Toulon, ce vaisseau servait de prison aux patriotes et à ceux que les haines et les vengeances particulières avaient désignés sous ce nom; il était rempli d'individus de tout âge, de tout sexe, de toutes les conditions : l'approche du péril qui menaçait ces malheureux les avait armés contre leurs gardiens, déjà effrayés eux-mêmes par le danger commun. Les prisonniers étaient maîtres du vaisseau, mais ils ne pouvaient l'être des flammes qui s'avançaient pour les dévorer. Ce mélange de voix d'hommes, de femmes, d'enfants, invoquant la pitié du ciel et de la terre, au milieu des flammes et des ondes, avait quelque chose à-la-fois de touchant et de terrible qui me déchirait le cœur; je voulais les sauver, mais les barques que nous montions, déjà chargées de l'équipage du vaisseau *le Terrible*, ne pouvaient plus recevoir personne. Nous voguâmes vers sir Sydney. « N'ajoutons pas, « lui dis-je, d'horribles crimes à d'horribles mal-

« heurs ; le feu s'avance vers des enfants et des fem-
« mes, nous ne sommes pas venus ici pour brûler
« des créatures humaines. —Allons à leur secours,
« dit le commodore, aussi bien je n'ai plus rien à
« faire ici; nous avons mis le feu à tout ce qui se
« trouvait à notre portée : le lieutenant Tupper a
« bien suivi mes instructions; vous le voyez : les
« flammes dévorent le grand magasin et le magasin
« de poix et goudron; le magasin à chanvre a été
« enveloppé dans les mêmes flammes : le temps très
« calme en arrête malheureusement les progrès un
« moment; mais deux cent cinquante tonneaux de
« goudron, que j'ai fait répandre sur des bois de sa-
« pin, vont promptement propager l'incendie : le
« lieutenant Middleton a mis le feu à l'atelier de la
« mâture, et le lieutenant Peters a bravé les flam-
« mes pour en accélérer les progrès; mais je ne con-
« çois pas ce qui peut retarder l'explosion des deux
« brûlots, et comment il se fait que la flotte ne soit
« pas déja réduite en cendres. » Sydney voulut reconnaître par lui-même l'obstacle que nous avait
opposé la fusillade partie des batteries du fort
Royal; il ne tarda pas à le juger insurmontable, et
consentit alors à se diriger vers *le Thémistocle:* les
flammes l'atteignaient au moment où nous l'abor-
dâmes. Les infortunés qu'il portait se précipitèrent
dans nos embarcations avec une rapidité qui fut fatale à plusieurs vieillards infirmes. De faibles enfants
tombèrent aussi dans la mer, et au milieu de cet

horrible désastre on ne songea pas à les secourir.

« La flotte se trouvait chargée de plus de quatorze mille habitants, qu'une aveugle confiance avait jetés entre les bras de l'étranger, bras si tendres à s'ouvrir, mais qui ne se resserrent que pour étouffer tout ce qu'ils embrassent. Le souvenir de cette nuit affreuse ne s'effacera jamais de ma mémoire. Au loin, la ville paraissait n'être qu'un immense volcan, vers lequel les vents irrités menaçaient de nous repousser : les malheureux habitants regardaient, avec une expression plus douloureuse que celle de la perte de leurs biens, ces flammes dévorantes où périssaient peut-être quelques uns de leurs parents, de leurs amis ; car qui avait fui ? qui était resté ? nul n'osait le demander, ni chercher à s'en assurer, tant la vérité pouvait être terrible. Les mères comptaient leurs enfants, et n'osaient quitter ceux qu'elles avaient pour chercher celui qui leur manquait. Heureuse celle qui voyait parmi les siens un enfant étranger ! Le mien, disait-elle, est sans doute auprès d'une autre mère ; demain se fera ce doux échange. Hélas ! le lendemain ne vit qu'un échange de larmes et de ces cris maternels qui font défaillir les courages les plus stoïques.

« Les lueurs du vaste incendie allumé par nos mains, et dont les sinistres reflets rougissaient les vagues et coloraient les voiles de nos vaisseaux ; le fracas des bombes des assiégeants, qui continuaient d'écraser ce que les torches anglaises n'avaient pu atteindre; le murmure confus des équipages, les pleurs des enfants, les sanglots des vieillards, les cris des mères, me rappelaient cette nuit si fatale aux Troyens, où les dieux secondaient la fureur des guerriers, et sapaient eux-mêmes les fondements de l'antique Ilion.

Neptunus muros, magnoque emota tridenti
Fundamenta quatit, totamque sedibus urbem
Eruit.

« Hélas! m'écriai-je, l'injustice et la violence ces-
« sent-elles donc d'être des crimes quand c'est le
« puissant qui écrase le faible, et lorsque les cou-
« pables sont au-dessus de l'atteinte des lois? Qu'un
« citoyen, poussé par l'intérêt et la vengeance,
« exerce, même envers son ennemi, fût-il étranger,
« un crime semblable à celui dont les rois et leurs
« prétendus défenseurs viennent d'épouvanter Tou-
« lon, il sera poursuivi par la justice des dieux et
« des hommes: il n'est point de caverne assez pro-
« fonde pour le soustraire à leur poursuite; il n'est
« point d'antre où ne pénétrent la malédiction et la
« vengeance; et des gouvernements qui se rendent
« coupables d'attentats mille fois plus criminels,
« puisqu'ils frappent non une victime, mais des mil-
« liers de victimes, n'auront à craindre ni le courroux
« du ciel ni les malédictions de la terre! Anglais,

« vous étiez venus, disiez-vous, pour tout défendre,
« pour tout conserver, et vous ne partez qu'après
« avoir tout détruit! O foi britannique! à force de
« te révéler au monde, le monde apprendra-t-il
« enfin à te connaître? »

Les flottes se séparèrent aussitôt qu'elles furent sorties de la grande rade; et, dès que le vent le permit, l'amiral Langara fit cingler les vaisseaux espagnols vers Minorque, où, à peine débarqué, je donnai ma démission, résolu de ne plus servir pour une cause qui n'était plus la cause de la justice, mais celle de l'intérêt et de l'ambition de l'Angleterre. Sans espoir de rentrer dans ma patrie, et par conséquent, dans les biens que j'y avais possédés, je songeai à me faire une fortune qui me tînt lieu de celle que j'avais perdue; et, profitant des connaissances que j'avais acquises dans la marine militaire pendant mon séjour dans l'Inde, je naviguai pour le commerce. Toutes mes entreprises furent heureuses: en peu d'années j'amassai assez de richesses pour satisfaire à des besoins qui sont bornés, et à des desirs modestes. Je ne pouvais rentrer en France; mais plus j'avais vu d'étrangers, plus j'aimais mes compatriotes, et, ne voulant vivre qu'avec eux, j'allai m'établir à l'Ile-de-France. J'y coulais en paix une vie long-temps agitée, lorsque l'avarice anglaise se fit céder cette île par le traité de Paris: la nouvelle de cette cession répandit le deuil et l'effroi dans tous les cœurs. Perdre ce beau nom de Français est la plus cruelle des pertes ; passer sous le joug britannique est la plus intolérable des humiliations. J'ai vendu tout ce que j'avais acquis dans cet île, maintenant anglaise, et je viens après quarante années d'exil chercher un tombeau sur le sol paternel. Je suis né à Toulon, je reviens y mourir. »

Mérens avait cessé de parler, et le silence que font naître les sombres réflexions et les douloureux souvenirs régnait encore lorsque nous entrâmes dans le bois de *Cuges*, long-temps redoutable aux voyageurs, et qu'on traverse maintenant sans inquiétude. Dans la saison où je voyage, le crépuscule du soir touche à celui du matin, et les premiers accents de l'alouette se mêlent aux dernières complaintes du rossignol. Un des voyageurs, réveillé par la fraîcheur du matin, nous raconta plusieurs des aventures tragiques dont le bois de Cuges avait été le sanglant théâtre.

Un militaire, qui jusque-là avait gardé le silence, fit remarquer de quelle importance il est pour la sûreté des citoyens et le repos des états que les armées ne soient composées que d'hommes intéressés au maintien de l'ordre public. « A la suite de toutes les guerres, dit-il, le licenciement des troupes a rejeté dans la société les vagabonds appelés, par l'appât du gain et l'espoir du pillage, à soutenir des intérêts qui leur sont étrangers ou des querelles dont ils ignorent la cause. On a vu nos provinces désolées par des bandes de voleurs et d'assassins qui souvent se procuraient des protecteurs puissants, en partageant avec eux le fruit de leurs brigandages. Les départements du midi, et sur-tout ceux de l'ouest, qui durant la révolution virent organiser les bandes féodales, sont encore aujourd'hui même exposés aux insultes des restes de ces bandes secrétement conservées : quel exemple différent ont donné ces troupes auxquelles la postérité conservera le nom si glorieux d'armée de la Loire! De quels excès se sont rendus coupables ces hommes vieillis dans ce qu'on appelle la licence des camps? Ils ont obéi en silence, avec le respect le plus religieux, à un acte unique dans l'histoire des nations; car les monarques les plus absolus, les capitaines les plus puissants, n'abolirent que des milices, ne licencièrent que quelques légions : mais, je le répète, l'acte par lequel tous les souvenirs, tous les liens qui attachaient les soldats français furent brisés, et qui laissa la France sans armée au milieu des armées de l'Europe, est un acte qui n'eut point de modèle et qui probablement n'aura jamais d'exemple. Cependant, qu'ont fait tant de soldats licenciés en un jour, en un lieu? Sur les routes, on les assassinait, mais ils n'ont assassiné personne; dans plus d'une ville on les noyait, et une colère légitime ne les a pas même portés à entraîner leurs bourreaux dans l'abyme où ils étaient précipités; on les a égorgés sur le seuil de la maison paternelle, dans les bras de leurs parents, de leurs amis, et ils n'ont troublé ni la paix des familles ni violé l'asile de leurs assassins : à peine quelques veuves éplorées ont-elles, long-temps après le crime, fait entendre des plaintes timides et jusqu'ici mal écoutées. Telles sont les armées de la patrie, telles ne seront jamais les armées des factions: telle sera notre armée nouvelle, si la loi *Saint-Cyr* est exécutée, loi que repoussent ceux qui, déguisant mal le motif secret de leur opposition, affirmaient avec une hypocrite assurance que les enrôlements volontaires donneraient assez de soldats à la France. Ces enrôlements ne fourniront que ce qu'ils ont fourni en tout temps : l'écume des villes, des hommes faibles, vicieux, propres à corrompre les fils de l'honnête artisan, du laborieux cultivateur, dont ils devraient être séparés dans les rangs comme ils le sont dans la société. — Vous parlez, dis-je à ce brave, comme un homme élevé dans le culte des dieux de la patrie : *l'honneur* et *la gloire*. Mais depuis que ces divinités des hommes libres ont été remplacées par les idoles du vieux temps, *l'intérêt* et *la fortune*, on a jugé que tant de respect pour des soldats qui ne sont plus destinés à devenir officiers n'était pas nécessaire : ce n'est pas de soldats mais de sicaires qu'on a besoin quand ce n'est pas l'ennemi extérieur qu'il s'agit de combattre. — Aussi, reprit le militaire, se hâte-t-on de renvoyer, même avant l'époque marquée par la nature et les lois, tous les officiers qui n'ont jamais fait la guerre qu'à l'ennemi du dehors. Je pouvais être utile encore durant bien des années, ne fût-ce que par mes leçons et mon expérience, et voilà qu'on me retire la place que je remplissais d'une manière avantageuse pour l'armée et par conséquent pour l'état, afin de la donner à un homme qui ne peut l'occuper avec avantage que pour lui-même : durant plus de vingt-quatre années mes services n'ont été interrompus que par deux courts intervalles de paix ou par les soins qu'exigeait la guérison de mes blessures. Je n'ai pas quarante ans: endurcie par les fatigues et les privations, ma robuste constitution est exempte d'infirmités : n'importe, on me trouve trop âgé ; on m'accorde une pension que je n'ai pas demandée, à laquelle je n'ai pas encore droit, et l'on me remplace par un vieillard cacochyme pour le récompenser des vœux que durant trente années il a formés contre la France, des *Te Deum* qu'il a chantés en réjouissance de la prise de nos villes, et de deux campagnes qu'il a faites contre sa patrie, tour-à-tour vêtu de l'uniforme anglais ou russe: car, ajouta ce militaire en adressant la parole à Mérens, tous vos compagnons n'ont pas eu vos nobles sentiments, monsieur; tous n'ont pas déposé les armes au moment où ils se sont aperçus qu'ils servaient, non la cause de leur roi, mais l'ambition de l'étranger et sa vieille haine contre la France.

« J'ai écouté avec un intérêt d'autant plus vif le récit que vous venez de faire des événements qui se passaient dans Toulon au moment où l'ennemi évacuait la place, que ce siége fut mon début dans la carrière militaire. J'y arrivai soldat, j'en partis officier : on cherchait plus alors à exalter le courage par de grandes récompenses, qu'à ménager les droits par le respect de l'ancienneté et la progression de l'avancement. C'est ainsi que les députés Gasparin et Salicetti commencèrent la haute fortune du maréchal Victor, en l'élevant du grade de chef de bataillon à celui de général, pour sa courageuse défense de la montagne du *Pharon*, attaquée par les Anglais. Je faisais partie de l'avant-garde qui força les gorges d'Ollioure et des troupes qui, marchant sous les ordres du général en chef Dugommier et du général Delaborde, son chef d'état-major, s'emparèrent le 18 décembre 1793 de la redoute anglaise, dont la prise rendit celle de la ville inévitable. Cette terrible redoute, défendue par une double enceinte, un camp retranché, des buissons, des abattis, deux mille hommes de troupes d'élite, treize pièces de gros canon, cinq mortiers, et le feu croisé de deux autres redoutes occupées par trois mille soldats, ne put résister à l'habileté de nos manœuvres et à l'intrépidité des assaillants. les députés marchaient avec les colonnes et partageaient nos périls; l'exaltation, l'enthousiasme, rendaient la résistance impossible. L'ennemi fut accablé; sa terreur et le péril de sa position étaient tels, qu'après s'être encore laissé enlever de vive force les forts de *Balaguier* et de *l'Aiguillette*, il abandonna dans la nuit ceux de *Malbosquet* et du *Pommet*, et que nous voyant maîtres de la redoute *Rouge*, de la redoute *Blanche*, de la redoute et du fort du *Pharon*, du fort de *Lamalgue*, du fort de *l'Artigue*, de *la Croix-des-Signaux*, du cap *Brun*, et de tant d'autres points d'où nous faisions pleuvoir sur lui une pluie d'obus, de bombes, et de boulets, il s'enfuit précipitamment.

« Nous entrâmes dans Toulon le lendemain matin (17 décembre), après un bombardement de douze heures et un siège de trois mois. Cette lâche expédition coûta aux Anglais plus de trente millions, et les troupes alliées y perdirent plus de douze mille hommes. Ils emmenèrent peu de vaisseaux; ils ne détruisirent qu'une partie des établissements, et par conséquent les deux passions qui la firent entreprendre, la haine et l'avarice, eurent peu de sujet de s'en applaudir.

« Quel spectacle présentait cette ville infortunée au moment où nous y entrâmes! Deux magasins à poudre qui venaient de sauter semblaient en annoncer la destruction totale, et compléter l'œuvre infernale de celui qui dans son rapport à l'amiral Hood disait : *J'ai mis le feu à tout ce qui s'est trouvé à notre portée : c'est à regret que j'ai été forcé d'épargner quelques établissements, quelques vaisseaux ; mais j'espère que votre seigneurie sera contente de ce que nous avons fait.* Comment en effet le cœur d'un amiral anglais n'aurait-il pas tressailli de joie à l'aspect du tableau de tant de misères ?

« Nous trouvâmes le député Pierre Bayle étranglé dans le cachot du fort *Lamalgue*, où il avait été jeté ; des croix et des potences établies sur diverses places (car le rétablissement des supplices de la roue était un des nombreux bienfaits dont la générosité anglaise avait gratifié les habitants de Toulon dès le premier jour de l'occupation). Ce farouche Pierre Bayle ne démentit point son caractère lorsqu'il fut arrêté : on essaya de lui faire crier *vive Louis XVII !* il répondit à ceux qui le sommaient de proférer ces paroles : *Je n'ai pas voté la mort du père pour faire régner le fils.* Nous trouvâmes son collègue, Beauvais de Préau, exténué par le besoin et les souffrances : trois mois après, il acheva de mourir.

« Il semble que les voies de la justice et de l'humanité n'ont point été faites pour les hommes, tant ils sont prompts à les abandonner, tant elles lassent promptement leur constance, tandis que la carrière du crime les trouve infatigables. Les horreurs de la trahison furent immédiatement remplacées par les fureurs de la vengeance : le pillage succéda à l'incendie, ou plutôt avant de courir au feu pour l'éteindre on courut aux magasins pour les enfoncer, pour y prendre ce qui était échappé à la rapacité anglaise. Le général se vit obligé de faire fusiller quelques soldats pour mettre un terme au sac de la ville. Bientôt toutes les personnes qui avaient servi dans l'armée ennemie, dans les administrations navales et militaires, et qui n'avaient pu trouver place sur les flottes combinées, furent impitoyablement condamnées et mises à mort. Une partie de la troupe avait été logée dans les maisons désertes: j'y découvris un de ces malheureux proscrits; je le cachai, je le nourris: au péril de ma tête, je parvins à conserver la sienne et le fis évader. Depuis cette époque je l'avais perdu de vue, mais enfin je l'ai retrouvé, il y a moins de trois mois. — Avec quelle reconnaissance il a dû presser dans ses bras son généreux libérateur, s'est écrié Mérens! — Oui, répondit froidement le militaire; car il n'avait pas perdu sa peine, et ce n'était pas en vain qu'il avait sollicité le poste si *indignement* occupé par un des vainqueurs de Toulon. Aussi ne m'a-t-il pas dissimulé le plaisir qu'il éprouvait à me remplacer, et la reconnaissance qu'il devait à l'homme monarchique aux soins duquel il était redevable de mon emploi. Je n'ai pu qu'applaudir à cet éloge; car moi aussi j'ai quelques obligations à cet homme pur. Il a chanté la gloire des vainqueurs de Toulon, dans une ode pleine d'enthousiasme patriotique et de haine des tyrans, dont je me rappelle cette strophe brillante :

> Ministre ambitieux d'un despote imbécile,
> Où sont, infame Pitt, tes superbes exploits?
> Tu t'es encor chargé d'une honte inutile,
> Tu t'es montré digne des rois..... »

Cette citation ne fit guère sourire que moi : l'honnête Mérens était vivement affecté par l'injustice et l'ingratitude dont un brave militaire venait d'être la victime; mais nous approchions de Toulon, la conversation changea d'objet, et ce fut un soulagement pour tous les cœurs, oppressés par les récits pénibles que nous venions d'entendre.

N° LXI. [30 mai 1819.]

L'INVALIDE.

> *Scanditur incertum studia in contraria vulgus*
> VIRG., *Æn.*
>
> Le vulgaire incertain se partage entre les avis différents.

La route par laquelle on va de Marseille à Toulon passe, en approchant de cette dernière place, sur un terrain bas qui ne permet pas d'apercevoir la ville, cachée derrière ses remparts, et située entre les montagnes et la mer. Nous sommes entrés par la porte de France, et après avoir suivi les rues de France, de l'hôtel de la Marine et des Capucins, qui, à proprement parler, n'en forment qu'une seule, nous sommes descendus à l'hôtel de la *Croix-d'Or:* c'est la meilleure auberge de la ville.

Lorsque l'on a été long-temps enfermé dans une voiture, on a plus envie de marcher que de dormir, et quand, à l'exemple de mon ami Mérens, on cherche, dans une ville où toutes les factions ont à plusieurs reprises exercé leurs fureurs, si après vingt-cinq années la mort naturelle et les morts violentes ont épargné quelques unes de nos connaissances, on est impatient de s'en assurer. Nous avons donc pris à peine le temps de nous procurer dans l'auberge un logement commode, et déjà nous voilà sortis.

Mérens était resté assez de temps à Toulon pour m'y servir de guide.

La place au *Foin*, où se trouve situé notre hôtel, ne serait remarquable que par sa nudité, sans une fontaine abondante qui la décore. Les eaux de cette fontaine sont reçues dans de vastes lavoirs, que des blanchisseuses vives et enjouées font incessamment retentir de leurs chants et du bruit de leurs battoirs. Mérens me dit en souriant : « Mon ami, nous foulons un pavé dont les glaces de notre âge nous empêchent de sentir la chaleur, c'est le *pavé d'amour :* il est vrai que la prudence des anciens échevins a placé des fontaines tout auprès pour le rafraîchir. Nous en trouverons cinq d'ici au port, en descendant le Cours. »

Tout près du port, Mérens me fit tourner à droite, dans une petite rue; et, doublant le pas, il alla frapper à la porte d'une maison d'assez belle apparence. Il demande si M. Dulongval, l'une des personnes qu'il venait chercher, ne logeait pas dans cette maison? ce nom n'était pas connu des gens auxquels il s'adressait : « Tous les hôtes de ce logis étaient nouveaux, lui dit-on, et ne pouvaient satisfaire à sa demande, si ce n'était peut-être un vieil invalide de la marine, perché, au quatrième étage, dans une espéce de cage, appelée cabinet. »

Quatre étages! c'est une montagne pour des vieillards. Mérens mesura de l'œil si j'aurais le courage et la force nécessaires pour la gravir: piqué de ce doute injurieux à ma virilité, je lui répondis par un regard sûr et l'attitude la plus ferme que j'aie prise depuis bien des années; petite vanité qui, en dérangeant les habitudes de ma colonne dorsale, me causa une très vive douleur que je dissimulai aussi bien qu'eût pu le faire le plus intrépide stoïcien. Nous montâmes l'escalier sans dire une parole: il est vrai qu'il ne nous restait que le souffle nécessaire pour achever notre ascension, après avoir fait à chaque étage les stations obligées. Nous y voici, Mérens frappe à une porte par laquelle on ne pouvoit entrer qu'en se baissant; elle s'ouvre: l'invalide et son chien se présentent pour nous recevoir.

« Ces messieurs ont grand besoin de s'asseoir, dit l'invalide en nous examinant: il y aura tout juste dans mon cabinet place pour eux, moi, et Pluton, c'est mon chien; nous leur céderons nos siéges, et nous nous asseyerons sur le canapé, c'est mon lit. » L'air engageant de l'invalide abrégea le cérémonial; nous nous assîmes, et Mérens fit part de l'objet de sa visite.

« J'ai connu M. Dulongval, dit le vieux marin en portant la main sur ses yeux. Ne le cherchez plus à Toulon, ni même sur la terre : d'autres hommes l'en ont fait disparaître. Puisque vous me demandez de ses nouvelles, vous avez été ou son parent, ou son ami, je ne vous attristerai pas du récit de sa fin tragique. » Je tendis la main à Mérens, et, la lui serrant avec toute l'expression de l'amitié, je me levai pour l'emmener. « Messieurs, reprit l'invalide, je n'ai qu'un bras, mais il est à votre service, et surtout mes deux jambes, qui, soit dit sans vous insulter, me semblent un peu meilleures que les vôtres. Si vous avez des courses à faire, des renseignements à demander, disposez de moi. Paul Arnoux, c'est mon nom, sera toujours empressé de se rendre agréable à d'honnêtes étrangers qui peut-être viennent de bien loin pour visiter Toulon (c'est mon pays, j'en suis natif), et qui paraissent avoir aimé le plus aimable des marins, ce brave et malheureux M. Dulongval : c'était mon capitaine. »

Nous remerciâmes l'honnête Paul Arnoux, que je plaignis d'être logé si haut. « Ce logement convient à ma fortune, dit Arnoux : quand on a vingt-huit centimes à dépenser par jour, c'est le taux de ma pension, on ne peut pas louer un palais. Pluton se contente de celui-ci, et je ne suis pas plus difficile que mon caniche. Par le temps qui court, un chrétien qui serait plus fier qu'une bête aurait grand tort. D'ailleurs, de mon belvéder j'aperçois l'ancienne route que jadis j'ai suivie pour aller au Japon, à la

Chine, au Pérou; et j'aime à voir un des bouts du chemin qu'il me faudrait prendre pour retourner aux pays de la porcelaine et de l'or, si jamais la fantaisie m'en prenait. Depuis douze ans, je suis accoutumé à n'avoir de quoi manger que pendant vingt jours par mois; mais on peut se lasser de tout, même de la frugalité. Qui sait si je ne découvrirai pas quelque pays où les invalides ont à dîner trois cent soixante-cinq fois tous les ans, et ne sont tenus de jeûner qu'un jour seulement dans les années bissextiles? »

Nous voulions prendre congé du brave Paul Arnoux, sa courtoisie ne nous l'a pas permis: il a voulu, à toute force, faire les honneurs de l'escalier. « Au-dessous de moi, nous a-t-il dit, et par conséquent au troisième, loge un officier de marine en activité, qui sert depuis vingt ans, et dont le modique traitement ne lui permet ni de loger plus bas ni de s'acheter un habit; il est Français. Le second et le premier étages sont occupés par des officiers bien logés, bien vêtus, bien nourris; car leur traitement est double de celui de mon officier de marine: ils sont Suisses. On espère que, quand la Charte sera entièrement exécutée en France, les officiers français seront au premier, et les officiers étrangers au dernier étage: mais quand verrons-nous l'exécution de la Charte?» Ici, M. Arnoux nous fit son dernier salut militaire, que nous lui rendîmes avec toute la cordialité que cet honnête homme inspire.

Nous retournâmes à notre auberge, en suivant le quai du port. Occupé de la tristesse de Mérens, je fis peu d'attention à ce que je voyais. Nous avions également besoin du repos du corps et du repos de l'esprit : nous nous retirâmes de bonne heure.

Le lendemain, retenu par la fatigue et le chagrin, Mérens ne sortit pas; mais le soleil n'était pas encore levé que déja quelqu'un demandait à me parler : c'était Paul Arnoux; il venait nous rendre notre visite. « On risque rarement, me dit-il en entrant, d'éveiller un vieillard, à quelque heure qu'on heurte à sa porte. Hier, vous ne m'aviez pas dit qui j'avais l'honneur de recevoir chez moi, et, par discrétion, je n'ai pas osé vous le demander; mais des étrangers comme vous ne peuvent rester long-temps incognito dans Toulon. Votre ami est indisposé, il ne peut vous guider; je m'offre à le remplacer, car je sais que vous êtes curieux et que vous venez ici pour voir ce qu'il y a de bon à regarder, et savoir ce qu'il est utile de redire. Je tiens cela de l'ancien maire d'Aubagne, c'est mon cousin; il est abonné à *la Minerve,* aussi a-t-il été destitué en 1816, non pas à cause de son abonnement, qu'il n'avait pas encore pris, mais pour avoir empêché qu'on ne fît en 1815, à Aubagne, ce que l'on faisait alors à Marseille, c'est-à-dire que les gens qui *pensaient bien* n'égorgeassent pas les militaires et les bourgeois qui, aimant leur patrie plus que l'Allemagne ou l'Angleterre, l'avaient défendue contre l'étranger. Si vous retournez par Aubagne, allez demander à déjeuner à mon cousin Arnoux; il sera enchanté de vous recevoir et de vous faire fête. En attendant nous sommes à vos ordres, mon caniche et moi : jamais importun, toujours prêt à divertir la compagnie par ses jolis tours d'adresse, Pluton est un chien bien élevé; j'ai fait son éducation dans les prisons d'Angleterre, et je puis dire que je n'ai pas perdu mon temps. Je vis bien à ce début que M. Paul Arnoux était un homme à me dire beaucoup de choses qu'il m'importait fort peu de savoir; j'acceptai cependant son offre : en voyageant, on prend l'habitude de n'écouter que ce que l'on veut entendre. « Par où voulez-vous commencer, me demanda M. Paul? — Par où il vous plaira, lui répondis-je. — En ce cas, reprit-il, allons tout droit devant nous. » Et il me conduisit dans plusieurs rues assez tortueuses, quoique généralement celles de Toulon soient droites, et la ville bien percée. « Voilà, me dit-il, une maison de chétive apparence, aussi sont-ce de pauvres gens qui l'habitent. Madame Madelon, c'est ma commère, loge au rez-de-chaussée; il est un peu humide, mais n'a pas qui veut un appartement sain. La pauvre femme, sans aucune malice je vous le jure, a envoyé son fils, c'est mon filleul, à l'école d'enseignement mutuel, dans l'arsenal; car dans la ville il n'y a que des écoles ignorantines, et, depuis que mon filleul Paul reçoit l'enseignement mutuel, la bonne Madelon n'a plus d'ouvrage.

« Les honnêtes gens disent qu'il n'y a que les révolutionnaires qui veulent que les enfants du peuple apprennent à lire et à écrire, si bien que, madame Madelon est décidée à retirer le sien de l'école, et je n'ose pas trop l'en empêcher; car, moi, je n'ai ni argent ni travail à lui donner. Mais vous, M. l'Ermite, qui êtes patriote et n'êtes pas révolutionnaire, dites-moi, je vous prie, s'il y aurait du danger à ce qu'un cordonnier sût lire, écrire, et même chiffrer.—Oui, M. Paul, cela pourrait avoir des inconvénients pour ses pratiques, s'il en avait qui fussent de mauvaise foi, car il ne leur serait pas facile de le tromper. —Mais M. l'Ermite, est-ce que l'on appelle révolutionnaires ceux qui ne veulent pas être dupes?— Vraiment, oui, M. Arnoux.—En ce cas, il y a beaucoup de révolutionnaires en France.—Il commence à y en avoir beaucoup par-tout. — Dites-moi aussi, M. l'Ermite, les autres écoles s'appellent *écoles chrétiennes:* est-ce que les écoles d'enseignement mutuel sont juives ou mahométanes? je serais tenté de le croire quand j'entends M. Vigne, notre curé, dire que rien n'est plus dangereux pour la jeunesse, et qu'on ne saurait trop se hâter de les abolir. — Votre curé peut avoir ses raisons pour parler ainsi. — Hélas! M. l'Ermite je m'en doute un peu: les prêtres n'aiment pas les gens qui ne se laissent pas duper... Mais, parlons d'autre chose : tenez, regardez sur cette place, vous n'y voyez plus rien; eh bien! il n'y a pas long-temps qu'il y avait là une vieille tour : on la nommait *la tour des Phocéens*. Nos antiquaires la regrettent, ils disent qu'elle rappelait la création de la ville et le moment où elle sortit des sables et des marais sur lesquels elle est bâtie; moi je la regrette à cause de l'horloge qui s'y trouvait fort bien exposée. C'était la montre de toutes les personnes qui n'en ont point dans leur gousset, et je suis de ces personnes-là : on l'a transportée sur un clocher si haut, si haut, qu'il faut risquer de se donner un torticolis et être armé d'un télescope pour y lire l'heure qu'il est. Les uns disent que la tour a été abattue parcequ'elle menaçait ruine; d'autres, parcequ'elle gâtait la façade de notre cathédrale, qui n'est pas déja trop belle, et comme l'autorité n'a pas jugé à propos de faire connaître ses raisons, on en est réduit à faire des conjectures, et à chercher ailleurs *quelle heure est-il*.

Regardez, je vous prie, cette maison : vous n'y apercevez rien de remarquable, mais le personnage qu'elle renferme l'est beaucoup [1]. C'est un des

[1] C'est sur ce paragraphe que la municipalité de Toulon m'intenta, en 1819, un procès à la cour d'assise de Paris. On en trouvera le résumé dans la suite de cette collection de mes œuvres complètes. (*Note de l'auteur.*)

citoyens de Toulon qui ont mérité à notre bonne ville l'inscription que vous verrez tout-à-l'heure, écrite en gros caractères sur la façade de la maison commune: *Fidélité de* 1793. Comme la ville, le port, et tout ce qu'ils renfermaient furent livrés en même temps aux Anglais et aux Espagnols, on ne sait si c'est à l'Angleterre ou à l'Espagne que ces messieurs furent fidèles: ce ne fut pas, du moins, à la France; aussi cette inscription ne réjouit-elle que les étrangers, et l'on s'étonne que la *fidélité* du propriétaire de cette maison n'ait pas été récompensée par une place de shérif à Londres ou de corrégidor à Madrid, au lieu de l'être par une place dans la magistrature française. Nous y voici, lisez, M. l'Ermite.

Mon attention ne se porta pas sur cette étrange inscription, mais sur un des plus beaux ouvrages du Phidias marseillais, indignement barbouillé, gratté, et dégradé. Les deux cariatides sculptées par le Puget, et placées au-dessous du balcon de l'hôtel-de-ville, étaient le premier ou plutôt le seul chef-d'œuvre de l'art que possédât Toulon, et l'on ne conçoit pas comment l'administration a été assez négligente, assez aveugle, pour en confier la restauration à un sculpteur de fontaines.

« Je ne suis pas trop connaisseur d'art, me dit Paul Arnoux, mais il me semble que ces figures-là ne sont plus aussi belles depuis que M. Brun, le fils, les a embellies. Nous avions dans l'ancienne église des Minimes un *S. Jean-Baptiste* également sorti du ciseau du Puget : cette tête a long-temps roulé dans la boutique d'un marbrier de notre ville. On a proposé aux autorités de faire restaurer ce monument, mais nos magistrats étaient alors occupés d'un soin plus honorable : c'était en 1816, vers la fin de l'été, époque à laquelle ils faisaient fabriquer des *cartes de sûreté*, en mémoire de celle de 1793, afin de donner à la seconde terreur ce trait de plus de ressemblance avec la première. Sans ces cartes, qu'il fallait payer (car ici la police n'a pas besoin du consentement des Chambres pour lever des impôts), sans ces cartes nul ne pouvait sortir pour respirer l'air de la campagne, cultiver ses champs ou recueillir ses fruits dans la saison, qui était alors celle des récoltes. Vous devriez bien, M. l'Ermite, parler de cette vexation dans un des cahiers de *la Minerve*, et demander quel emploi a été fait des fonds provenant de cet impôt *des cartes de sûreté*, impôt qui n'a pas dû monter à de petites sommes, puisque Toulon renferme encore vingt-deux mille habitants. — M. Paul, je m'en garderai bien : le pouvoir n'aime pas à être *harcelé*, toute réclamation contre les auteurs d'actes arbitraires entrave sa marche. — Qu'est-ce à dire? est-ce que la marche du pouvoir est arbitraire? — Quelquefois, M. Paul. — Hum! hum! hum!... je ne vous mènerai donc pas voir le tableau de l'*Annonciation*, qui décorait le chœur des ci-devant dominicains, car c'était aussi un chef-d'œuvre dont un détestable barbouilleur a fait une croûte digne de lui, à ce que disent ceux qui s'y connaisent.

« Ces gens-là ont bien fait, très bien fait, sans doute, de dépouiller Toulon de ses ornements, puisqu'on ne pourrait s'en plaindre sans passer pour séditieux et sans s'exposer à être mis dans l'horrible prison devant laquelle nous nous trouvons : elle est étroite, malsaine; les détenus y sont privés d'air et d'espace; mais en 1815 la police passait avant les beaux-arts, et maintenant les plaisirs ont le pas sur l'humanité : à la vérité, notre salle de spectacle est petite, mal placée, et, quand il nous vient des comédiens, les acteurs et les spectateurs sont fort à l'étroit; mais comme nous n'avons pas des comédiens toute l'année, tandis que toute l'année nous avons de pauvres prisonniers qui tous ne méritent pas de mourir suffoqués, je me proposais de vous prier d'en dire un mot : je ne voudrais pourtant pas qu'on vous accusât de harceler l'autorité. Mais je ne m'aperçois pas qu'en causant je vous ai fait faire beaucoup de chemin : venez vous reposer à l'ombre des arbres qui environnent le *Champ de bataille*. Voilà un nom terrible, dis-je à M. Paul en m'asseyant. — Le lieu fut encore plus terrible que le nom : c'est là qu'en 1793 M. Dulongval, dont votre ami me demandait des nouvelles, et plusieurs autres centaines de victimes ont été impitoyablement foudroyés.... Partons, lui dis-je en me levant brusquement ; ce n'est pas ici qu'un ami de l'humanité doit prendre du repos. — Vous avez raison, mais le temps et l'habitude ont effacé de notre souvenir des images qui devraient m'être plus douloureuses qu'à tout autre, car c'est ici que j'ai perdu le bras qui me manque. Mais vous marchez bien vite, pour un vieillard fatigué... Quelle route suivez-vous là?... Vous entrez dans la rue Beauvau : est-ce que vous voulez gagner la porte de France, pour parcourir à pied le chemin que vous avez fait hier en voiture? — Je veux m'éloigner du *champ d'exécration.* » — M. Paul avait raison de se plaindre : l'horreur me donnait des ailes, et pour fuir un lieu qui me semblait encore rouge et fumant du sang des malheureux immolés, non par les furies vengeresses des crimes, mais par la rage des factions en délire, j'avais retrouvé toute la force et toute la légèreté de ma jeunesse.

En rentrant, j'ai vu avec plaisir que mon ami était à-peu-près remis de son indisposition. L'officier avec lequel nous avions voyagé la veille était venu nous faire une visite, et nous offrir ses bons offices: «Car, nous dit-il, bien que M. Mérens et moi nous ayons combattu sous des couleurs différentes, c'était toujours auprès du drapeau de la patrie : un même sentiment nous animait, l'amour de la France, l'horreur de la domination étrangère. Quand on est d'accord sur ce point, il est permis de différer sur quelques autres : les habitudes, l'éducation, les préjugés, nos parents, nos amis, et sur-tout la fortune, modifient malgré nous nos idées et nos sentiments. De quel droit voudrais-je qu'on fût tolérant pour mes opinions, si moi-même j'étais intolérant pour celles d'autrui? Je suis franc et sincère, mais pourquoi la franchise, la sincérité, ne seraient-elles pas aussi le partage de quiconque aime son pays et hait l'étranger? Quand on est uni contre lui, qu'importe le *reste*? — Le *reste* est encore d'une grande importance, ai-je dit à mon brave officier: mais les sentiments que vous exprimez sont d'un bon militaire; je les approuve: quant au *reste,* nous y reviendrons; les vieillards sont convertisseurs, et, si les sermons d'un ermite ne vous font pas peur, je prêche après boire: acceptez notre dîner, et nous causerons ensuite, si nous n'avons rien de mieux à faire. » La même invitation avait déja été faite par Mérens à cet officier, qui l'avait acceptée. Je retins M. Paul Arnoux.

Comme il arrive presque toujours, la conversation roula sur des objets tout différents de ceux que je m'étais proposé de traiter. On se doute bien que M. Paul ne s'y contenta pas du rôle d'auditeur, et qu'il prit souvent la parole. « Ne trouvez-vous pas, dit-il à l'officier, notre ville bien déchue de son ancienne splendeur? Qu'est-ce, en temps de paix, qu'un port purement militaire ? Tandis que l'arsenal entretient trois ou quatre mille forçats, on voit errer sur les quais de pauvres marins non entretenus, dont la misère et le désœuvrement font pitié : je suis persuadé qu'en vous promenant sur le port vous serez ému de compassion, et que vous ne refuserez pas de donner quelques pièces de monnaie à de pauvres diables qui pourtant ne demandent rien que du travail. — Il est difficile de leur en procurer, dit l'officier; car Toulon n'ayant ni fabriques, ni port marchand, il ne s'y fait pas d'autre commerce que celui de consommation. Dans le projet d'agrandissement conçu par le célèbre Vauban, les marais de *Mourillon*, d'où s'exhalent des miasmes qui corrompent l'air, devaient être convertis en un port et un chantier de construction pour le commerce, source abondante de travail et par conséquent de richesse et de prospérité: ce plan, comme beaucoup d'autres projets utiles, a été abandonné; car, au bon temps, enrichir des courtisans et des courtisanes était un soin plus pressant que celui de creuser des ports. Si les établissements projetés par Vauban étaient formés, l'utilité de ces travaux éclipserait la gloire de ceux entrepris par Henri IV et exécutés sous Louis XIV, temps où Toulon ne présentait guère que des plages désertes et des marais fétides. Mais quels ministres s'occupent à faire revivre ces nobles projets ? et quel administrateur songe à leur en suggérer l'idée ? »

Le nombre des forçats *entretenus*, évalué de trois à quatre mille par M. Paul Arnoux, me parut d'abord une forte exagération, causée par sa tendresse pour les anciens marins *non entretenus;* mais l'officier nous assura qu'en effet l'arsenal n'en renfermait pas un moindre nombre; ce qui doit surprendre, lorsqu'on sait qu'il n'y a pas de bagne à Toulon, et que les galériens y sont renfermés dans l'entrepont des vaisseaux rasés qui leur servent de prison.

« Le régime des forçats mérite de fixer l'attention d'un observateur, me dit l'officier : ils sont placés sous la discipline de M. de Gatines, commissaire de marine. Ce commissaire réunit à la fermeté qu'exigent ses pénibles fonctions l'amabilité d'un homme du monde. Il vous donnera sur la vie et les travaux des galériens tous les renseignements que peut desirer votre philosophique curiosité. »

J'acceptai avec reconnaissance l'offre de l'officier, et, la journée étant déja fort avancée, nous remîmes au lendemain ma visite aux galères. Cependant la soirée était si belle que, malgré mes courses du matin, j'eus le desir d'en profiter. L'officieux M. Paul se chargea de nous faire trouver à la porte d'Italie des *coursiers de Provence*, et s'offrit de nous conduire au village de *la Vallette*, où les habitants de la ville vont faire des parties de campagne, et où les villageois se réunissent pour danser des farandoles. Nous marchâmes lentement, pour donner le temps à M. Paul de nous procurer des montures: nous nous trouvâmes, par ses soins, munis de quatre beaux ânes et de leurs conducteurs. L'officier nous fit remarquer à la gauche de la route le *Champs-de-Mars*, et à la droite, sur une pointe qui s'avance dans la mer, le fort de *Lamalgue*. Toute la campagne est couverte de maisonnettes blanches, sans abri; mais les Provençaux ne craignent pas le soleil. Le village de la Vallette est assez bien bâti: on l'appelle la guinguette de Toulon; guinguette d'ailleurs assez sale, ce qui n'empêche pas la foule d'y accourir et d'y danser, au son du fifre et du tambourin, avec une gaieté communicative qui invite les spectateurs à devenir acteurs dans ces folâtres farandoles. Le costume des paysannes présente dans son uniformité quelque chose de succinct et de leste qui n'est pas sans agrément : un chapeau de paille noire, bordé de ruban de même couleur, posé de côté sur une coiffe attachée sous le menton; un canezou, de la couleur de la robe, dégageant bien la taille; des manches retroussées et recouvertes par celles de la chemise, garnies de mousseline; un fichu placé tout exprès pour orner et non pour cacher une gorge ordinairement fort belle; des yeux noirs et vifs et des mines friponnes, telles sont les paysannes des environs de Toulon : elles abondent à la Vallette, et cela explique la prédilection des Toulonnais pour ce village. Nous y sommes restés long-temps : en revenant, nous avons trouvé la route couverte de citadins qui regagnaient la ville avec leurs familles. C'est un spectacle vraiment antique et patriarcal que celui de tous ces pères de famille, qui, joyeux et chantant, reviennent traînant leurs enfants accrochés aux basques de leurs habits, tandis que la servante en tient d'autres par la main, et que la femme, montée sur un âne, porte les plus petits dans ses bras, et souvent pendus à son sein. Ils ont mangé la salade et les ognons; mais le frugal repas a été fait à *la Bijude,* en plein air, loin des remparts, dans la liberté et l'indépendance des champs, et la famille rentre contente en songeant aux plaisirs du lendemain.

L'homme n'est point né pour l'esclavage; il se passionne pour la liberté et même pour tout ce qui ressemble à la liberté. Ce sentiment, ce besoin de sortir de prison peut seul expliquer le goût des Toulonnais pour la promenade appelée *la Lice,* où ils viennent le soir respirer moins l'air que la poussière. Cette promenade est un terrain nu, battu par les promeneurs, et qui n'a d'autre agrément que d'être situé entre les remparts et la campagne de Toulon, assez mal parée par la triste verdure des oliviers. Nous sommes rentrés à notre auberge fort las, mais, comme les familles toulonnaises, fort contents de notre journée.

N° LXII. [15 juin 1819.]

LES FORÇATS.

LIBERTÉ.
(Mot gravé sur les fers des galériens à Gênes)

Notre obligeant officier a tenu fidèlement la parole qu'il nous avait donnée de venir nous prendre de bonne heure. Nous sommes descendus au port en prenant la rue des *Chaudronniers*, et, pour gagner l'arsenal, nous avons suivi le quai Marchand, où j'ai remarqué de nombreux cafés, dont plusieurs ne manquent ni de propreté ni d'élégance.

« Notre port, me dit l'officier, est moins long, mais il est plus large que celui de Brest. Les établissements, dans ce dernier port, sont plus vastes que ceux de Toulon ; il faut cependant en excepter notre corderie, toute voûtée, et dans laquelle on peut faire six câbles à-la-fois : c'est la plus belle du royaume. Voici le fameux bassin que la France doit au génie et sur-tout à la persévérance de l'ingénieur Grognard ; car, dans les travaux de ce genre, les obstacles qu'oppose la nature sont toujours plus faciles à surmonter que ceux qui naissent de l'ignorance, des préjugés, et de la jalousie des hommes. Avant la construction de ce bassin, on était obligé d'envoyer à Rochefort ou à Brest les vieux vaisseaux pour les réparer. »

Une petite et jolie embarcation était prête à nous recevoir pour nous transporter aux *vaisseaux-bagnes*, où nous avons été reçus par M. le commissaire de Gatines, dont je ne saurais assez louer la politesse et la complaisance. « Je connais, nous a-t-il dit, le motif de votre visite aux prisons flottantes de Toulon, et je vais tâcher de satisfaire en quelques mots votre curiosité.

« Vous savez qu'on appelle *bagne* le local destiné à renfermer les forçats. Toulon n'a donc point, à proprement parler, de bagne : des vaisseaux en tiennent lieu. On donne le nom de *chiourme* à tout ce qui compose le *bagne*. La salle où nous voilà descendus a été, comme vous le voyez, construite dans l'entrepont; elle peut contenir cinq cents condamnés : voici le corps-de-garde pour les *gardes-chiourmes* de service; les chambres du *paillot*, du premier *argousin*, du *come*, et du *sous-come*. Mais j'emploie ici des termes qui ont besoin d'être expliqués.

« Le *come* est le premier employé subalterne d'une salle; il en a la surveillance entière; il rend compte au commissaire de tout ce qui s'y passe. Le *sous-come* aide le *come*, et le remplace en cas d'absence.

« Le *paillot* est un forçat chargé de faire les états des hommes du *bagne*, de tenir une note exacte de ceux qui sont envoyés aux travaux, et de transcrire ensuite ses notes sur un registre. Le *paillot* est choisi parmi les forçats qui ont reçu quelque éducation et possèdent une belle écriture; il travaille au bureau du commissaire, et est chargé de lui remettre deux fois par jour sous les yeux le mouvement de la salle. C'est le *paillot* qui distribue le vin aux forçats revenant de *la grande fatigue* : les services qu'il rend ne lui procurent pas seulement l'avantage de n'avoir pas les cheveux rasés, de ne porter d'autre chaîne qu'un simple anneau à la jambe, et d'avoir une petite cabane séparée assez commode; il reçoit en outre une rétribution en argent.

« Le cuisinier, désigné sous le nom de *marchand*, est aussi choisi parmi les forçats : il achète de la viande, du poisson et des légumes de toute espèce, qu'il prépare de diverses manières à l'aide de ces fourneaux, de ces broches, de ces marmites de proportions gigantesques que vous avez sous les yeux. Les marmitons sont aussi des forçats que leur chef salarie. Le *marchand* ne peut vendre ses portions à ceux qui ont le moyen d'en augmenter leurs rations que d'après un tarif que je fais et renouvelle de temps en temps avec beaucoup de soin. Cependant j'ai vu plus d'une fois ceux qui ont rempli cette place pendant plusieurs années sortir du bagne avec des sommes assez considérables.

« Il est d'autres fonctions, moins importantes, confiées aux forçats à qui il reste peu de temps à passer encore aux galères, ou qui inspirent plus de confiance, soit en raison de leurs talents ou de leur bonne conduite, soit par l'intérêt que leur portent des personnes recommandables. Toutes ces fonctions sont vivement briguées, même celle de *flagelleur*, qui pourtant ne procure à celui qui l'exerce d'autre avantage que de recevoir une double ration par jour et d'être dispensé d'aller aux travaux. Mais telle est l'aversion de ces hommes pour le travail, ou plutôt telle est l'affreuse insensibilité de la plupart de ces malheureux, qu'aussitôt qu'une place de *flagelleur* est vacante on les voit briguer par centaines l'odieux privilége de donner la bastonnade à ceux de leurs compagnons d'infortune à qui cette punition doit être infligée, et même de les mettre à mort, si, pour quelque crime nouveau, ils sont condamnés à perdre la vie.

« — Comment, dis-je à M. de Gatines, est-on parvenu à établir, dans un pareil asile, l'ordre vraiment admirable que je vois régner ici? — Rien n'est plus difficile en effet, me répondit-il, que d'introduire l'ordre où il n'existe pas : on n'y parvient guère que par des rigueurs excessives et après de longs efforts;

mais, pour le maintenir, il ne faut que de la vigilance et du zéle. Tout ici est soumis à mes ordres; d'un mot je fais tout mouvoir, d'un mot j'arrête tout mouvement. La compagnie des gardes-chiourmes, que j'ai organisée militairement et à qui il ne manque que des officiers qu'on lui refuse, fait très régulièrement, sur-tout depuis trois années, son pénible service; elle est forte de quatre cents hommes, habillés, équipés, armés comme la troupe; elle manœuvre avec beaucoup d'ensemble, quoique commandée par un simple sergent-major; elle fournit des sentinelles aux ateliers, des hommes aux corps-de-garde des salles, et ne perd jamais de vue les forçats, auxquels elle impose par sa force et par sa tenue; car, quoique la plus grande partie des forçats soient dans la force de l'âge et portent sur leur visage, avec tous les traits de la scélératesse, les signes d'une santé robuste, ils sont, en général, lâches et craintifs; les moindres menaces les font trembler : s'ils rient et chantent presque tout le jour, ce n'est ni par résignation, ni par force d'ame; cette gaieté est chez eux l'effet d'une abnégation totale des sentiments d'honneur. Cependant les efforts continuels qu'ils font pour briser leurs fers et tromper la vigilance de leurs gardiens annoncent quelquefois de l'audace, mais plus souvent une patience infatigable et un génie d'invention que le malheur aiguillonne, et qui prouvent combien ils trouvent pesant le poids de ces fers qu'ils semblent porter avec insouciance. Les moyens qu'ils emploient sont parfois si ingénieux, si extraordinaires, qu'ils tiennent du prodige. Quelques détails à ce sujet vous causeraient sans doute beaucoup d'étonnement ; mais mon service m'appelle ailleurs, et je me vois forcé de vous confier aux soins d'un autre guide. »

Je ne quittai pas M. de Gatines sans le remercier de l'ordre qu'il donna de nous laisser voir tout ce qui pourrait tenter notre curiosité, et sans lui promettre de le revoir chez lui pour lui témoigner de nouveau combien j'étais sensible à ses politesses, et charmé de l'amabilité de ses manières.

Je ne pouvais me lasser d'admirer l'ordre, le calme et la propreté presque recherchée qui régnent dans cet asile du crime; j'y vis même, ce qui suppose des goûts simples, des sentiments doux, quelques fleurs placées dans les embrasures des sabords grillés par lesquels le jour pénètre dans la grande salle : je remarquai sur-tout un rosier de Bengale, étrangement transplanté du ciel brillant de l'Asie dans un bagne de galériens.

N° LXIII. [30 juin 1819.]

L'AMOUR AUX GALÈRES.

Omne in amore malum si patiare, leve est
Prop., liv. II, élég. IV.

Les plus cruels tourments de l'amour ne sont rien pour qui sait les supporter.

Au moment de sortir du ponton, le cœur oppressé du spectacle que j'avais sous les yeux, je m'arrêtai pour observer un homme qu'à l'extrême propreté de ses vêtements j'aurais pu croire étranger à cet affreux séjour, si l'anneau de fer qu'il portait au pied n'eût aussitôt levé mes doutes. Ce jeune forçat écrivait debout sur une espèce de table à la Tronchin, grossièrement travaillée, qu'il avait établie à l'une des extrémités du bâtiment. J'interrogeai sur son compte le commissaire qui m'accompagnait. « Cet homme, me dit-il, est le même à qui appartient ce rosier de Bengale que vous venez de remarquer à la place qu'il occupe sur le lit de camp. Je n'ai lu dans aucun roman une aventure plus extraordinaire que la sienne; je n'en connais cependant pas les détails: c'est de sa bouche seule qu'on pourrait les apprendre; et, depuis près de deux ans qu'il subit ici sa condamnation, rien n'a pu le déterminer à rompre le silence où il se renferme: tout ce que je sais, c'est que ce jeune forçat, condamné pour faux en écriture publique, est né dans la haute classe de la société; qu'il occupait une des premières places dans une importante administration, et qu'il subit la peine d'une action très coupable sans doute, mais à laquelle il a, dit-on, été entraîné par un sentiment bien digne de pardon, si la loi pardonnait. Ce que je sais encore, c'est qu'un très jeune parent, sur lequel j'ai des soupçons que je ne veux point éclaircir, s'est dévoué au malheur de cet infortuné avec une tendresse héroïque, avec une force d'ame et de volonté dont on ne croirait pas que les affections humaines fussent susceptibles. »

Ce que me disait M. N*** était bien fait pour augmenter le desir que j'avais d'en apprendre davantage; il m'en offrit le moyen. « Ce forçat, me dit-il, exerce ici la profession d'écrivain: un homme de lettres a toujours quelque manuscrit à faire copier; adressez-vous à lui, et peut-être les relations que cette circonstance établira entre vous amèneront-elles naturellement le récit de ses infortunes. » Je saisis cette idée, et je m'approchai de ce jeune homme en lui demandant s'il pouvait me transcrire une centaine de pages d'une vieille chronique provençale dont j'avais, par hasard, un volume sur moi, et dans combien de jours il pourrait avoir fini ce travail. Il prit le livre de ma main, compta les feuillets, et me dit, sans lever les yeux: « Monsieur peut avoir cette copie vers la fin de la semaine. — Et le prix? — Cinq sous la page. — Reviendrai-je chercher cette copie? — J'aurai l'honneur de la renvoyer à monsieur avec son livre. » Je mis une pièce d'or sur la table où il travaillait; mais il me pria de la reprendre, en me disant avec douceur, et d'une voix très basse, qu'il ne pouvait accepter le salaire d'un travail qu'il n'avait pas fait et dont il était possible que je ne fusse pas satisfait lorsqu'il l'aurait achevé. Je hasardai avec ménagement quelques questions sur le malheur de la position où il était réduit: les larmes qui tombèrent sur son papier furent sa seule réponse. Je ne crus pas devoir insister davantage, et je m'éloignai, un peu honteux de l'intérêt trop vif que je prenais à un galérien, d'autant plus coupable aux yeux de la raison que le crime dont il était puni doit trouver moins d'excuse dans la classe où il paraissait être né.

J'avais presque oublié mon écrivain du ponton, lorsque, trois jours après la visite que j'y avais faite, je vis entrer chez moi un très jeune homme dont la figure, d'une beauté remarquable, me frappa cependant moins que l'extrême douceur de sa voix et la grace féminine de ses manières: il me rapportait mon bouquin et la copie que j'avais demandée. Sous prétexte de la collationner avec le texte, je fis asseoir le joli commissionnaire, et j'entrai avec lui en conversation.

« Cette écriture est superbe, et ce qui m'étonne dans la copie d'un livre en langage gothique, c'est que l'écrivain ait aussi fidèlement conservé l'orthographe du temps. — M. Jules est fort instruit. — Vous êtes son parent? — Son parent? son ami... » Il me sembla que le jeune interlocuteur prolongeait la dernière syllabe de ce mot de manière à y faire sentir un e muet. Je le regardai avec plus d'attention, et il rougit jusqu'aux yeux. « Je vous plains d'appartenir, à quelque titre que ce soit, à un homme... » Je n'achevai pas: une pâleur mortelle, en se répandant sur des traits dont elle faisait ressortir l'extrême délicatesse, changea tout-à-coup mes soupçons en certitude. « Pardon, continuai-je d'un ton plus doux, je vois de quelle nature est l'intérêt que vous prenez à ce malheureux, et je sais qu'il est un sentiment qu'on ne mesure pas sur l'estime que l'on porte à celui qui l'inspire. — Ah! monsieur, si vous saviez...! si l'on connaissait...! que la justice des hommes est aveugle et cruelle...!

Jules! sa faute est celle de la reconnaissance, du courage. — Du courage! et cependant il consent à vivre dans l'opprobre! — Ne l'accusez pas de mon crime. — Eh bien! mademoiselle, car tout en vous révèle le secret de votre sexe, achevez de justifier l'intérêt que je ne puis m'empêcher de prendre à celui que vous aimez, en m'apprenant par quelle fatalité il est tombé dans l'abyme de misère où vous n'avez pas craint de descendre avec lui. » Elle hésita quelques moments, fondit en larmes, et, me regardant avec des yeux dont je n'oublierai jamais la touchante expression, elle parla en ces termes :

« Je me nomme Amine V***. Ma mère, restée veuve d'un officier sans fortune avant que j'eusse atteint ma dixième année, se mit à la tête d'un petit magasin de broderie, dont la prospérité rapide lui donna le moyen de me procurer une éducation fort au-dessus de l'état auquel j'étais destinée. J'avais quinze ans lorsque le hasard amena M. Jules dans le magasin où je travaillais avec ma mère. Vous n'exigez pas que je vous le fasse connaître par le nom d'une famille bien plus déshonorée par la conduite qu'elle a tenue avec son parent que par la flétrissure que lui imprime l'arrêt qui le condamne. Son premier regard me dit qu'il m'aimait, et sa première parole fit tressaillir mon cœur. Il trouvait chaque jour un nouveau prétexte pour me voir, et chaque jour il m'offrait une raison nouvelle de l'aimer davantage.

« Ma mère, instruite de notre secret presque aussitôt que nous-mêmes, avait mesuré du premier coup d'œil l'obstacle de position qui séparait un jeune homme d'une grande fortune et d'une naissance distinguée d'une simple ouvrière, à laquelle la vanité ne tiendrait pas compte de la mort honorable que son père, chef d'escadron, avait trouvée sur un champ de bataille. Lorsque Jules vint lui demander ma main, elle lui déclara qu'elle ne consentirait à notre mariage qu'autant qu'il aurait l'aveu de sa famille. Cette résolution, dictée par la délicatesse, ne fut point démentie par mon propre cœur, lorsque Jules se vit forcé de nous apprendre avec quel dédain, avec quelles menaces ses parents avaient accueilli ce projet d'alliance. L'opposition la plus violente venait de la part d'un oncle qui avait été son tuteur, et dont la femme peut être considérée comme un modèle de tous les vices qu'enfantent le plus stupide orgueil et l'égoïsme le plus révoltant. Dans les plaintes que Jules laissait échapper contre eux, j'avais été frappée d'un reproche dont je devais trop tard obtenir l'affreuse explication : « Homme ingrat et perfide, di-
« sait-il, pour qui je n'ai pas craint d'exposer mille
« fois plus que ma vie ! »

« Le lendemain (ce jour ouvrit pour trois personnes un abyme de douleur et de mort) Jules, pâle, échevelé, dans un désordre dont on ne saurait se faire une image, entre dans la chambre de ma mère au moment où nous allions nous coucher. « Sauvez-
« moi, nous cria-t-il en se jetant à genoux; je suis
« perdu, perdu sans ressource! Ils me suivent, peut-
« être... Fermez, barricadez les portes... »

« Un quart d'heure se passe avant que nous puissions obtenir l'explication d'un événement dont nous partagions déjà l'horreur avant d'en connaître la cause. Enfin mes prières et mes larmes l'arrachèrent à son égarement, et, après avoir entr'ouvert la fenêtre, comme pour en mesurer la hauteur (nous étions au troisième étage), après avoir cent fois baisé mes mains et celles de ma mère, il brisa notre cœur et le sien en nous apprenant le motif du désespoir dont il nous rendait témoins.

« Vous savez, nous dit-il, que mon père est mort
« en pays étranger, où il avait cherché un refuge
« dans les premiers temps de nos discordes civiles.
« Je suis rentré en France avec un oncle qui m'a
« servi de tuteur, et auquel des services rendus au
« gouvernement d'alors valurent, non seulement la
« réintégration dans une partie des biens de notre
« famille, mais une des premières places dans l'ad-
« ministration financière de l'état. Il l'exerçait de-
« puis plusieurs années lorsqu'il m'offrit de s'en dé-

« mettre en ma faveur, à la seule condition de l'aider
« à rendre ses comptes en apposant des signatures
« étrangères sur plusieurs pièces qu'il avait besoin
« de produire. Je ne m'excuserai point sur ma jeu-
« nesse, sur mon ignorance totale des affaires: je
« savais que ces actes étaient faux, et je refusai d'a-
« bord avec indignation de me rendre complice
« d'une action pareille; mais mon oncle me dé-
« montra si bien qu'elle ne pouvait porter préjudice
« à personne, qu'il avait le moyen de faire dispa-
« raître ces pièces comptables, en réalisant dans les
« caisses du gouvernement les valeurs qu'elles re-
« présentaient; il me montra si clairement dans un
« avenir très prochain la perte de l'honneur et de la
« fortune de notre famille, que je pouvais sauver
« avec tant d'avantages pour moi-même, et sans me
« compromettre, puisqu'il restait personnellement
« responsable des actes de son administration, que
« je cédai à ses prières, et, s'il faut le dire, à la sé-
« duction des trésors qui m'étaient offerts. Deux ans
« se sont écoulés, et je jouissais avec d'autant plus
« de sécurité d'une position brillante, où j'étais en-
« vironné de l'estime générale, que mon oncle m'a-
« vait depuis plusieurs mois apporté la preuve of-
« ficielle de l'apurement de ses comptes avec le tré-
« sor public. Il me trompait: les pièces fabriquées
« existent, le nom du faussaire est connu, et un
« mandat d'arrêt est lancé contre moi. »

« Jules parlait encore lorsque nous entendîmes frapper à coups redoublés à la porte de la maison. « Ce sont eux ! s'écrie-t-il. » Ma mère, mon adorable mère conserva seule toute sa présence d'esprit dans ce cruel moment. Nos deux lits étaient dans la même alcôve : elle ordonne à Jules de se coucher entre les deux matelas, dans celui du fond (c'était le mien), et de m'y placer moi-même, elle éteint sa lampe, et se jette dans son lit. Elle y entrait à peine qu'on frappe à la porte de la chambre : ma mère n'ouvre qu'après s'être assurée que rien ne pouvait y trahir la présence d'une troisième personne. L'officier municipal qui conduisait les gendarmes chargés de cette perquisition s'acquitta de ce devoir avec tous les égards qui pouvaient en adoucir la rigueur : toutes les parties de notre logement sont visitées. Ma mère était debout : le commissaire de police, après avoir défait son lit pièce à pièce, veut s'approcher du mien ; ma mère a recours à l'officier municipal, lui parle en pleurant de l'état de maladie où je me trouve : il ordonne qu'on approche de moi la lumière, et l'extrême pâleur qu'il voit répandue sur mon visage lui paraît un indice suffisant d'un mal dont il devinait peut-être la véritable cause. Cet homme généreux était médecin de son état : il me tâte le pouls, et les yeux fixés sur le pied de mon lit, dont l'élévation dut lui paraître suspecte, il me serre la main avec force, et s'éloigne en déclarant à ceux qui l'accompagnent que je suis dangereusement malade. Qu'il dut lire de reconnaissance dans le premier et dans le seul regard que j'osai porter sur lui!

« Tout le monde sortit, et nous nous levâmes quand nous entendîmes fermer la porte de la rue. Je ne vous parlerai pas des suites de cette nuit cruelle, de tous les sentiments qui bouleversaient nos ames, de ce mélange de terreur, de courage, de désespoir et d'amour qui nous plaçait tous trois dans la position la plus violente que des créatures humaines puissent supporter sans mourir. Il fallut se séparer avant que le jour parût. Il avait été convenu que Jules se hâterait de quitter Paris et de gagner un port de mer. Il nous quitta... Quatre heures après, un billet de lui nous apprit son arrestation. J'ai su depuis par quelle bouche infame le commissaire de police avait appris que l'infortuné jeune homme était caché dans notre maison : on l'avait attendu à sa sortie, et déja les verrous d'une prison s'étaient fermés sur lui.

« Après les premiers moments d'une douleur sans mesure, où mon ame puisa des forces que je ne soupçonnais pas, ma résolution fut prise: je promis à l'amour le sacrifice entier de ma vie, et la meilleure des mères, dont la santé défaillante me causait de vives inquiétudes, reçut et consacra mes serments.

« Ma première démarche fut de me présenter avec elle chez l'oncle de Jules. Il nous reçut avec insolence, et sa femme ne craignit pas de me laisser entendre que l'amour, dont j'avais, disait-elle, ensorcelé son neveu, l'avait peut-être conduit, de faute en faute, au crime dont il était accusé. « Mi-
« sérable! lui dit ma mère dans un accès d'indigna-
« tion qu'augmentait le désespoir où ces paroles
« m'avaient plongée, vous accusez ma fille! eh bien!
« c'est aux tribunaux que vous aurez à répondre:
« nous y paraîtrons pour y déposer des faits qui
« nous sont connus, pour y démasquer le véritable
« auteur du délit dont la loi poursuit la réparation,
« et que d'indignes parents rejettent sur l'infortuné
« qu'ils ont fait leur complice. » En disant ces mots, dont la vérité se peignait sur le front de ceux auxquels ils étaient adressés, ma mère sortit et m'entraîna sans vouloir écouter l'espèce de réparation qu'on s'empressait de nous faire.

« Jules était au secret: quarante jours se passèrent avant que nous pussions le voir et concerter avec lui nos démarches. Pendant ce temps, son oncle, qui depuis deux ans avait dénaturé ses biens, prit la fuite, et l'accusé resta seul sous le poids de la preuve matérielle dont il était accablé.

« Le sort, qui semblait m'avoir choisie dès le berceau pour faire de moi le modèle accompli du malheur, m'enleva ma mère peu de jours avant celui où Jules parut devant ses juges.

« Comment pourrais-je essayer de vous peindre ce qu'il n'a peut-être été donné qu'à moi d'éprouver et de souffrir? comment vous exprimer les tortures de mon ame pendant les trois mois que je passai entre ma mère expirante et mon amant dans un cachot?

« Telle était l'horreur de ma situation, que l'événement fatal qui devait la terminer ne pouvait pas l'accroître. Ma mère mourut, et Jules fut condamné!!! J'avais promis de lui fournir les moyens de commuer lui-même sa peine. Le poison que je trouvai le moyen de lui faire tenir était enveloppé dans un papier où j'avais écrit ces mots :

« J'ai gardé la moitié du présent que je vous fais ;
« c'est m'expliquer assez: mourez, et je cesse de vi-
« vre ; ayez le courage, plus grand, d'accepter la
« honte et les fers qu'on vous présente, et je les par-
« tage avec vous. Dois-je ajouter que mon amour
« m'attache à la vie, et qu'il dépend encore de vous
« de me la conserver ?»

« Notre sentence fut exécutée dans toute son horreur...

« Pendant les six semaines qui s'écoulèrent avant le départ de la chaîne, je réalisai la petite fortune dont j'étais l'unique héritière. Je cachai mon sexe sous des habits d'homme, que j'appris à porter avec aisance, et, le jour fatal arrivé, je montai à cheval et me joignis à l'escorte qui conduisait les condamnés à Toulon. J'avais été assez heureuse pour obtenir de l'humanité du chef de la justice, par l'intervention de l'avocat célèbre qui nous avait défendus, que Jules, faible et malade, portât séparément ses fers, et que, pendant la route, il lui fût permis de profiter des secours qu'il pourrait se procurer, sous la surveillance particulière du gendarme commis à sa garde.

« Arrivés à Toulon, la même bienveillance nous y suivit : mon malheureux ami ne fut point *appareillé*.... Plaignez-moi, monsieur, d'être obligée de me servir de ces mots, que je ne saurais prononcer sans rougir ! Chargé d'un seul anneau, qui suffit, hélas ! pour attirer sur lui le mépris des hommes, il fut dispensé des travaux du port, et obtint la permission d'exercer dans la ville l'état d'écrivain. Il n'use point d'une permission qui l'exposerait à tous les regards, et ne quitte le ponton où vous l'avez trouvé que pour venir deux fois par semaine passer une heure près de moi dans la retraite que j'ai choisie, et d'où je puis voir la prison flottante qu'il habite.

« Vous avez entendu le récit de mes malheurs : ils sont affreux, sans doute, et j'ai pu lire sur votre visage que vous n'y étiez pas insensible. Maintenant ne dois-je pas craindre d'affaiblir l'intérêt que vous me témoignez, en vous avouant que le sort déplorable où vous me voyez réduite a des charmes pour moi que rien ne pourrait remplacer? Cet amour, qu'un monde injuste et frivole me reproche avec tant d'amertume, j'en jouis avec un sentiment d'orgueil qui va jusqu'au plus profond dédain pour ceux qui m'accusent. Ma tendresse s'est accrue de toute la violence des maux que mon amant a soufferts; elle a pris sous sa garde celui que les hommes et le ciel ont si cruellement abandonné; mon cœur est sa providence. En vain la société le rejette, en vain l'opinion le flétrit, en vain toutes les calamités l'accablent à-la-fois; ma seule présence lui crée un plus doux univers; mon estime lui rend la sienne, et les preuves de mon amour lui en font quelquefois bénir la déplorable cause. »

Quelle que soit la fidélité de ma mémoire, je ne me flatte pas d'avoir fait passer dans le récit de cette jeune fille le charme du sentiment et la grace d'expression dont elle l'accompagna; mais c'est de sa bouche qu'il faudrait sur-tout entendre les détails qu'elle me donna sur sa vie actuelle et sur ses espérances.

« Nous avons établi, me dit-elle, une espèce de correspondance télégraphique, au moyen de laquelle nous communiquons ensemble. Je sors le matin, et je vais remettre aux personnes qui font travailler Jules l'ouvrage qu'il a terminé, et dont je reçois le prix. A midi, je me rends à bord du ponton, et je lui porte les matériaux du nouveau travail qu'on lui confie : je passe avec lui quelques heures, pendant lesquelles je l'aide dans ses occupations ; je pourvois à ses besoins, et je soigne les fleurs, dont il a conservé le goût. Je me retire avant le retour des forçats, heureuse de l'idée du lendemain, qui me ramènera près de lui.

« Je n'ai point connu les plaisirs que procurent dans le monde la beauté, la jeunesse, les grandeurs et l'opulence ; mais je suis bien certaine que leur réunion ne saurait être la source d'une félicité pareille à celle dont je jouis le jour où je vois arriver Jules dans notre maisonnette. Quelles douces larmes nous versons ensemble ! quelle inexplicable volupté dans le souvenir de nos douleurs ! Si l'amour nous donne la force et le courage de supporter le présent, de combien d'espérances il embellit l'avenir ! Deux ans encore, et les fers de Jules seront brisés, et nous irons sous un autre hémisphère, chez un peuple étranger à nos lois, à nos cruels préjugés, chercher un asile où l'erreur ne soit pas punie comme le crime, où la faute de l'inexpérience ne soit pas irréparable, où l'amour, le courage et la vertu puissent nous rendre une patrie. »

Pendant le séjour que j'ai fait à Toulon, j'ai revu plusieurs fois ces deux amants, et j'ai acquis la triste certitude qu'une des femmes les plus vertueuses de France était la maîtresse d'un forçat, et qu'un honnête homme était aux galères ¹.

¹ Le fond de cette anecdote et la plupart des détails sont vrais : des considérations dont il est facile d'apprécier la réserve m'ont obligé de changer les noms et d'altérer quelques circonstances ; mais j'en ai dit assez pour éveiller la sollicitude de l'autorité sur un malheur dont il existe peut-être plus d'un exemple, et pour invoquer la clémence du monarque en faveur d'un infortuné qui n'en est peut-être pas indigne.

N° LXIV. [15 JUILLET 1819.]

LA DROME ET L'ISÈRE.

*Haud pigebit referre in Falanio et Rubrio præten-
tata crimina, ut quibus initiis, quanta arte gravissimum
exitium irrepserit, dein repressum sit, postremo ar-
serit cunctaque corripuerit noscatur.*

TAC., *Ann.*, liv. I

Il ne sera pas inutile de rappeler ici quels crimes
furent imputés à Falanius et à Rubrius, afin de montrer par quel art un vaste incendie fut peu à peu allumé, par quels moyens il fut étouffé, et comment
il peut se rallumer de nouveau et tout embraser.

Quand l'équipage est nombreux, quelque terrible que soit la tempête, il est rare qu'il n'échappe pas quelques hommes au naufrage. Grace aux soins de M. de Gatines, de notre officier, et sur-tout au zèle infatigable du bon Paul Arnoux, M. de Mérens a retrouvé plusieurs de ses anciens amis; je l'ai laissé dans leurs bras, et, après un adieu qu'à notre âge accompagne toujours une bien triste pensée, nous nous sommes quittés à la porte de France.

Placée entre les regrets du passé et les vagues espaces d'un autre avenir, l'existence du vieillard n'est déja plus qu'un rêve. A Toulon, je n'étais occupé que du plaisir de voir, d'entendre mon vieil ami; je ne m'étais pas aperçu qu'à une lieue de la ville la route est pratiquée au fond d'une chaîne de rocs nus, escarpés, dont la plupart ont quelques centaines de pieds de hauteur. La situation de mon ame, au moment où je venais de me séparer de M. de Mérens, m'a fait trouver je ne sais quel charme dans cette nature âpre et dépouillée, en harmonie avec mes sentiments : le bruit des eaux qui tombent en bruyantes cascades sur le flanc des rochers du *Gap-Gros*, du *Gros-Caveau*, et d'*Évennes*, nourrissait ma mélancolie sans la distraire; et plein des pensées de l'éternité, qui ne sont peut-être que des souvenirs, j'aimais à calculer l'incalculable durée de ces masses énormes qui semblent en être l'indestructible image. Les rochers de *Beausset*, le gouffre de la *Roque*, près du pont et au bas de la montagne du *Gros de Riou*, ne sont pas propres à dissiper les sombres pressentiments et les tristes souvenirs. J'ai continué de m'y livrer pendant toute la route; car, revenant sur celle que j'avais parcourue en allant à Marseille, je n'étais distrait par la vue d'aucun objet nouveau.

Les impressions douloureuses s'effacent moins rapidement que les autres sur ce sable mouvant qu'on appelle la mémoire, et ce n'est pas sans un sentiment pénible que je me suis retrouvé dans les murs d'Avignon; j'y ai revu le Rhône, et mon imagination s'effrayait de la couleur qu'elle prêtait à ses ondes. Les murs d'Orange portent encore l'empreinte du sang dont ils furent souillés par le poignard des assassins de la première terreur.

J'arrive enfin dans cette contrée hospitalière qui, la première, salua le retour de l'antique liberté, mais sans lui sacrifier des victimes humaines; dans ce noble Dauphiné, peuplé d'hommes compatissants, et fertile en hommes de génie, où l'on sut concilier la tolérance et l'ardent amour de la patrie. Les Lyonnais en 1793, les proscrits de la réaction de 1795, les Marseillais après la seconde restauration, y trouvèrent également un asile contre les échafauds et les poignards de l'une et l'autre époque: avant l'effroyable régime de 1815, aucun excès n'avait déshonoré cette terre, qu'après leurs guerres civiles les Romains eussent choisie pour élever un temple à la Concorde.

En arrivant à la montagne *Donzère*, je me suis écrié, comme nos braves soldats échappés aux assassins d'Orange et d'Avignon: *Nous voici en France!* et en me tournant vers le midi, j'ai dit avec un Romain moderne sortant du royaume de Naples: *De ce côté est l'Afrique* (*Qui è l'Africa*). Là le retour de la paix a été célébré par des massacres, et la rentrée d'un roi légitime dans ses états, comme le triomphe sanglant d'un chef de parti sur une terre conquise;

ici se sont réfugiés les proscrits de Vaucluse et du Gard : là périrent, sous la hache et le stylet, des soldats couverts d'honorables cicatrices, les vainqueurs d'Austerlitz, d'Iéna, de Hohenlinden, et de Friedland; ici les habitants des villes et des hameaux firent échapper, après les avoir vaillamment combattus et faits prisonniers, les soutiens d'une cause qui venait de succomber : là furent des tigres; ici sont des hommes. Revenons parmi nos semblables.

J'ai déjeuné à Donzère, dont le vin liquoreux n'est pas assez renommé. J'étais assis à table à côté de M. Flaugergues, juge de paix à *Viviers*, connu, dans le monde savant, par des observations astronomiques, auxquelles il consacre toutes les nuits que le ciel laisse sans nuages; ce qui ne lui fait pas négliger ses nobles fonctions de conciliateur et la culture des champs. Il revenait de *Villeneuve-de-Berg*, ayant, à l'exemple d'Arthur Young, fait un pèlerinage au *Pradel*, vieux manoir d'*Olivier de Serres*. L'auteur du *Théâtre d'agriculture* avait été chargé par Henri IV de naturaliser les mûriers dans le nord de la France : le succès ne répondit ni aux vœux du monarque ni aux efforts de l'agronome; mais plus heureux dans le Midi, il avait contribué à l'enrichir de cette culture : elle a augmenté d'un tiers la valeur des terres où elle a été introduite, et l'on voit encore, me dit M. Flaugergues, dans le riant vallon de Pradel, des mûriers que l'on croit avoir été plantés par Olivier de Serres lui-même. Les gens du pays prétendent qu'au village d'*Allan*, dans la cour du château, existe encore le premier mûrier qui ait été planté en France. Cette existence d'un mûrier de deux siècles me semble peu probable.

En passant à *Dieu-le-Fit,* joli bourg presque tout peuplé de protestants, et où se fait un grand commerce de poterie, M. Flaugergues, qui a pris la voiture de Grenoble, où il est appelé par ses affaires, fut salué par le chef de la famille Morin, riche par son honorable industrie, et par une simplicité de mœurs digne des temps antiques.

Lorsque nous sommes arrivés à *Loriol*, M. Flaugergues a bien voulu me présenter chez M. le général *Blancard,* où il était attendu à dîner. Ce que j'appelais une indiscrétion m'a valu un accueil plein d'urbanité et la connaissance d'une famille aussi distinguée par ses mœurs que par les services qu'elle a rendus à l'état, soit dans les armées, soit dans les fonctions publiques. Le père du général Blancard était membre de l'assemblée constituante, où il siégea constamment au côté gauche. Il fut depuis juge de paix de son canton, et se montra durant vingt ans digne d'un si noble ministère : il arrangeait tous les différents ; et quand les débiteurs étaient hors d'état de payer leurs créanciers, et que ceux-ci ne pouvaient pas attendre, M. Blancard faisait les avances de ses propres deniers : il aimait à dire qu'elles lui avaient toujours été religieusement remboursées. Cette conduite, si peu d'accord avec les principes de 1815, ne permit pas alors aux agents de l'autorité de le maintenir dans ses fonctions. Protestant et homme de bien, il fut destitué; mais il est des choses au-dessus du pouvoir: l'opinion publique et la conscience de chacun. M. Blancard est mort, il y a deux ans, comme il avait vécu, en paix avec lui-même et en vénération parmi ses concitoyens. Le général marche sur les traces de son vénérable père. Ancien colonel du deuxième régiment de carabiniers, il se fit remarquer, à la tête de ce beau corps, par sa bravoure et son sang-froid toutes les fois qu'il parut devant l'ennemi. Maintenant, officier à demi-solde, les soins de l'agriculture ont remplacé pour lui ceux de la guerre: c'est un des nombreux Cincinnatus français qui labourent aujourd'hui le sol paternel qu'ils ont si glorieusement défendu. Nous trouvâmes chez lui son beau-frère, M. Desgouttes. Les hommes qui acceptèrent des emplois même dans les rangs des ennemis de la France lui font un reproche très grave: il est du nombre de ces citoyens qui pensent qu'à aucune époque un grand peuple ne peut rester sans magistrats. Il accepta les fonctions de préfet de la Drôme qui lui furent confiées dans les cent jours.

Le général Blancard nous a retenus pour le reste de la journée, voulant, a-t-il dit, nous faire les honneurs du beau canton qu'il habite. Les jours sont longs, la chaleur est modérée, et des montures douces nous ont dispensés de parcourir à pied toutes les parties de ce vaste domaine. Le général nous a fait remarquer l'habitation du minéralogiste Faujas de Saint-Fonds, célèbre par ses recherches sur les volcans du Vivarais, et par son histoire naturelle du Dauphiné. Dans ses leçons au Jardin des Plantes, où il était professeur, il a souvent fait descendre ses nombreux élèves dans toutes les profondeurs de la science : ses systèmes de géologie ont été considérés, par plusieurs hommes instruits, comme des romans ; mais n'en est-il pas à-peu-près ainsi de tous les systèmes ?

Après avoir passé le beau pont de la Drôme, le général nous a conduits sur le coteau de *Brezens*, où depuis une année il a formé un plant de ceps des meilleurs vignobles de Bordeaux. Le vin de Brezens est comparable à celui de l'Ermitage : malheureusement ce coteau, composé d'une pierre calcaire et brûlante, est très circonscrit. Sur sa croupe, au confluent de la Drôme et du Rhône, est l'ancien bourg de *Livron*, où, sous Louis XIII, les protestants soutinrent un assez long siège : ce n'est plus maintenant qu'un village.

En remontant le cours de la Drôme, nous sommes arrivés devant une maison de fort belle apparence, sur la porte de laquelle se trouve une inscription en l'honneur de l'ancien propriétaire. *Ce marbre,* dit l'inscription, *a été placé aux frais de ses voisins même les plus pauvres.* M. *Rigaud* était le père des pauvres : la veuve et l'orphelin sont venus déposer un humble denier sur l'autel de la reconnaissance.

M. Rigaud de Lisle, neveu et héritier de celui dont nous venons de lire le touchant éloge, est correspondant de l'académie des sciences, agriculteur fort distingué, et l'un des meilleurs citoyens non seulement du département de la Drôme, mais de toute la France.

Depuis *Crest,* sur une longueur d'environ quatre lieues, et sur une largeur moyenne d'une demi-lieue, la Drôme roule et dépose un gravier que ses eaux troubles changeraient promptement en un terrain fertile, si elles étaient contenues par des digues et répandues au moyen d'irrigations régulières : M. Rigaud de Lisle s'en est occupé avec succès; mais pour de telles entreprises les efforts et la fortune d'un particulier sont insuffisants. Le gouvernement impérial concourait pour un tiers aux frais de ces travaux ; les habitants espèrent obtenir la même faveur du gouvernement légitime. Cet espoir ne sera pas trompé, sur-tout si les citoyens demeurent libres de manifester leurs vœux. M. Rigaud de Lisle, qui déja a été deux fois député à nos assemblées nationales, y sera de nouveau appelé par la confiance de ses compatriotes, et pourra plus aisément alors obtenir ce qui jusqu'ici n'a été que promis aux habitants de la vallée de la Drôme.

M. Rigaud de Lisle ne se trouvait pas chez lui; il était allé à Crest, passer la journée au sein de la famille *Borel*, qui y fait fructifier une magnifique fabrique de draps. La nuit approchait, et nous avons repris le chemin de Loriol.

A peu de distance de Crest s'élève, telle qu'un géant énorme, la montagne de *Roche-Courbe:* son ombre immense, prolongée par les derniers rayons du jour, s'étendait comme un rideau funèbre, et enveloppait au loin les campagnes. M. Flaugergues m'a assuré qu'on trouvait de semblables rochers dans les Alpes, dont cette montagne est une ramification. A l'ouest elle est taillée à pic: on la voit encore couronnée de frimas long-temps après que la vallée s'est parée de fleurs et de verdure.

La ville de Crest, que ce rocher semble menacer, est petite, mais industrieuse: sa population, d'environ cinq mille ames, celle de plusieurs cantons montagneux au nord et au midi, et celle de la vallée de la Drôme, sont moitié catholiques et moitié protestantes; mais par-tout, en sortant du prêche ou de la messe, les habitants se réunissent à table, au bal, dans les marchés, dans les foires. La différence des croyances n'en apporte aucune dans les transactions et les rapports des citoyens:

les mariages entre les fidèles de l'une et de l'autre communion sont fréquents. Le sexe des enfants décide sous quelle loi ils seront élevés; les fils suivent la religion du père, les filles la religion de leur mère, et l'on voit le ministre et le curé, animés du même esprit de tolérance et d'accord sur la morale, éviter toute controverse sur le culte. Ainsi par-tout les catholiques et les protestants, enfants du même Dieu, vivraient en bons frères, si le fanatisme et l'ambition ne s'agitaient incessamment au milieu d'eux pour les diviser. Le lendemain nous avons repris de très bonne heure, M. Flaugergues et moi, le chemin de *Valmi*. Il m'a fait remarquer, à la droite de la route, le village de *l'Étoile*, où habita, pendant quelque temps, le fils de Charles VII, le chef et l'auteur de *la guerre de la Jacquerie*, Louis XI, *puisqu'il faut l'appeler par son nom*.

Au bas du coteau de *l'Étoile* se trouve une masure, jadis décorée du nom de château, et qui fut un fief de Diane de Poitiers. Au-delà est le village d'*Upie*, où naquit ce Didier qui a fait partager à ses juges la funeste célébrité qu'il s'est acquise. Des savants ont cru reconnaître dans le plateau d'Upie le champ de bataille où Marius vainquit les Teutons.

Plus loin, M. Flaugergues me fit encore remarquer la petite ville de *Chabreuil:* c'est sur un coteau, près de cette ville, que le jeune et brave colonel

Moncey, étant à la chasse, et voulant franchir un fossé, s'appuya sur son fusil, dont le coup partit et le blessa mortellement. Nous sommes arrivés de bonne heure à Valence. Appelé par ses affaires, M. Flaugergues m'a quitté, non sans me permettre de lui écrire, et d'entretenir avec lui des relations dont je venais d'apprécier le charme. J'avais des lettres pour M. *Béranger,* auteur justement estimé d'un ouvrage sur *la justice criminelle en France.* Il venait de partir pour Paris, ce qui m'a déterminé à ne faire qu'un très court séjour à Valence.

J'y suis descendu à l'hôtel Blanchon, où je me suis fait donner un guide, non pour me conduire dans la ville, mais pour me ramener au logis; car dans les lieux que je ne connais pas j'aime à errer au hasard. Mon guide a mal compris ma pensée : il m'a mené droit à la cathédrale, et me plaçant dans le chœur vis-à-vis d'un tableau représentant saint Sébastien: *Voilà une belle peinture,* me dit-il du ton dont il aurait dit: *Voilà une bouteille de bon vin.* On sait que ce tableau est attribué à Annibal Carrache, tradition d'autant meilleure à conserver qu'il est plus difficile de prouver le fait: dans l'état de dégradation où se trouve aujourd'hui ce tableau, il est urgent de le restaurer. Pourquoi l'administration néglige-t-elle ce soin? serait-ce, par hasard, un empiétement sur l'autorité ecclésiastique? Je passai de cet examen à celui d'un buste du pape Pie VI, que mon guide m'indiqua par sa phrase favorite : *Voilà un beau marbre.* Pie VI est mort à Valence en 1799 : ce vieillard vénérable, dont la longue vie ne fut pas seulement consacrée aux actes de son saint ministère, mais à des entreprises d'une grande utilité publique, était digne d'un meilleur sort. Le pont qui sur la route de Pesara à Terni, appelée route *del Forno,* lie deux montagnes séparées par un torrent profond ; les dessèchements des marais Pontins ; les canaux et la route qui les traversent ; la fondation d'un asile pour fournir du travail aux filles pauvres de Rome ; l'achèvement de la basilique de Saint-Pierre ; le musée du Vatican, rendent la mémoire de Pie VI également chère aux amis des arts, aux philanthropes, et sur-tout aux hommes qui placent les entreprises grandes et utiles au premier rang des titres de gloire.

Au sortir de la cathédrale, nous avons rencontré un détachement du 3ᵉ régiment d'artillerie à pied, dont l'école est à Valence. *Voilà un beau régiment,* n'a pas manqué de me dire mon guide. En effet, ce corps est superbe : j'ai admiré la tenue des officiers et même des simples artilleurs. Avant la révolution, les régiments de La Fère et de Grenoble étaient en garnison à Valence.

Vis-à-vis le cabinet littéraire de Borel, mon guide m'a dit : *Voilà les fenêtres de l'appartement de M. Bonaparte,* phrase qu'il n'a pourtant point *embellie* de son dicton ordinaire. Je lui ai demandé s'il avait connu ce Bonaparte. « Non, m'a-t-il répondu; mais, du temps qu'il était à Valence, ma mère était sa blanchisseuse : il n'était pas encore empereur, mais il était déjà lieutenant. Il allait souvent dans la famille Montalivet, que ma mère avait aussi l'honneur de blanchir. Quand M. Bonaparte a été empereur, il a oublié ma mère; mais il s'est souvenu de M. Montalivet. »

Je suis entré au cabinet littéraire du libraire Borel, pour y parcourir les journaux. Des jeunes gens y discutaient, avec toute la vivacité de leur âge, sur les titres de la ville de Valence à la considération et à l'estime publiques. « Je conviens, disait l'un d'eux, qu'ici les hommes qui se vantent d'être exclusivement *gens comme il faut* n'ont pas tous une idée bien juste de leurs droits et de leurs devoirs; mais il n'en est pas de même du reste de la population, et son patriotisme est aussi pur qu'éclairé. — En effet, reprit un autre jeune homme d'un ton un peu railleur, dans une ville qui possédait une université où Cujas a professé le droit, et qui, jusque dans les derniers temps, a possédé des professeurs fort distingués, les devoirs et les droits de chacun doivent être bien connus. Cependant on assure que ces fameux professeurs n'ont pas toujours fait des licenciés qui leur ressemblent. — Est-il un professeur qui ne s'honorât de ressembler à M. Béranger?

— Il n'en est pas; mais pensez-vous que, si Cujas revenait au monde, il avouerait pour ses disciples les magistrats qui ont mis en jugement un de nos camarades pour avoir eu la témérité d'examiner le sens de cette inscription, mise sur la porte de leur prétoire :

Non loca viros, sed viri loca honorata reddunt?

— C'est, je l'avoue, se montrer un peu chatouilleux, et il doit être permis à chacun d'examiner la justesse d'une inscription qui saute aux yeux de tout le monde; mais dans le petit écrit de notre ami sur la jurisprudence du tribunal de police correctionnelle n'y avait-il pas un peu de malice? Demander si c'est la vanité ou la modestie qui a fait choix de cette inscription, n'est-ce pas faire une question d'autant moins polie, qu'elle semble appeler une réponse impertinente? — Et quand cela serait? Depuis quand la malice est-elle du ressort des tribunaux? Faudrait-il aussi traîner sur le banc des accusés un homme qui s'aviserait de demander si nos autorités ne voient dans les cascades, dans les chutes d'eau de Valence et de la banlieue que des abreuvoirs et des fontaines, au lieu d'y apercevoir des moteurs puissants dont il leur serait si facile de tirer parti au profit de l'industrie? Serait-il digne de la hart le voyageur qui prierait M. le maire de lui indiquer le lieu de la ville où il a fait élever un monument en l'honneur de Championnet, qui, soldat adolescent, assista au siège de Gibraltar, et, général à trente ans, se distingua aux armées de la Moselle, de Sambre-et-Meuse, à la bataille de Fleurus, au passage du Rhin, à Neuwied, à la prise de Dusseldorf, à celle de Wurtzbourg; qui, en Italie, fit prisonnier le général en chef Mack avec tout son état-major, après avoir dispersé son armée; qui, à la tête de l'armée des Alpes, battit les Autrichiens à Fénestrelles, les chassa de la rivière du Levant, et mourut presqu'à l'entrée de sa brillante carrière? Valence le vit partir chef de bataillon, et n'a revu de lui que sa dépouille mortelle... Où sont ses cendres? où sont ses honneurs?

« La négligence des magistrats, reprit le défenseur des Valentinois, pourra sans doute accuser le patriotisme et les lumières des habitants lorsque les citoyens choisiront leurs officiers municipaux; jusque-là cette négligence ne prouvera que les erreurs de l'autorité. La gloire d'une ville tient à l'illustration des hommes nés dans ses murs: les fautes, les omissions, et les bévues de nos gens en place n'empêcheront pas plus la postérité que la génération présente de dire en parlant de Valence: *C'est la patrie du général Championnet et du publiciste Béranger.* »

Tout le monde fut du même avis, et, ces derniers mots mettant fin à la dispute, je regagnai doucement mon auberge, non sans être encore une fois arrêté par les exclamations de mon guide. *Voilà une belle prison!* s'écria-t-il en me faisant remarquer un grand bâtiment dont en effet, pour une prison, l'extérieur est assez beau. « J'ai ouï dire à ma mère, continua-t-il, que cette prison a été bâtie par les fermiers-généraux exprès pour y renfermer les contrebandiers, parceque, dans le bon temps, ils n'étaient jugés qu'à Valence. C'est dans cette prison que Mandrin fut enfermé. Le drôle de voleur! il payait exactement et grassement la dépense qu'il faisait chez les paysans : il aurait tué de sa main tout homme de sa bande qui se serait permis d'attaquer un particulier; mais les soldats des fermes étaient ses ennemis; il leur avait déclaré la guerre, et leur en faisait payer les frais en s'emparant des fonds publics. N'est-il pas vrai que c'était un drôle de corps? aussi fut-il rompu vif; et si vous avez entendu le dicton, *rompu de Valence,* vous saurez que c'est à Mandrin que nous en sommes redevables. »

J'ai trouvé à la porte de l'hôtellerie une voiture qui allait partir pour Romans; j'y ai pris place, et suis sorti de Valence quelques heures après y être entré.

Mes compagnons de voyage étaient des jeunes gens d'une gaieté un peu turbulente, mais pleins d'égards et de respect pour la vieillesse: tous grands chasseurs, il n'était pas, dans le pays que nous traversions, un arpent de terre qu'ils n'eussent parcouru. Reconnaissant à mon habillement, peut-être à mon langage, que j'étais étranger, ils s'empressaient à l'envi de me nommer les lieux, de me faire remarquer les coteaux, les bois, les villages, qu'ils estimaient mériter l'attention des voyageurs. En descendant la côte par laquelle on arrive à Valence, nous laissions à notre gauche la route de Tain. « Si les collines s'enlevaient comme des tableaux, dit un de ces jeunes gens, il y en a deux près de cette ville que les Anglais nous eussent volées, même de préférence au *saint Jérôme* et à la *Transfiguration* : ce sont l'*Ermitage* et *Côte-Rôtie*. Heureusement ces délicieux vignobles ont besoin, pour porter leurs fruits, du soleil du Dauphiné, et les brouillards de l'Angleterre sont aussi ennemis du dieu des vendanges qu'ils le sont du dieu des beaux-arts. » Cette observation m'a prouvé qu'il n'est pas nécessaire pour bien juger les Anglais d'habiter les côtes de la Manche. Les plaines entre *Mortellier* et *Beaumont* n'attirent point les yeux distraits par le spectacle majestueux des hautes montagnes qui des bords du Rhône et de l'Isère s'élèvent en amphithéâtre dans l'horizon immense et lointain où les sommets neigeux des Alpes cotiennes se confondent avec les nuages du ciel ; mais la force et la beauté de la végétation qui s'y déploie annoncent de toutes parts la richesse du sol.

« Cette richesse, me dit un des jeunes voyageurs, consiste plus encore dans la valeur presque idéale des terres que dans l'abondance de leurs produits. Dans la partie du Dauphiné que vous venez de parcourir, le prix des propriétés, principalement des petites, est excessif: les terres s'y achètent à deux et même à un et demi pour cent de revenu, parceque les paysans en sont possesseurs, et cherchent par des améliorations continuelles à augmenter la valeur du fonds. Le plateau assez vaste sur lequel nous nous trouvons dans ce moment appartenait autrefois à la maison de *Bajane*, dont tous les membres émigrèrent au commencement de la révolution: leurs biens furent vendus, et il n'est point un paysan qui n'en ait acheté quelque portion. Le terrain que vous voyez était entièrement négligé; il n'y croissait que des bruyères: le voilà couvert de mûriers, de vignes, de moissons; et cette utile métamorphose s'est opérée en peu d'années. Dans les lieux mêmes où le roc était presqu'à nu les nouveaux propriétaires ont transporté de la terre végétale prise dans la plaine, et l'on estime que les récoltes qui se font maintenant sur le plateau sont à ce qu'il produisait autrefois comme trois cents est à mille.

« C'est à ces améliorations prodigieuses, c'est à la division des propriétés, qu'on doit attribuer l'excellent esprit des campagnes, et l'aversion, presque fanatique, des paysans pour toute modification à l'ordre constitutionnel. De tels hommes ne disent point : *Ubi benè, ibi patria;* pour eux, la patrie est le sol qui les a vus naître, qu'ils arrosent de leurs sueurs, qu'ils fécondent de leurs travaux, sur lequel ils peuvent dire : *Ces bornes, ces fossés, ces haies, sont les limites de mon champ;* aussi sont-ils prêts à s'armer pour défendre et leur champ et les lois qui leur en garantissent la propriété.

« Selon Rousseau, sitôt que quelqu'un dit des affaires de l'état: *Que m'importe?* l'état est perdu. Nous sommes, ici du moins, bien loin du temps où les habitants des hameaux étaient étrangers aux affaires générales : les paysans du Dauphiné, comme ceux de toute la France, s'occupent beaucoup de politique; mais ils n'aiment pas qu'on en parle mal à propos; et les sermons de ces missionnaires qui prêchent moins l'Évangile que la contre-révolution seraient fort mal accueillis par eux. En 1816, le curé d'un village que nous venons de traverser, s'étant avisé de puiser hors du texte de l'Évangile le sujet d'une espèce de diatribe contre les hommes et le temps présent, fut rappelé aux devoirs de son ministère par ses nombreux auditeurs, qui, sortant sans bruit de l'église, le laissèrent seul achever un discours qui ne devait pas être prononcé en chaire. En homme sage, il a profité de la leçon, et le troupeau est revenu au bercail. »

On traverse en arrivant à *Romans* une espèce

de faubourg nommé *le Péage:* le pont sur lequel on passait l'Isère avait été détruit dans la campagne de 1814 par le maréchal Augereau, qui le fit sauter pour assurer sa retraite; aussi le passage de l'Isère sur ce point était-il difficile, et quelquefois même assez dangereux. Ce pont vient d'être rétabli. La cathédrale, qu'on me fit remarquer, n'offre que ce que doit offrir un temple chrétien : des autels pour les sacrifices, et point de monuments pour la curiosité; car ce n'est pas pour voir, mais pour prier, qu'on doit aller à l'église.

N° LXV. [31 JUILLET 1819.]

SOUPER A ROMANS.

> Sont grandement à louer la gentille grace et l'honnêteté de ceux-là dont les traits même de risée et de moquerie donnent plaisir et joie à ceux à qui ils sont dits.
>
> PLUT., *Propos de table.*

On m'a demandé si je descendais dans une maison particulière ou dans une auberge : « Je ne connais personne ici, ai-je répondu, et comme je veux n'y passer qu'une nuit, toute hôtellerie me sera bonne. —La meilleure ne vaut rien, me dit un de mes compagnons de voyage; l'usage, à Romans, est de louer des chambres pour deux ou trois jours, et même pour une seule nuit. Permettez que nous nous chargions de vous trouver un de ces gîtes, plus commodes que ne le sont les chambres d'auberge, et de vous inviter à partager avec nous un souper commandé à l'avance, et que nous allons faire à frais communs. » Cette dernière condition m'épargnait le petit embarras d'un refus; je me suis empressé d'accepter une offre si obligeante, et de suivre, au milieu de la bande joyeuse, les rues qui conduisent vers la place publique, située presque au milieu de la ville. Là j'ai trouvé dans un logement fort agréable un souper de fort belle apparence, dont mes jeunes compagnons semblaient très avides, et qui a rendu silencieux le commencement du repas. Mais les premiers besoins satisfaits ont fait place à la gaieté, et plus d'un récit folâtre a excité la bonne humeur de la compagnie. Un vieillard n'est déplacé au milieu de la jeunesse qu'alors qu'il veut se mêler à ses jeux, et changer son rôle de spectateur bienveillant contre celui d'acteur ridicule.

Je me suis contenté de déposer ma gravité d'ermite; et, loin de les repousser, je me suis plu à exciter les vives saillies de mes aimables convives. Des bons mots on est passé aux historiettes. « Je veux, s'est écrié un jeune homme dont Bacchus avait délié et non embarrassé la langue, je veux conter à monsieur l'histoire de la *tour du Diable;* car notre ville est, comme disent les ingénieurs, revêtue d'une chemise et flanquée de tours. Il paraît que le seigneur Lucifer ne fut pas consulté pour l'adoption de ce système de défense. Un jour donc, ou plutôt une nuit, car le diable n'aime pas la lumière, revenant de je ne sais quel couvent et allant à la Grande-Chartreuse, il passait près de Romans: fâché, sans doute, d'en trouver les portes fermées, et d'être obligé de faire le tour des murs, il donna à l'une des tours un si rude coup d'épaule qu'il la fit tourner et pencher, de sorte que personne n'a pu la redresser depuis. L'auteur du mal pourrait seul le réparer, mais il s'y est refusé jusqu'ici, quelques prières qu'on lui ait faites; je devine le motif de sa résistance : cette tour penchée a été nommée *la tour du Diable,* il ne veut pas lui faire perdre un si beau nom. — Messieurs, ne fâchons pas le prince des ténèbres, dit un autre jeune homme : tout prince est respectable ou veut être respecté, peu entendent et souffrent la raillerie. Mal nous en a pris de rire aux dépens du seigneur Satanas : souvenons-nous du mauvais tour que le malin nous a joué dans le lieu même où nous retournons chasser demain. Peut-être, dit-il en me regardant, monsieur ne sera pas fâché d'entendre le récit de cette aventure. Toute mélancolique qu'elle été ait d'abord, comme elle n'a point fini d'une manière tragique, j'éviterai de la raconter en style de Melpomène.

« Non loin de notre ville s'ouvre la riante et féconde vallée du Grésivaudan. Les Alpes s'éloignent de l'Isère en descendant à droite du côté de Lyon, à gauche vers le Comtat. A l'est de la vallée elles s'élèvent brusquement, et jusqu'aux frontières de la France ne présentent plus que quelques pâturages, des bois, des rochers, et des glaciers. C'est sur ces montagnes que vont en *alpéage* les troupeaux de la Provence, défendus par des chiens de taille colossale, et dirigés par des boucs aussi dociles que les chiens à la voix des bergers. Des pasteurs et des charbonniers sont presque les seuls habitants de ces solitudes, qui demeurent tout-à-fait désertes quand les neiges de l'automne en ont chassé les hommes et les troupeaux.

« Un ermite qui aimerait l'air vif, les magnifiques points de vue, et qui ne craindrait ni le vent ni la neige, y serait admirablement placé. Les moines de *Léoncel* avaient trouvé le moyen de s'y établir commodément et de s'y procurer d'immenses revenus qu'ils ne dépensaient pas tout en œuvres pies, disent certaines personnes qui ont gardé le souvenir des choses du bon vieux temps. Ces moines ont été dispersés; leurs biens vendus ont, entre les mains des paysans laborieux, quadruplé de valeur, et les jolies filles qui auraient été servantes à Léoncel sont devenues de bonnes mères de famille.

« En vous parlant des moines, je ne m'éloigne pas autant du diable que vous pourriez le penser : j'y reviendrai bientôt; mais nos montagnes méritent d'être connues. L'âge de monsieur le privant du plaisir de gravir sur leurs sommets, qu'il me soit permis, à moi qui les parcours toute l'année, de lui parler des rochers et des précipices de la montagne de *Toulot*, des prairies et des fleurs de la vallée de *Bonvanten*. C'est après trois heures de marche dans des chemins extrêmement difficiles qu'on arrive à cette charmante vallée, que jamais, je crois, n'effraya de son aspect ni un cosaque ni un gendarme. Arrosée par une petite rivière qui fait tourner quelques usines, ses heureux habitants y vivent à l'aise des seuls produits de son fertile territoire. Mon père y trouva un asile doux et sûr contre les proscriptions de la première terreur : il était recommandé au curé qu'il trouva disant la messe en plein air. Ce digne pasteur n'avait quitté ni ses fonctions ni ses habits de prêtre. Déja sa demeure hospitalière avait reçu quelques Lyonnais condamnés à mort, et dont la sécurité était telle qu'ils ne prenaient pas même la peine de cacher leur nom.

« Les prairies de Bonvanten sont plutôt couvertes qu'émaillées de fleurs; les animaux y partagent la douce sécurité de l'homme, et s'en approchent sans crainte ou plutôt avec confiance pour en solliciter des caresses et quelquefois des morceaux de pain, dont les bœufs sur-tout se montrent très friands.

« Les bergers provençaux, sensibles au vent froid et impétueux, qui, presque toujours, règne sur la montagne, s'enveloppent de leurs larges manteaux blancs, et, retirés dans le creux des rochers, font retentir du son de leurs flûtes les échos des gorges et des vallées, tandis que d'énormes épagneuls veillent à la garde des troupeaux, affrontent seul à seul les ours les plus formidables, et ne craignent pas de se ruer au milieu de bandes de loups que souvent ils mettent en fuite. Une chienne de cette vaillante espèce fut tuée il y a quelques mois ; mais on la trouva noblement environnée d'ennemis, et expirante au milieu de trois loups qu'elle avait éventrés. Image de la France en 1814, elle avait succombé, accablée par le nombre.

« Dans ces montagnes élevées, le chêne ne croît que jusqu'à mi-côte; plus haut, le hêtre, le mélèse, et le sapin, résistent seuls à l'âpreté de la température. Le bois qui couvrait le revers occidental du *Toulot* ayant été dévasté, la température s'en est ressentie; la bise sèche a brûlé des terrains autrefois productifs: les racines des arbres arrêtaient les terres sur le penchant des collines et favorisaient l'infiltration des eaux; maintenant ces eaux forment des torrents, se précipitent sur les champs cultivés, et les couvrent des débris des montagnes.

« Du sommet du Toulot s'épanchent des sources nombreuses qui vont au loin former des rivières. On voit se déployer, d'un côté, la plaine du Dauphiné, de l'autre, les nombreuses vallées qui se resserrent en gorges étroites, s'enfoncent en tous sens dans les montagnes, et semblent ensuite remonter jusqu'aux cimes glacées du Mont-Blanc.

« Les sites escarpés sont ceux qui tentent le plus l'ardeur inquiète des chasseurs. Un jeune fiancé (j'arrive à mon histoire), le contempteur du diable, et moi, nous nous mîmes en tête, un beau jour, de gravir sur l'un des plus hauts plateaux du Toulot. On ne peut y parvenir qu'en s'accrochant au rocher, et dans certains passages qu'en montant à l'aide des échelles qui y sont clouées. Il n'est sorte de quolibets et de méchantes plaisanteries que durant cette pénible route l'ennemi de S. M. infernale ne se permît contre elle, prétendant que c'est le seul monarque sur le compte duquel on puisse dire la vérité en sûreté de conscience et de personne. Vainement je représentai à mon imprudent ami, que, loin de s'en moquer, les anciens sacrifiaient aux dieux infernaux; que tout marin prudent, avant de s'embarquer, immolait une brebis noire au génie des tempêtes; mes remontrances, loin de retenir, ne faisaient qu'exciter l'humeur médisante de mon camarade: qu'en est-il résulté? à peine étions-nous parvenus au haut du rocher, que le diable, qui sans doute nous suivait à la piste, a retiré l'échelle; et mon railleur de trouver le tour plaisant, et, au lieu de s'occuper à chercher une route, de courir après les lièvres et les chevreuils; mais le diable avait passé là avant nous: il n'y restait pas une gelinotte. Le jour baissait, nos provisions étaient épuisées; de toutes parts l'escarpement était tel qu'il eût fallu sacrifier sa vie pour arriver au bas du rocher. C'était un jour de fête: nous entendions à nos pieds la flûte des bergers et les danses des paysannes; mais personne ne répondait à nos cris, et les coups de fusil que nous tirions ne pouvaient être pris pour des signaux de détresse dans des contrées habituellement fréquentées par les chasseurs. Force nous fut de coucher sur la terre, de passer sans abri et sans nourriture une nuit froide et humide, car dans ces hautes régions, éloignées des regards du soleil, l'haleine même du zéphyr est un souffle glacé.

« Les premiers rayons du matin ranimèrent moins nos forces que notre courage. Toutes nos recherches furent vaines; aucune sortie praticable ne s'offrit à nos yeux: nous eûmes recours aux signaux; nos mouchoirs, nos cravates flottaient dans les airs, mais en vain, personne ne les aperçut, et le second jour se passa, comme le premier, partagé entre les souffrances de la faim et les inquiétudes d'un avenir qui nous semblait si loin en montant, et dont trente-six heures nous avaient si cruellement rapprochés. Ce rocher était devenu pour nous une espèce de radeau enchaîné au milieu d'un océan de montagnes. L'ennemi personnel du prince des ténèbres ne cessa de l'invectiver; mais ses imprécations avaient en ce moment plus d'amertume que de gaieté: mon autre compagnon, croyant apercevoir de loin le toit du logis de sa belle future, étendait les bras vers elle le plus amoureusement du monde, et lui demandait, d'un ton qui devait être très risible, pardon des inquiétudes qu'il lui causait; quant à moi, patient à supporter les maux contre lesquels la prudence et le courage de l'homme ne peuvent rien, je m'occupai à ramasser des herbes, des racines, des écorces, et j'offris à mes deux compagnons de prendre part au festin. Le soleil disparut, et cette seconde nuit fut encore plus froide que la première : les songes légers n'en abrégèrent pas les heures; elles s'avançaient lentement, traînant sur leurs pas les sinistres ombres et les fantômes, enfants de la peur et du besoin. La troisième aurore nous trouva encore tous trois étendus, pâles, affaiblis, presque sans pouls et sans voix, évitant de nous communiquer nos pénibles sensations, adressant à nos parents, à nos amis, de tendres et sans doute d'éternels adieux; enfin n'osant tourner les uns vers les autres nos yeux affaiblis et déja couverts des ombres de la mort. O mystère du cœur de l'homme! tantôt, le bruit léger de la feuille qui tombe le fait palpiter d'épouvante; tantôt, les éclats même du canon n'excitent en lui que des tressaillements de joie. La cognée d'un bûcheron vient de frapper le pied d'un mélèse : à l'instant nous retrouvons nos forces, nous nous levons transportés, nous courons vers cet être secourable; il nous indique le sentier qu'il a suivi, et dans un instant nous voilà coulant le long des rochers, descendus dans la plaine, et rentrés dans la ville. Le fiancé parle d'amour, moi de bonne chère, et notre camarade chante au diable son antienne ordinaire.

« Ainsi finit une course que nous allons recommencer sous des auspices qui, sans doute, seraient plus favorables si vos forces vous permettaient de guider et de retenir notre fougue imprudente, et si vous consentiez à passer quelques jours à Romans. Cette ville mérite d'être visitée, non pour la beauté de ses édifices et la régularité de son assiette, mais pour les hommes qu'elle a produits.

« De Romans au Péage, dont la population réunie n'était pas de six mille ames, il est sorti, dans le cours de la révolution, un grand nombre de militaires distingués, parmi lesquels on compte les généraux Bon, tué en Égypte; Saint-Cyr Nuguez, dont le frère aîné, adjudant-général, a été aussi tué en Égypte; Clément, mort en Italie; Lacoste, Ponchalon, Montélégier; Servan, général en chef, et frère de cet autre Servan, avocat-général au parlement de Grenoble, qui, le premier, porta le flambeau de la philosophie dans la jurisprudence criminelle des Français : il mérita, comme magistrat et comme homme de lettres, les suffrages de Voltaire et les éloges du vertueux Pierre Lacretelle.

« L'aspect de Romans rappelle, dit-on, d'une manière frappante, la cité sainte: notre sol sec et pierreux, les collines sablonneuses dont nous sommes environnés, donnent quelque vraisemblance à cette opinion que pourrait confirmer le grand pèlerin des déserts, s'il venait parmi nous; mais nous n'avons pas l'espoir de l'y attirer. Romans ne se distingue que par l'activité de son industrie et par l'union qui règne entre ses habitants; les mots de liberté et de patrie y rallient tous les cœurs, et jamais les discussions politiques n'y ont séparé l'ami de l'ami, le frère du frère. Un chevalier du Saint-Sépulcre pourrait-il, sans se signer, entrer dans une ville où se tinrent, en 1788, ces états de Dauphiné qui les premiers proclamèrent les principes de la liberté; qui les premiers virent briller la naissante et libérale éloquence des Barnave, des Mounier? Comment se résoudrait-il à traverser des campagnes admirablement cultivées, grace à la révolution, et qui seraient encore nues et stériles, comme les sables de Jérusalem, si M. Dedelay-d'Agier, exclu de la chambre des pairs en 1815[1], n'avait, en y introduisant l'usage des prairies artificielles, changé un sol aride en un terrain abondant en fourrages, et produisant une quantité suffisante de grains pour sa consommation?

« Dedelay fait le bien en homme qui veut procurer aux pauvres de l'indépendance et non des aumônes. Déja d'un âge avancé, il a calculé quelle portion de ses revenus est nécessaire à ses besoins, très bornés, et au bien qu'il veut faire par lui-même. Il a remis à ses parents le patrimoine qu'il avait reçu de ses pères, et il a fait don de tout le reste, qui consiste en biens-fonds considérables, pour l'entre-

[1] Il y a été rappelé en 1820.

tien d'un hospice civil qu'il a fondé dans la commune du Péage. On ne sait ce qu'on doit admirer le plus ou de la noblesse des sentiments, ou de la supériorité de la raison qui a dicté un acte si honorable.

« Il semble qu'on ne devrait pas craindre qu'un tel homme fût exposé à débattre ses droits devant les tribunaux. Cependant c'est ce qui vient de lui arriver. M. Dedelay avait épousé une femme aussi bienfaisante que lui, mais d'une bienfaisance moins éclairée : en se mariant, les deux époux s'étaient légué leurs biens ; malgré cet acte, un confesseur trop zélé obtint de madame Dedelay qu'elle donnât, par testament, tout son bien à l'hospice de Romans, dirigé principalement par deux prêtres, lesquels mirent à faire signer ce testament à M. Dedelay autant d'empressement que d'arrogance. C'est une de ces causes sur lesquelles le conseil d'état, qui n'est pas un tribunal, se croit néanmoins en droit de porter des jugements : sa sentence a été équitable; les biens ont été rendus au digne et légitime possesseur, à celui à qui ils étaient assurés par contrat de mariage. De son consentement, il en est resté à l'hospice pour une valeur de trente mille francs; il a disposé de soixante-dix mille francs en faveur d'une caisse de retraites, fondée par lui, pour les ouvriers pauvres de Romans et du Péage, et il a accompagné ce don de la fondation d'une messe, sans doute pour remercier Dieu de l'avoir protégé contre les prêtres, qui voulaient le dépouiller, ou plutôt dépouiller les pauvres, au profit desquels il n'est que l'administrateur de ses propres biens. »

J'étais décidé à ne pas partir de Romans sans voir un homme si vénérable, mais j'ai appris qu'il était alors à Paris; et comme il s'est présenté une occasion favorable pour un vieux voyageur, celle d'une voiture qui chemine doucement, j'ai remercié mes aimables convives de leurs soins obligeants, de leur cordialité plus obligeante encore, et me suis retiré afin de prendre un peu de repos, et d'être prêt pour le moment du départ de la voiture qui doit me transporter à Grenoble.

FIN DU DEUXIÈME VOLUME.

TABLE.

N° XXXV.	Albi et Rodez............... page	3
XXXVI.	Villefranche.......................	17
XXXVII.	L'Empirique, le Gouverneur sans brevet, le Suppliant.......................	37
XXXVIII.	De Milhaud à Lodève................	50
XXXIX.	Pézénas...........................	62
XL.	La Roulante.......................	73
XLI.	Montpellier.......................	90
XLII.	La Ville et les Citoyens...............	105
XLIII.	Montpellier illustré..................	121
XLIV.	Constance de Balbe..................	138
XLV.	Mon arrivée à Nîmes.................	148
XLVI.	Mœurs nîmoises.....................	162
XLVII.	Galerie ancienne et moderne...........	181
XLVIII.	Alais..............................	196
XLIX.	Avignon...........................	208
L.	Mort du maréchal Brune..............	222
LI.	La Fontaine de Vaucluse et les amants aveugles......................	232
LII.	Carpentras.........................	248
LIII.	Retour à Avignon...................	263
LIV.	Séjour à Aix.......................	278
LV.	Mœurs et Personnages................	299
LVI.	La Politique en diligence.............	312
LVII.	Marseille. La Viste..................	326
LVIII.	Souvenirs..........................	333

N° LIX. Évènements et Personnages.......... page 349
　LX. Rencontre............................. 366
　LXI. L'Invalide........................... 390
　LXII. Les Forcats......................... 408
　LXIII. L'Amour aux galères................ 414
　LXIV. La Drôme et l'Isère.................. 430
　LXV. Souper à Romans...................... 450

FIN DE LA TABLE.

www.ingramcontent.com/pod-product-compliance
Lightning Source LLC
Chambersburg PA
CBHW070530230426
43665CB00014B/1629